Karl Heinz Bohrer

Der romantische Brief

Die Entstehung ästhetischer Subjektivität

Carl Hanser Verlag

ISBN 3-446-14864-7

Schutzumschlag: Klaus Detjen
Satz: Janß, Pfungstadt
Druck und Bindung: Pustet, Regensburg
Printed in Germany

Inhalt

Vorwort

Die Frage nach der Entstehung ästhetischer Subjektivität geht auf Vorlesungen im Jahre 1983 und 1985 an der Universität Bielefeld zurück. Der Begriff »ästhetisch« wurde als Differenzwort gegenüber dem geläufig gewordenen Sinn des Terminus Subjektivität gewählt, mit dem bislang die romantisch-moderne Rückwendung auf das Ich bezeichnet wird. Eine neue Lektüre des romantischen Briefkorpus zwischen 1790 und 1810 zeigte nämlich einen Gegensatz zwischen der durch Aufklärungsvernunft und Fichtescher Ich-Philosophie vermittelten neuen Autonomie des Subjekts einerseits und einer Subjektivität andererseits, die sich nicht über die Vernunfttradition, sondern über imaginativ-ästhetische Kategorien bestimmen läßt und als der eigentliche Ursprung der modernen Subjektliteratur angesehen werden muß. Eine erste Darstellung des Problems enthielt der Frankfurter Vortrag von 1984 über den romantischen Brief, gehalten auf Einladung des Freien Deutschen Hochstifts.[1] Es handelt sich bei diesem Thema um die Rückverfolgung der Kategorie des »Augenblicks« als zentralem Modus kontingenter Erfahrung, wie ich sie an Beispielen der philosophischen und literarischen Moderne dargestellt habe.[2] Während die frühromantische Subjektivität noch geregelt wird durch generell verbindliche Denk- und Gefühlsnormen, stellt sich bei einigen Schriftstellern, die für die Genesis der modernen Literatur entscheidend wurden, nach 1800 ein anderes Pathos des Ichs heraus, dessen besondere »Zustände« sich von jenen Normen kategorial absondern und auch von der spätromantischen Ideologisierung zu unterscheiden sind.

Die folgende Arbeit ist eine Analyse des Bewußtseins dieser »Zustände« als ästhetischer Abweichung. Die Briefe Heinrich von Kleists, Clemens Brentanos und Karoline von Günderrodes liefern dabei die wichtigsten Einblicke. Sie werden vor dem Hintergrund repräsentativer Subjektreflexion in Selbstdarstellungen des ausgehenden 18. Jahrhunderts erörtert, vornehmlich des autobiographischen Werks Rousseaus und Karl Philipp Moritz' sowie der Tage-

1 Veröffentlicht unter dem Titel *Identität als Selbstverlust,* in: *Merkur,* Nr. 426, Juni 1984, S. 367-379.

2 *Plötzlichkeit. Zum Augenblick des ästhetischen Scheins.* Frankfurt 1981.

bücher und Briefe Tiecks, Novalis', Hölderlins und Caroline Schlegel-Schellings. Das Interesse gilt also nicht einer Rekonstruktion der romantischen Dichterbiographie noch der Darstellung psychologischer und künstlerischer Entwicklungen. Ebenso bleibt die Problematik des romantischen Briefs als literarischer Gattung ausgeklammert, soweit nicht die ästhetische Differenz betroffen ist.

Die These von einer Opposition zwischen ästhetischer und sozialer Moderne richtet sich sowohl gegen die geläufig gewordene Bestimmung moderner Kunst und Literatur unter soziologischen und sozialhistorischen Kategorien als auch gegen die Theorie von einem angeblich erst unter postmodernen Bedingungen Ästhetischwerden des »Diskurses«. Es soll vielmehr gezeigt werden, wie die ästhetische Dominante – das ist die Ablösung des ästhetischen Subjekts vom sozialen und philosophischen – ein Prozeß ist, der in der Selbstreflexion des romantischen Briefs und seinem ästhetischen Status nach 1800 stattfindet. Die Herausforderung durch die Bielefelder Seminare und die Nähe systemtheoretischer und sozialgeschichtlich-funktionsgeschichtlicher Diskussion hat die Niederschrift des Buchs im Widerspruch beflügelt.

Bielefeld, im Juli 1986 K. H. B.

I
Das Problem:
Die Differenz von ästhetischer und sozialer Moderne

1. Weder Authentizität noch Selbsterhaltung

Alle Geschichten über den Menschen haben ihr Ursprungsmärchen in finaler Absicht. Der moderne Mensch beginnt laut solcher Geschichtsbücher in der Renaissance und endet irgendwann in der Zukunft, die bis vor kurzem noch nicht abgeschlossen schien. Alle theoretischen Geschichten über den Menschen behandeln ihn als eine Einheit, deren besondere Eigenschaften als Ausdifferenzierung verfolgt werden können, die aber nie die Identität mit der Einheit verliert. Subjektivität, das Kriterium der Moderne, ist demnach immer eine soziale Kategorie, unter der man die Emanzipation der westeuropäischen bürgerlichen Intelligenz von religiöser und politischer Autorität verstanden hat. Das impliziert auch, daß die Subjektivität von Kunst und Literatur repräsentativ für diesen Emanzipationsprozeß genommen werden kann: Dichter und Maler dokumentieren nach dieser geläufigen sozialwissenschaftlichen Lesart den Prozeß der Emanzipation, das Pathos der modernen Subjektivität wird als ein Dokument des Verlusts an Traditionsbezug affirmativ oder kritisch gelesen. Das Konzept des bürgerlichen Subjekts ist dann identisch mit dem von künstlerischer Subjektivität. So sah es die bürgerliche Literaturgeschichte des 19. Jahrhunderts, so sieht es die Sozial- und Funktionsgeschichte von Literatur im 20. Jahrhundert. Gerade wenn generell in soziologischen oder philosophischen Bestimmungen der »Moderne« der Künstler als Repräsentant figuriert, so werden seine besonderen ästhetischen Bestimmungsmerkmale überblendet von denjenigen, die soziale Identität herstellen: Der Künstler ist dort der moderne »Mensch«.

Die hier unternommene Fragestellung, die sich aus der Wahl des Terminus »ästhetische Subjektivität« ergibt, grenzt das Thema gegenüber solchen Anschlußtheorien ab, die ihren Ursprung letztlich in Max Webers religionssoziologischen Kategorien haben. Prominentestes Beispiel für solch ein Anschlußverfahren ist Jürgen Habermas' Analyse der ästhetischen und der sozialen Wertsphäre, wie er sie in seiner *Theorie des kommunikativen Handelns* (1981) vornimmt und in *Der philosophische Diskurs der Moderne* (1985) wiederholt, auch wenn das Vorwort sich von einer solchen Inanspruchnahme des Modernismus in Kunst und Literatur distanziert.

Unsere Abgrenzung gilt besonders gegenüber zwei aktuellen Thematisierungen des Subjektivitätsproblems als Indikator von »Moderne«: Erstens gegenüber der sozialpsychologisch-mentalitätsgeschichtlichen Erfassung des Authentizitätssyndroms als Ursache für den Verfall symbolischer Formen in der Moderne, wie es Richard Sennett[1] im Anschluß an Lionel Trilling[2] vorgeführt hat; zweitens gegenüber der philosophischen Subjektbegründung als Selbsterhaltung, wie sie sich von Hobbes her über Rousseau bis Kant der wissenschaftlichen Diagnose der Moderne mitgeteilt hat[3]. Die ästhetische Subjektivität aber, die – wie ich zeigen werde – im romantischen Brief des ersten Jahrzehnts des 19. Jahrhunderts entstand und in Prosa und Tagebuch des frühen 20. Jahrhunderts zum endgültigen – modernen – Programm erhoben wurde, kann weder über das Authentizitätssyndrom noch über die Kategorie der Selbsterhaltung angemessen verstanden werden. In beiden Fällen verstellt die soziale Kategorie »Subjekt« und die daran geknüpften, noch immer teleologisch funktionierenden Begriffe der »Autonomie« und der »Vernunft« den Blick auf die in ästhetischen Konstrukten erscheinende Form von selbstreferentieller Subjektivität: Obwohl diese, wie das Beispiel Kleist beweist, das Prinzip der Authentizität gewissermaßen erfunden hat, ist sie nicht dem mentalitätsgeschichtlichen Prozeß einfach einzuzeichnen, sondern bleibt solchen Angliederungsversuchen gegenüber verschlossen.

Am besten verdeutlicht man sich diese Verschlossenheit der »ästhetischen Subjektivität« an der Einsicht, daß die ästhetischen Subjekte, deren Selbstdarstellung uns im folgenden beschäftigt, gerade an »Selbsterhaltung« im definierten Sinne nicht interessiert waren: Sie reagieren bei Bedrohung nicht mehr ökonomisch-handelnd oder rational-argumentativ. Ihre Selbsterfahrung geht immer über das Bewußtsein hinaus, entweder in der Verhaftung an den Momentanismus einer nicht übertragbaren, dem Kulturtext nicht anschließbaren Erfahrung von »Jetzt« oder im Transzendieren des isolierten Selbst in die transsubjektive Sphäre der Natur (Tod,

1 Richard Sennett, *Verfall und Ende des öffentlichen Lebens. Die Tyrannei der Intimität.* Frankfurt 1983.

2 Lionel Trilling, *Das Ende der Aufrichtigkeit.* München 1980.

3 Vgl. die Arbeiten von Hans Blumenberg, Dieter Henrich und Günther Buck, in: Hans Ebeling (Hrsg.), *Subjektivität und Selbsterhaltung. Beiträge zur Diagnose der Moderne.* Frankfurt 1976. Außerdem: Rudolf zur Lippe, *Bürgerliche Subjektivität. Autonomie als Selbstzerstörung.* Frankfurt 1975.

Liebe). Daß dies grundsätzlich für jede wirkliche Selbsterfahrung gilt, darauf verweist Henrich[1]. Der ästhetische Modus schafft jedoch die Radikalisierung, die der Philosoph als Bedrohung nur andeutet.[2] Es ist eine polare Alternative, die immer wieder auftritt. Vor allem aber ist diese Selbsterfahrung immer nur im Modus einer besonderen fiktionalen Darstellung faßbar: Wir werden die Briefe von vornehmlich Heinrich von Kleist, Karoline von Günderrode und Clemens Brentano im Unterschied zur Briefliteratur des 18. Jahrhunderts und der Frühromantik also nicht einfach als psychologisch-autobiographische Dokumente zu lesen haben, in denen die Autoren eine psychische Situation sozusagen erinnernd abbildend wiederholen. Eine solche naturalistische Mimesiserwartung lassen die hochgradig ästhetisch konstruierten Briefe[3] nicht zu: Wir haben sie als autonome Texte zu lesen, in denen das Ich sich gewissermaßen erst semantisch findet, erfindet. Diese Erfindung ist nicht übertragbar auf andere psychische Identitäten, sondern nur als symbolische Form verständlich. Gerade hierin liegt auch ihre kategoriale Differenz zu dem Authentizitätsprinzip, das Sennett für die Gegenwart diagnostizierte und das neben gesellschaftlichen und politischen Kommunikationsformen sich vornehmlich im Subjektivismus zeitgenössischer Literatur darstellt. Der ästhetische Status der romantischen Selbstdarstellung vollbringt also die Distanzierung vom traditionellen Schema des Ich-Bewußtseins.

Das ist als Ausgangshypothese um so wichtiger, als die Distanzierung vom Vernunftsubjekt auch in der philosophischen Bestimmung längst vorgenommen worden ist: Zunehmende Kontingenz und fortschreitender Abbau des Teleologieprinzips gelten auch der philosophischen Bestimmung der »Moderne« als die entscheiden-

1 Dieter Henrich, *Selbsterhaltung und Geschichtlichkeit*, in: Ebeling (Hrsg.), a. a. O., S. 306ff.

2 Ebd., S. 308.

3 Die poetische Struktur vieler Brentanoscher Briefe der Frühzeit ist inzwischen erkannt worden: Vgl. Heinz-Joachim Fortmüller, *Clemens Brentano als Briefschreiber.* Frankfurt 1977. Außerdem: Wolfgang Frühwald, *Clemens Brentano*, in: Benno v. Wiese (Hrsg.), *Deutsche Dichter der Romantik. Ihr Leben und Werk.* Berlin 1971, S. 286. Ebenso: Friedhelm Kemp, *Nachwort*, in: Clemens Brentano, *Werke.* Hrsg. v. Wolfgang Frühwald/Bernhard Gajek/Friedhelm Kemp. München 1978, Bd. 1, S. 1303ff. Vgl. hierzu kritisch: Hans-Georg Dewitz, *»... Traue den süßen Tönen des Sirenenliedes nicht.« Zur Rolle von Brentanos Briefen in der Forschung*, in: Detlev Lüders (Hrsg.), *Clemens Brentano. Beiträge des Kolloquiums im Freien Deutschen Hochstift 1978*, Tübingen 1980, S. 15f.

den Faktoren.[1] Hierin decken sich also die generelle geistesgeschichtlich und sozialgeschichtlich ermittelte Subjektivität der Moderne und die hier in Anspruch genommene ästhetische Subjektivität. Und selbstverständlich decken gerade die Briefe Kleists und Brentanos die »Deutung der Moderne als grenzenloser Wille des Subjekts zu sich selber«[2]. Seitdem Sigmund Freud seinen ursprünglich rigiden Ich-Begriff der *Vorlesungen* als eigentlichen Sitz der Vernunft revidierte und in einer neuen Konstruktion (»Ich« und »Es«) unmittelbar mit der Sphäre des Unbewußten verband, ist diese Entgrenzung des Ich-Begriffs ein *common place* unseres Modernitätsverständnisses. Und eben dies ist auch die Ursache dafür, daß man den ästhetischen Modus immer wieder verkannte und ihn großzügig unter einem zugestanden emphatisch aufgefaßten Begriff von »Moderne« glaubte verrechnen zu können.

Wie für fast alle Verrechnungen des Ästhetischen unter das »Allgemeine« ist auch für diese spezifische Verrechnung wiederum Hegel verantwortlich zu machen: In seiner intrikaten Interpretation von Diderots *Rameaus Neffe* in der *Phänomenologie des Geistes,* auf die Lionel Trilling wieder aufmerksam machte, hat Hegel ja den Typus des gesellschaftlich entfremdeten, modernen »zerrissenen« Bewußtseins auf den Begriff gebracht. Man ist versucht, in Hegels Analyse der Eigenschaften des Neffen ein Porträt auch der romantischen Intelligenz und ihrer modernen Nachfolger zu sehen. Eben dies hat Trilling auch getan. Der Einwand dagegen ist abermals damit zu begründen, daß *Rameaus Neffe* sehr wohl nach dem Selbsterhaltungsprinzip funktioniert, das in den romantischen Texten, die hier neu gelesen werden sollen, gerade nicht enthalten ist. Oder doch in einer kategorial anderen Fassung. Rameaus Neffe wollte Künstler sein, er war aber keiner. Was in der Nachfolge Hegels in sozialgeschichtlichen, soziologischen und philosophischen Bestimmungen der Moderne verfehlt wird, ist die ästhetische Subjektivität als Alternative zur Anpassung des bürgerlichen Subjektivismus an das Realitätsprinzip. Es herrscht hier kein Besitzindividualismus, und die ästhetische Verschlossenheit Kleists, Brentanos, der Günderrode und ihrer Nachfolger ist auch nicht aus der soziologischen Kategorie der »Handlungshemmung« (Wolf Lepenies) zu erklären.

1 Hierzu: Hans Blumenberg, *Selbsterhaltung und Beharrung,* in: Ebeling (Hrsg.), a. a. O., S. 144ff.

2 Henrich, a. a. O., S. 307.

Man kann nur sagen: Sie handelten nicht. Deshalb sind auch Begriffe wie »Autonomie des Handelns« oder »Handlungssubjekt«, wie sie für die sozialwissenschaftliche Rekonstruktion der Moderne wichtig sind[1], für die Erfassung ästhetischer Subjektivität selbst ungeeignet.

2. Kafkas Tagebücher und das Programm des »entblößten Herzens« im 19. Jahrhundert

Daraus folgt: Wer die wirklichen Dokumente einer ästhetischen Moderne als verschlossenen Subjektivismus nicht primär zu Rate zieht, etwa bloß über den Umweg systemtheoretischer Angleichung[2], der wird sich anläßlich der romantischen Beispiele notwendigerweise unter einen Verrechnungsdruck gestellt sehen, scheint doch der Vernunftbegriff des 18. Jahrhunderts und der ihm entsprungene Begriff von »Autonomie« ein solches Anschlußverfahren zu begünstigen. Was wären aber die Dokumente einer ästhetischen Moderne als verschlossener Subjektivismus? Mit paradigmatischer Gewalt strahlen die Tagebücher Kafkas in das 19. Jahrhundert zurück. Man darf sagen: Sie legen die hermeneutische Perspektive fest, die man sich anzueignen hätte, um angemessen überhaupt über ästhetische Subjektivität zu reden. Das für die ästhetische Subjektivität zentrale Prinzip der Selbstentblößung und der Selbstbeobachtung zeigt sich gerade in Kafkas Tagebüchern in seinem nicht-naturalistischen, fiktionalen Charakter. Das Mißtrauen gegenüber der semantischen Form seiner Selbsterkenntnis, die sprachkritische Skepsis gegenüber der Konzeption vom »Ich« und der daraus fließende »Haß gegenüber aktiver Selbstbeobachtung« (Tagebuch vom 9. Dezember 1913) deuten schon darauf hin, daß eine soziale Identität im Sinne der philosophischen

1 Vgl. Jürgen Habermas, *Theorie des kommunikativen Handelns.* Frankfurt 1981, Bd. 2, S. 305 f.

2 Beispielhaft für eine systemtheoretische Identifikation ist die Arbeit von Detlef Kremer, *Wezel. Über die Nachtseite der Aufklärung: skeptische Lebensphilosophie zwischen Spätaufklärung und Frühromantik.* München o. J. (ca. 1985).

Theorie der Moderne hier nicht gesucht werden darf. Dies zu erkennen ist deshalb vorrangig, weil das Werk Kafkas in der Rezeption mit falschen philosophischen und theologischen Identifikationen[1] entschlüsselt wird, worüber vor allem Walter Benjamins Briefdisput mit Gershom Scholem Aufschluß gibt (Brief vom 12. Juni 1938). Das Tagebuch-Ich Kafkas ist zum Beispiel nicht identisch mit dem Ich seiner Briefe, in denen er es gerade unternimmt, eine soziale und psychische Identität zu bilden und den im Tagebuch immer wieder sich einstellenden Zusammenbruch von sozialer Identität heroisch aufzuheben. Im Blick auf die Ich-Problematik bei Kleist, der Günderrode und Brentano ist Kafkas Tagebuchnotiz vom 24. Januar 1915 festzuhalten:

»Schwierigkeiten, die ich beim Reden mit Menschen habe, haben darin ihren Grund, daß mein Denken oder besser mein Bewußtseinsinhalt ganz nebelhaft ist, daß ich darin, so weit es nur auf mich ankommt, ungestört und manchmal selbstzufrieden ruhe, daß aber ein menschliches Gespräch Zuspitzung, Festigung und dauernden Zusammenhang braucht, Dinge, die es in mir nicht gibt.«

Auf diese Erfahrung von Diskontinuität wird anläßlich des romantischen Briefes nachdrücklich zurückzukommen sein, ohne daß dieser Zusammenhang historisch hergestellt werden könnte. Dies hieße nämlich in die Falle der Teleologie gehen, die jede nichtästhetische Theorie der Moderne Gefahr läuft, gerade auch dann, wenn sie den Verlust an Teleologie beschreibt: sofern sie ihn als finalen Emanzipationsprozeß (linke Version) oder als finalen Dekadenzprozeß (rechte Version) versteht, bleibt sie dem teleologischen Rahmen verhaftet. Im Falle Kafkas wäre die ästhetische Subjektivität an der Tagebuchdarstellung einerseits seiner »Zustände«, andererseits seines »traumhaft inneren Lebens« (6. August 1914) zu erfassen. Der Begriff »Zustände« ist eine romantische Erfindung. Während Kleist, die Günderrode und Brentano als erste die isolierten »Zustände« des Ichs darstellten, hat Novalis im Begriff »Zustand« die Unmittelbarkeit der Selbstreferenz, das Bewußtsein, das noch nicht Reflexion ist, im Zusammenhang seiner Kritik von Fichtes Ich-Philosophie zu theoretisieren versucht.[2] Das Wort

1 Hierzu hat Wolfgang Lange inzwischen Notwendiges gesagt: *Über Kafkas Kierkegaard-Lektüre und einige damit zusammenhängende Gegenstände,* in: *DVjs*, Heft 2, 1986, S. 286–308.

2 Hierzu: Manfred Frank/Gerhard Kurz, *Ordo Inversus. Zu einer Reflexionsfigur bei Novalis, Hölderlin, Kleist und Kafka,* in: *Geist und Zeichen. Festschrift für Arthur Henkel zu seinem*

selbst ist schon Goethe geläufig im Sinne von Momenten der Lebensgeschichte *(Dichtung und Wahrheit,* 9. Buch).

Der Verlust an Teleologie in Kafkas Verhalten zu sich selbst zeigt sich daran, daß hier, wie im romantischen Brief, endgültig die Eigenschaft fehlt, die für den philosophischen Ich- und Identitätsbegriff konstitutiv war: Selbsterhaltung. Diese setzt das Funktionieren konventioneller Sprache und ihres sozialen und kognitiven Bedeutungsanspruchs voraus. Sprechen innerhalb einer solchen konventionellen, intersubjektiv geregelten Sprache heißt für das Selbst-Verhältnis, daß es sich als ein Gegebenes versteht, institutional antizipiert und sozial integriert. Die Akzeptanz von Vorwissen wird verlangt. Zu dieser Konstante von Subjektivität kommt es in Kafkas Tagebüchern nicht. Vielmehr handelt es sich um den generellen Prozeß einer Fiktion: die Identität wird nur erreicht in der »Darstellung meines traumhaft inneren Lebens«. Deshalb ist diese Subjektivität als eine ästhetische, d. h. nur im Status einer intersubjektiv nicht geregelten Rede auftretend zu verstehen.

Kafka hat sich deshalb auch am Ende nicht mehr wie im Anfang emphatisch zur Funktion seines Tagebuchs geäußert: Es geht um die Arbeit an einem fiktiven Ich, da sich das autobiographische Ich immer wieder auflöst. Die Selbstverständigung geht nur über das Medium der Literatur, der eigenen Literatur. Deshalb schreibt Kafka an Felice: »Ich habe kein literarisches Interesse, sondern bestehe aus Literatur, ich bin nichts anderes und kann nichts anderes sein.« (14. August 1913). Er korrigiert Felices konventionelle Annahme, er habe einen »Hang zum Schreiben«, indem er die Differenz eines psychologischen und eines transpsychologischen Subjektbegriffs andeutet: »kein Hang, sondern durchaus ich selbst« (24. August 1913). Außerhalb *existiert* hier kein Subjekt.[1]

Es handelt sich hier nicht um das Pathos biographisch-psychologischer Aufrichtigkeit. Dieser Befund ist entscheidend. Er erläutert die schon erwähnte Differenz zum Authentizitätsprinzip genauer: Während dieses sich am Kriterium expressiver Subjekt-Identität

sechzigsten Geburtstag. Hrsg. v. Herbert Anton/Bernhard Gajek/Peter Pfaff. Heidelberg 1977, S. 76.

1 Deshalb ist die These von Deleuze richtig, Kafka erfinde erst im Akt des Briefschreibens eine Liebe: Gilles Deleuze/Félix Guattari, *Kafka. Für eine kleine Literatur.* Frankfurt 1976, S. 49. Dieser Vorgang ist zu unterscheiden von Luhmanns Analyse der Liebe als Code: Niklas Luhmann, *Liebe als Passion. Zur Codierung von Intimität.* Frankfurt 1982.

und seiner »Wahrheit« orientiert, deren semantische Form gar nicht problematisiert wird, ist die fiktionale bzw. ästhetische Subjektivität nicht über ein individuelles Wahrheitskriterium, sondern nur über die besondere semantische Form zu verstehen. Die Versprachlichung im ästhetischen Sprechakt schafft jene Distanz zur sentimentalen Privatheit, die erstmalig im romantischen Brief überboten wird und später in Nietzsches Modell vom dionysischen, transindividuellen Künstler. Wir müssen also, um das Problem genau zu formulieren, zwischen expressiver Ich-Authentizität und ästhetischer Ich-Darstellung unterscheiden. In gewisser Weise hat die erstere im Zuge einer neueren privatistischen Literaturauffassung letztere historisch abgelöst. Der Begriff »authentisch« ist zur Begründung einer literarischen Beliebigkeit hinzugetreten, die sich an keine formalen und intellektuellen Standards mehr gebunden fühlt. Es ist deutlich, daß das Paradigma Kafka für die Selbstbezogenheit der Literatur seit dem frühen 19. Jahrhundert mit dem aktuellen Authentizitätskriterium nichts zu tun hat. Und diese Grenze ist zwischen Authentizitätserwartung und ästhetischer Subjekt-Radikalität der klassischen Moderne überhaupt zu ziehen: Der ästhetische Subjektivismus, der das Tagebuch, den fiktiven Brief zum Modell der modernen Literatur überhaupt machte, ist theoretisch erst nach Kafka ausformuliert worden, obwohl schon Ralph Waldo Emerson, neben Nietzsche eine diagnostische Epochenfigur für die europäische Moderne, schrieb: »An die Stelle von Romanen werden schließlich Tagebücher oder Autobiographien treten – faszinierende Bücher, wenn ein Mann es nur versteht, das auszuwählen, was wirklich seine Erfahrung ist, und die Wahrheit wahrheitsgetreu aufzuzeichnen.«[1]

Es hat den Anschein, als ob hier der spätere Authentizismus sich schon anmeldete. Jedenfalls könnte der Satz so verstanden werden. Er wird später von Henry Miller als Motto zu seinem autobiographischen Roman *Tropic of Cancer* (1934) benutzt, und diese Applikation an einen imaginativen Text verweist schon darauf, daß das moderne Prinzip der eigenen »Erfahrung« nicht im authentizistischen Sinne mißverstanden werden sollte. Am deutlichsten für unser Problem ist vielleicht Michel Leiris geworden. In *L'âge d'homme* (1939), dem

1 Zur Relevanz des Autobiographischen in der modernen Literatur: Helmut Heißenbüttel, *Anmerkungen zu einer Literatur der Selbstentblößer*, in: ders., *Zur Tradition der Moderne*. Neuwied 1972, S. 80–94.

Text, den er Georges Bataille, dem emphatischen Enthüller des Indiskreten, widmete, begründet Leiris das autobiographische Prinzip im Sinne ästhetischer Subjektivität wie folgt:

»Vom rein ästhetischen Gesichtspunkt aus handelte es sich für mich darum, eine Gruppe von Tatsachen und Bildern in fast rohem Zustand zu verdichten und mich zu weigern, sie durch Überarbeitungen der Phantasie auszubeuten; im ganzen also: die Negation des Romans. Jede Verkleidung abwerfen und als Materialien nur wirkliche Tatsachen (und nicht wie im klassischen Roman bloß wahrscheinliche) zulassen, so lautet die Regel, die ich mir erwählt hatte. In dieser Richtung war bereits durch Bretons *Nadja*[1] ein Weg gebahnt worden, aber ich träumte vor allem davon, jenes Projekt – soweit es sich tun ließe – auf meine eigene Rechnung fortzuführen, zu welchem sich Baudelaire durch eine Stelle in den *Marginalien* von Poe hatte anregen lassen: sein Herz bloßzulegen, dieses Buch über sich selbst zu schreiben und darin die Bemühung um Aufrichtigkeit so weit zu treiben, daß unter den Sätzen des Verfassers ›das Papier sich kräuseln und aufflammen müßte bei jedem Strich der Feuerfeder‹.«[2]

Leiris' Text nannte Susan Sontag einen »Akt der Schamlosigkeit«, der nicht die »leiseste Spur von Selbstachtung« erkennen lasse und sich eben hierin von allen anderen Bekenntniswerken der französischen Literatur unterscheide, die von Eigenliebe und Selbstverteidigung getragen seien.[3] Wenn dies zuträfe – und wir werden auf diese Behauptung anläßlich der Ich-Konstellation bei Rousseau, der Beziehungsfigur vor allem Kleists, zurückkommen –, dann wäre Leiris um so mehr ein erster theoretischer Gewährsmann für unsere Frage, denn die Abwesenheit von »Selbsterhaltung« hatte ja als erste konstitutive Differenz der ästhetischen Subjektivität gegenüber sozialer Subjektivität zu gelten. Und ebenso wird damit deutlich, daß es nicht die Mitteilung von bis dahin nicht mitgeteilten sexuellen Erfahrungen und Gefühlen allein

1 Bretons 1928 erschienenes autobiographisches Werk, das mit der Frage beginnt: »Wer bin ich?« unterscheidet prinzipiell zwischen »vorsätzlichen Äußerungen« des Ichs und dem »unbekannten Feld« der eigenen Aktivität. Die psychoanalytisch angeregte Unterscheidung verhindert nicht, daß diese »unbekannten Felder« dann aber von einer polyvalenten Imagination repräsentiert werden. Hierzu: André Stoll, *Beatrice im Versteck. Zu Bretons surrealistischer Revolution: »Nadja«*, in: *Merkur*, Nr. 426, Juni 1984, S. 380ff.

2 Michel Leiris, *Mannesalter*. Frankfurt 1975, S. 13 f.

3 Susan Sontag, *Kunst und Antikunst*. Reinbek 1968, S. 96.

ist, die den Schock der Selbstentblößung verursacht, sondern die semantische Form. Hierin liegt der Unterschied zu einer Tradition der Selbsterforschung, die im pietistischen Tagebuch des 18. Jahrhunderts begann. Und Leiris nennt nun auch die beiden Autoren des 19. Jahrhunderts, deren emphatischer Ich-Begriff ästhetische Subjektivität als literarisches Programm manifesthaft definiert hat: Charles Baudelaire und Edgar Allan Poe. Baudelaire gab einem Teil seiner *Journaux intimes* den Titel *Mon cœur mis à nu* und erhob damit den Anspruch, jenes Buch zu verwirklichen, das Edgar Allan Poe in seiner neunten *Marginalie* gefordert und gleichzeitig für unrealisierbar erklärt hatte:

»Sollte irgend einem Mann von Ambitionen der Sinn danach stehen, mit einem einzigen Gewalt-Streich die gesammte Welt menschlichen Denkens, menschlichen Meinens und menschlichen Empfindens zu revolutioniren so steht ihm solche Gelegenheit jederzeit zu Gebote – so liegt die Straße zum unsterblichen Ruhm schnurgerade, offen und ohne jegliches Hinderniß vor ihm. Was er zu tun hat, ist lediglich, ein ganz kleines Buch zu schreiben und zu publiciren. Der Titel sollte recht einfach sein – dürfte blos wenige, schlichte Worte umfassen: ›Mein blosgelegtes Herz‹. Allein, dies kleine Buch müßte *halten, was sein Titel verspricht*.«[1]

Poe begründet seine Herausforderergeste, dies Buch würde kaum geschrieben, nicht mit der Unterstellung, dies würde aus Scham keiner wagen, also mit einem vermuteten Mangel an Authentizitätsbereitschaft, sondern mit einem künstlerischen Zweifel: »Aber dieses Buch zu *schreiben* – da liegt der Hase im Pfeffer! *Dar*über wagt sich Keiner und wird sich in aller Zukunft Keiner wagen. Und wagte es gleich Einer, so *könnt'* er's gar nicht schreiben! Glosend verschrumpfen würde das Papier unter den Zügen so brennender Feder!«[2]

Wenn wir von der Rethorik eines satanischen Romantizismus absehen und auch nicht bei der Behauptung Susan Sontags verweilen und ihr indirekt recht geben und meinen, nicht Baudelaire, der die Poesche Herausforderung annahm, habe als erster ihre Bedingung erfüllt, sondern erst Kafka, der gar nicht auf sie einging, dann bleibt klärungsbedürftig nur das Verhältnis von geforderter Radikalität der Selbstdarstellung und deren ästhetischem Status. Offenbar

1 Edgar Allan Poe, *Werke*. Hrsg. v. Kuno Schuhmann. Olten 1973, Bd. 4, S. 750.
2 Ebd.

entscheidet letzterer über erstere. Auch Baudelaire, der die Maxime des »mon cœur mis à nu« ja nicht nachträglich als Titel fand, sondern davon schon in seinen Briefen von 1863 als einem Projekt spricht, von dem er seit zwei Jahren träume[1], deklariert in seinem ersten Stück des *Mon cœur mis à nu:* »Le premier venu, pourvu qu'il sache amuser, a le droit de parler de lui-même.«[2]

Das ist auch als eine Entromantisierung und Egalisierung der Poeschen Formel zu verstehen: Das Selbst ist kein Arkanum mehr, es kann als profanisiert gelten. Baudelaire nimmt damit die im 19. Jahrhundert schon subjektivierte Gattung der autobiographischen Selbstdarstellung bis hin zum Authentizitätssyndrom vorweg. Vor diesem gibt es allerdings eine Schranke: den Stil, die Fähigkeit zu fesseln. Daß damit jedoch keine gefällige Praxis des Salons, nicht pragmatische Mitteilungsfähigkeit gemeint ist, sondern im Kontext des Baudelaireschen Dandykonzepts eine esoterische ästhetische Kapazität, geht aus Baudelaires eigenem Versuch in der Nachfolge Poes hervor und wird vom Brief an die Mutter vom 5. Juni 1863 bestätigt, nach dem er mit diesem Buch seine »Begabung zur Unverschämtheit« gegen »ganz Frankreich« kehren will. Dieser Status der Selbstdarstellung, des »Rechts von sich selbst zu sprechen«, biegt den scheinbar sozialen Akt um in einen ästhetischen. Der »erste beste«, das ist hier gerade nicht der authentische Mensch, sondern der mythische Held, von dem scheinbar nichts anderes verlangt wird als ein Rätsel zu lösen, um die Königstochter zu heiraten. Dieses allerdings muß er lösen. Wenn nicht, verliert er nicht bloß die Königstochter, sondern auch sein Leben: Mit dieser Applikation des Märchens auf Baudelaires *Intime Tagebücher* sei der Zuwachs an artistischen Bedingungen unter Abwurf aller anderen erläutert, wenn es bei Baudelaire und nach ihm zur Rekonstruktion des modernen »Ichs« kommt. Indem das »Ich« allein nur noch Medium der Erzählung ist, tritt es in die Erbfolge der ästhetischen Bedingungen des alten Erzählers, nicht nur unter die Verpflichtung zur radikalen privaten »Wahrheit«. Das Programm des »entblößten Herzens« ist nicht das der Authentizität. Inwiefern diese konventionsverdächtig ist, hat der Verdacht Kafkas erst wirklich formuliert.

1 Vgl. Charles Baudelaire, *Œuvres complètes.* Paris 1961, S. 1722.

2 Ebd. S. 1271. (»Der erste beste, sofern er zu unterhalten versteht, hat das Recht, von sich selbst zu sprechen.«)

Man wird diese zum später grassierenden Authentizitätssyndrom hinüberleitende private »Wahrheit« schon unter den Bedingungen ihrer Genesis im 19. Jahrhundert von dem zu unterscheiden haben, was Kierkegaard in seiner frühen Tagebuchnotiz vom 1. August 1835 die »Wahrheit *für mich*« genannt hat. Kierkegaard muß neben Poe und Baudelaire als dritte Beziehungsfigur für die begriffliche Emphatisierung eines selbstreferentiellen Ich-Begriffs im 19. Jahrhundert genannt werden, sieht man von Nietzsches prinzipieller Referenz für diese Problematik ab. Kierkegaard unterscheidet sich allerdings von der ästhetischen Subjektivität, die als hermeneutische Perspektivierung des romantischen Ich-Begriffs in Frage kommt, dadurch, daß ihn die subjektive Handlungskategorie interessiert:

»Was mir eigentlich fehlt, ist, daß ich mit mir selbst ins reine darüber komme, *was ich tun soll,* nicht darüber, was ich erkennen soll – es sei denn, soweit ein Erkennen jedem Handeln vorausgehen muß. Es kommt darauf an, meine Bestimmung zu verstehen, zu sehen, was die Gottheit eigentlich will, daß *ich* tun solle; es gilt, eine Wahrheit zu finden, die Wahrheit *für mich ist, die Idee zu finden, für die ich leben und sterben will.*«[1]

Demnach ist das Ausspielen des Handelns gegenüber dem Erkennen nicht bloß im Blick auf die spätere Existenzphilosophie relevant, sondern wichtig vor allem hinsichtlich der romantischen Subjektivierung von Identität:

»Was nützte es mir, daß die Wahrheit kalt und nackt vor mir stünde, gleichgültig dagegen, ob ich sie anerkennte oder nicht, eher ein angstvolles Schaudern bewirkend als eine vertrauensvolle Hingebung? Zwar will ich nicht leugnen, daß ich noch einen *Imperativ des Erkennens* annehme; und daß sich durch ihn auch auf die Menschen wirken läßt, *aber dann muß er lebendig in mich aufgenommen werden.*«[2]

Indem Kierkegaard die objektive, die philosophische »Wahrheit« – man könnte auch sagen: das historische Wissen – von sich wegschiebt – das Nietzsche vierzig Jahre später in der Historismuskritik der Schrift *Vom Nutzen und Nachteil der Historie für das Leben* analysiert –, indem er sein Selbst also mit einer solchen Kategorie des Allgemeinen konfrontiert, kann seine Selbstsuche jedenfalls

1 Sören Kierkegaard, *Die Tagebücher.* Hrsg. v. Hayo Gerdes. Düsseldorf 1980, S. 41.
2 Ebd., S. 42.

nicht im Sinne der privaten »Authentizität« verstanden werden. Es ist auch nicht reine Selbstbezüglichkeit. Vielmehr hat dieses Selbst einen usurpatorischen Anspruch, der an die Stelle der objektiven »Wahrheit« treten will, aber dadurch auch einem objektivierenden Kriterium unterliegt, das – insofern die »Rede« des Tagebuchs diesen usurpatorischen Akt selbst schon vollzieht – ein ästhetisches genannt werden kann. Hier beginnt schon eine Methode der rhetorischen Vernunftkritik, die Habermas an Jacques Derridas »Dekonstruktion« kritisiert hat.[1] Damit weist der frühe Kierkegaard unmittelbar auf die Wahrheits- und Wissensproblematik im romantischen Brief bei Kleist und Brentano zurück. Dies daraus unmittelbar resultierende Konzept vom »Einzelnen«, den das Objektive nicht mehr verpflichtet, der die innere »Existenz« sucht, ist nicht zuletzt wegen dieser Wahrheits- und Wissensabsage von der zweiten romantischen Generation um 1800, den jüngeren Brüdern und Schwestern der Jenaer Frühromantik, erfunden worden. Damit ist eine letzte Begründung genannt, warum der Ursprung der ästhetischen Subjektivität, deren zentrale Bestimmungen sich am Beispiel Kafka und von ihm herblickend am Beispiel des 19. Jahrhunderts vervollständigen ließen, in Texten der deutschen Romantik, genauer in ihren Briefen, vermutet werden kann.

Bevor wir uns diesen jedoch direkt zuwenden, muß noch eine zweite Frage geklärt werden: Wenn denn die Subjektivierung der Identität in den Texten der mittleren Romantik stattfand, ist diese dann nicht schon vorbereitet und vollzogen in den ihre »Krisenjahre« dokumentierenden Briefen der Frühromantik, ja schon in der Briefliteratur, Autobiographik und den Tagebüchern des späteren 18. Jahrhunderts, vor allem – um die zwei zentralen Namen zu nennen – in der Autobiographik Jean-Jacques Rousseaus und Karl Philipp Moritz'? Die jüngere Forschung hat gerade für die Klärung der modernen Subjektivität die Erforschung des späten 18. Jahrhunderts fruchtbar gemacht. Trotz der nicht zu bestreitenden Ausbildung einer neuen Ich-Individualität bleiben – so unsere These – alle wichtigen intellektuellen und künstlerischen Formulierungen vor der Schwelle zur Tür der ästhetischen Subjektivität – mit Ausnahme des späten Rousseau, der diese Tür geöffnet hat, allerdings ohne ganz einzutreten: Es ist für die endgültige Differenzierung

1 Jürgen Habermas, *Der philosophische Diskurs der Moderne.* Frankfurt 1985, S. 224.

zwischen ästhetisch-selbstreferentieller Subjektivität und sozialer vernunftbezogener Subjektivität wichtig, uns nun auch über die Periode *vor* den romantischen Briefen in bezug auf ihren Subjektivitätsbegriff zu verständigen.

3. Moritz, Rousseau und das empfindsam-frühromantische Ich

Was belegt die Zunahme der Autobiographie und der Briefliteratur der zweiten Hälfte des 18. Jahrhunderts? Daß die Menschen, vornehmlich die der gebildeten Klassen, also nicht etwa die bürgerlichen allein, sich für sich selbst als einzelne Individuen zu interessieren beginnen, deren Geschichte mitteilenswerter wird als die der klassischen Helden und Götter. Aber was heißt das? Es ist daran zu erinnern, daß dem kontinentalen Ausbruch an Selbstbekenntnissen im 18. Jahrhundert in England – dem damals sozial fortgeschrittensten Lande Europas – eine Blüte der Autobiographie im 16. und 17. Jahrhundert vorausgegangen ist[1], die einen radikalen Bewußtseinswandel im englischen sozialen Charakter belegt, der in dieser Form bis in die Moderne fortwährt. Unter anderem wurde damals im Zuge des bürgerlichen Emanzipationsprozesses das Prinzip des »offenen Wortes«, der englischen Freimütigkeit festgelegt.[2] Ohne die besonderen Motive und Verfahrensweisen der englischen Autobiographie erläutern zu müssen, kann man in bezug auf die Differenz zwischen den zwei Formen von Subjektivität sagen, daß es sich hier eindeutig um die erste Erscheinungsweise von sozialer Subjektivität handelt. Abgesehen davon, daß der Stil und der Inhalt der einen Autobiographie fesselnder ist als der einer anderen, spielt der ästhetisch-literarische Status keine Rolle für das, was hier primär entscheidend für den intellektuellen Gehalt war: die Abbildung einer neuartigen bürgerlichen Souveränität als einer sozialen Kategorie. Dies ist festzuhalten. Denn wir haben nunmehr die verschiedenen Selbstdarstellungsformen des 18. Jahrhunderts, vor-

1 Vgl. Paul Delany, *British Autobiography in the Seventeenth Century.* London 1969.
2 Hierzu: Trilling, a. a. O., S. 27 f.

nehmlich die französische und deutsche Variante, auf diese Differenz hin zu befragen. Schon der generalisierende Befund, das bürgerliche Individuum des 18. Jahrhunderts suche Autonomie[1], auf den man mehr oder weniger alle Auskünfte einigen kann, verweist auf die soziale Kategorie. Sie ist nicht zu bestreiten. Im Gegenteil. Verhilft die Einsicht in ihre dominierende Relevanz doch gerade die Differenz zum romantischen Brief methodisch zu erhärten. Verwunderlich ist nur, daß bei diesem Unisono der jüngeren sozial- und literaturgeschichtlichen Forschung nie oder fast nie nach der dunkleren Alternative eines solch emanzipatorischen Subjektbegriffs gefragt wurde. Hätte man dies früher getan, wäre man eher auf die Möglichkeit eines ästhetisch-subjektiven Modus von Selbstdarstellung gekommen, der davor gewarnt hätte, die bürgerliche Autonomie des 18. Jahrhunderts mit dem modernen Subjekt gleichzusetzen, sozusagen in teleologischer Absicht. Die Ursache hierfür liegt in der epigonalen Manier, mit der die germanistische Forschung sozialwissenschaftlichen Kategorien und nichtästhetischem Material lange Zeit zu folgen pflegte, nicht zuletzt dem Habermasschen »Öffentlichkeits«-Modell. Dies ist inzwischen korrigiert worden.[2]

Zur Briefliteratur: Man kann generell sagen, daß das ungewöhnliche Anwachsen der Briefliteratur des 18. Jahrhunderts[3] – und hierzu gehört auch der fiktive Brief als bevorzugte literarische Gattung[4] – in der Selbstdarstellung immer auch die Darstellung des »Anderen«, des Menschen überhaupt betreibt. Bedeutet die neue Subjektivität vor allem eine Emanzipationsansage, so impliziert dies, daß damit Öffentlichkeit hergestellt wird: Das Ich ist – und hierin gerade wird der romantische Brief nicht folgen – verallgemeinerbar. Bekanntlich schickte etwa Lavater an Herder viele Kopien

1 So die Klappentextauskunft bei Ralph-Rainer Wuthenow, *Das erinnerte Ich. Europäische Autobiographie und Selbstdarstellung im 18. Jahrhundert.* München 1974.

2 Vor allem schon durch die Arbeit von Gerhart von Graevenitz, *Innerlichkeit und Öffentlichkeit. Aspekte deutscher »bürgerlicher« Literatur im frühen 18. Jahrhundert*, in: *DVjs*, Sonderheft, 1975, S. 1–82. Außerdem: Hans-Jürgen Schings, *Melancholie und Aufklärung. Melancholiker und ihre Kritiker in Erfahrungsseelenkunde und Literatur des 18. Jahrhunderts.* Stuttgart 1977, S. 29. Die Kritik Richard Alewyns an Gerhard Sauders Standardwerk zur Empfindsamkeit (1926) eröffnete sozusagen diese »revisionistische« Richtung.

3 Siehe hierzu: Werner Obermeit, *Das unsichtbare Ding, das Seele heißt. Die Entdeckung der Psyche im bürgerlichen Zeitalter.* Frankfurt 1980.

4 Hierzu: Wilhelm Voßkamp, *Dialogische Vergegenwärtigung beim Schreiben und Lesen. Zur Poetik des Briefromans im 18. Jahrhundert*, in: *DVjs*, Heft 1, 1971, S. 80–116.

seiner Briefe an andere Adressaten, d. h. der Adressat ist verallgemeinerbar, weil das Subjekt des Briefes verallgemeinerbar ist. Deshalb kann man das plötzliche Überschwenglichwerden des Interesses an der eigenen Person nicht schon im Sinne der späteren romantischen Selbstreferenz lesen: vielmehr wird dem fremden Ich ebenfalls eine anthropologisch orientierte Aufmerksamkeit entgegengebracht. Es kann für das eigene Ich eintreten[1], insofern dieses an dem generellen Nenner »Menschheit« bzw. »Vernunft« immer partizipiert. Und dieses bestätigt die andere Gattung: die Autobiographik, die Biographik und das Tagebuch.

Beispielhaft für das anthropologisch generalisierbare Ich als ein Projekt für den fortschreitenden Wissenszuwachs über den Menschen hat das von Karl Philipp Moritz herausgegebene *Magazin zur Erfahrungsseelenkunde* zu gelten, dessen Titelmotto, das griechische *gnothi seauton*, das aufklärerische Interesse des Unternehmens annonciert. Das Interesse an einer positiven Psychologie nimmt die Dokumente des »menschlichen Herzens«[2] durchaus als neue Erhellung über das »Innerste der Seele«[3] und schließt sie nicht einfach an die normative »Anthropologie in pragmatischer Hinsicht« Kants an. Es ist hervorzuheben, daß Moritz schon die momentanistische Problematik des Ich-Begriffs für eine zukünftige »Seelenkunde« bemerkt, wenn er schreibt: diese müßte bei der Beobachtung des Menschen »auf sein gegenwärtiges wirkliches Leben aufmerksam sein; die Ebbe und Fluth bemerken, welche den ganzen Tag über in seiner Seele herscht, und die Verschiedenheit eines Augenblicks von dem andern«[4]. Hier hebt Moritz für die »Zergliederung« des »Zustands unserer Seele« einen Widerspruch für jedes »harmonistische« Identitätsinteresse heraus. Es wäre aber verfehlt, daraus schon jenes »Zerrissenheits«-Motiv zu folgern, das den romantischen Brief kennzeichnet. Allerdings reflektiert Moritz die wissenschaftliche Methodik als ein harmonisierendes Verfahren gegenüber eigentlich disharmonischen Phänomenen der Seele:

»und dann die Uebung in der Nebeneinanderstellung des Successiven, weil der ganze Mensch blos aus successiven Aeusserungen er-

1 Obermeit, a. a. O., S. 63.

2 Karl Philipp Moritz (Hrsg.), *Magazin zur Erfahrungsseelenkunde.* Berlin 1783–1793. Nachdruck Lindau 1978, Bd. 1 (aus dem »Vorschlag«).

3 Ebd.

4 Ebd.

kant werden kan. Nun wird aber dasjenige in der Nebeneinanderstellung oft zur Harmonie, was einzeln genommen, mißtönen würde: dies trift auch bei dem Menschen ein. Welche Harmonie muß der höchste Verstand vernehmen, indem alles neben einander steht, und zugleich tönet, was uns auf einander zu folgen und einzeln zu tönen scheinet!«

Moritz erkennt also sehr wohl, daß die systematische Beschreibung des Menschen dort Kontinuität setzt, wo eigentlich Isolation und Diskontinuität vorliegt, ohne allerdings daraus eine theoretische Konsequenz zu ziehen, etwa im Sinne einer anti-idealistischen Anthropologie. Wenn er vor idealistischer Stilisierung warnt, dann nur in dem Sinne, den er im *Anton Reiser* entwickelt, daß nämlich Selbstbeobachtung sich nicht »in eine idealistische Welt hinüber« träumen dürfe, was sein autobiographisches zweites Ich, Anton Reiser, ständig betreibt. Wenngleich Moritz' »Anthropologie« sich vom Fortsetzer des *Magazins,* Carl Friedrich Pockels, unterscheidet, als dieser eine aufklärerische Schwärmerkritik betreibt[1], so bleibt auch Moritz noch dem eudämonistischen Humanitätsdiskurs verpflichtet, der alles anthropologische Interesse des späten 18. Jahrhunderts verband, das deshalb auch den Wahnsinn, der bald darauf romantisch poetisiert wurde, nur mit dem Zweck seiner Ausgrenzung so nachdrücklich thematisiert hat.[2] Moritz' Einleitung zur *Erfahrungsseelenkunde* beginnt nicht mit dem »Ich«, sondern dem »Menschen«. Dieser wird zwar sozusagen erst wirklich Mensch sein, wenn »Verstellung aus Höflichkeit oder aus Freundschaft« nur im »Nothfall« auftritt und man das »Gepräge der Seele«, das »von dem Gesichte des Menschen schon so früh verwischt wird«, dort wiederfindet, aber diese Kritik an der Priorität eines gesellschaftlichen Ichs vor einem privaten Ich ist jener rousseauistischen Konstante eines Individualitätsverständnisses gemeinsam, das neue Strategien gegen die zeitgenössischen Klugheitslehren[3] entwickelt. Es tut dies immer noch mit der Absicht einer neuen sozialen Identitätserklärung und dem Pathos bürgerlicher »Selbsterhaltung«. Hier wird erst Kleists Anverwandlung des

1 Vgl. Schings, a. a. O., S. 146.

2 Hierzu: Jutta Osinski, *Über Vernunft und Wahnsinn: Studien zur literarischen Aufklärung in der Gegenwart und im 18. Jahrhundert.* Bonn 1983.

3 Georg Stanitzek, *»Blödigkeit« und die Karriere der Kunst im 18. Jahrhundert.* Dissertation. Bielefeld 1986.

Arguments die eigentliche Grenze zur »Verinnerlichung« markieren.

Mit Karl Philipp Moritz' literarischem Vermächtnis, dem autobiographischen Roman *Anton Reiser* (1785), ließe sich die Frage nach der Differenz zwischen ästhetischer und sozialer Subjektivität verschärfen. Ist hier nicht diese Grenze überschritten bzw. verwischt worden, so daß Moritz der Erfinder ästhetischer Subjektivität ist? Als Klischee-Erwartung tritt sie vornehmlich dort auf, wo teleologische Interessen im Spiel sind oder der Forschungsbetrieb seine Aktualität erweisen will. Das teleologische Interesse, sofern es naiv ist, hätte natürlich gerne, daß der Anfang des modernen Subjekts im 18. Jahrhundert läge, dort, wo der Ursprung der »Vernunft« und der »Autonomie«, aber auch die Verfinsterung dieser Vernunft liegt. Die nihilistischen Züge der pessimistischen Spätaufklärung sind längst als das »Andere der Vernunft« erkannt.[1] Diese historische Dignität und Komplexität darf aber nicht zu geschichtsphilosophischen Annahmen verführen, die der deutschen Tradition seit dem 18. Jahrhundert allzu geläufig sind, als eigentlich nur Friedrich Schlegel und vor ihm August Ludwig Schlözer das teleologische Schema kritisiert haben.[2] Man kann die Grenze noch mehr nach vorne legen und kommt zur englischen Autobiographie des 17. Jahrhunderts und zu Hobbes' Anthropologie. Bezieht man sich nur auf Moritz, dann müßte man auch das Prinzip der Selbstbeobachtung im pietistischen Tagebuch nennen, dessen Einfluß auf die Tagebuchliteratur des 18. Jahrhunderts wir seit Robert Minders Forschungsarbeit kennen. Seitdem kennen wir auch die mystischen Elemente dieser Autobiographien, namentlich in Adam Bernds *Lebensbeschreibung* (1738) und Albrecht von Hallers *Tagebüchern*. Die heftigen Attacken, denen diese beiden Tagebücher, aber auch Lavaters *Geheimes Tagebuch* (1771–73), in der aufklärerischen Publizistik ausgesetzt waren, konzentrierten sich auf drei emotionelle Verhaltensweisen, die deshalb für unsere Frage festzuhalten sind, weil

1 Neben den Arbeiten von Hans-Jürgen Schings, Detlef Kremer und Gert Mattenklott hierzu: Silvio Vietta, *Frühromantik und Aufklärung*, in: ders. (Hrsg.), *Die literarische Frühromantik*. Göttingen 1983. Daneben: Panajotis Kondylis, *Die Aufklärung im Rahmen des neuzeitlichen Rationalismus*. Stuttgart 1981.

2 Zu Schlegels Teleologiekritik siehe: Karl-Heinz Bohrer, *Friedrich Schlegels Rede über die Mythologie*, in: ders. (Hrsg.), *Mythos und Moderne*. Frankfurt 1983, S. 64 f. Zu Schlözers Polemik gegen Herders Geschichtskonzept siehe: Günther Buck, *Selbsterhaltung und Historizität*, in: Ebeling (Hrsg.), a. a. O., S. 208 ff.

sie partiell in der Selbstdarstellung des romantischen Briefs auftauchen: einseitige Faszination des Gemüts an der Einsamkeit, Vergessenheit und Ekstatik. So die Vorwurfsliste Anne Charles Lorrys (*Von der Melancholie und den melancholischen Krankheiten*. 1770). Ähnlich hat Johann Georg Zimmermann die »Einsamkeit« im Visier (*Über die Einsamkeit*. 1784/85).

Bleibt diese Kritik am pietistischen Tagebuch noch innerhalb einer konventionellen Kritik von Schwärmerei und Einbildungskraft, so zeigt sich in den Einwänden der jüngeren, geschichtsphilosophisch fundierten Kritiker – es sind Herder, Goethe, Kant, Hegel – eine epochale Ahnung einer einseitig »ästhetischen« Subjektivität, die ihnen hier präfiguriert erscheint: Herder spricht in seiner Einleitung zur Ausgabe von Petrarcas *Secretum* in bezug auf die zeitgenössischen Tagebücher der Lavater und Baader von »geheimsten Krankheitsgefühlen«, vor allem aber davon, daß hier »ein Tag oder eine Stunde« ja vom »Ganzen abgerissen« würden. Das entspricht Hegels Kritik an einer »bloß endlichen Subjektivität«, einem bloß »partikularen Ich«. Goethes Kritik an der »Selbstquälerei« des Jugendfreundes Jakob Michael Reinhold Lenz bezog sich im 14. Buch von *Dichtung und Wahrheit* auf dessen »Selbstbeobachtung«. Sie belegt, wie ausformuliert diese problematische Selbstbeziehung dem Epochenbewußtsein war.[1] Die psychologisierende Begründung Goethes sollte jedoch eine weitere Dimension nicht verdecken, die auf das Argument des »partikularen Ichs« verweist: In seinen Tagebüchern gibt es eine solche Partikularisierung von Vorgängen und Empfindungen tatsächlich nicht. Ohne die rationalistisch-aufklärerische Kritik des Tagebuchs zu kennen, hebt Kafka, der, wie angedeutet, die Selbstbeobachtung auf ihre letzte moderne Grenze vortrug, auf diesen Aspekt des Goetheschen Tagebuchs ab: dieses wird ihm zum kritischen Kommentar seiner eigenen zerrissenen diskontinuierlichen »Zustände«. Es gebe bei Goethe nur wenig »Augenblicksbeobachtungen« (Tagebuchnotiz vom 29. September 1911), was Kafka auf die ganz anderen materiellen Wahrnehmungsbedingungen zurückführt, in denen »ein ruhiges förmlich landschaftliches Denken« vorherrsche.

Die Beunruhigung der Universalisten durch den selbstbeobachtenden Subjektivismus war berechtigt, aber ihr Pessimismus stand

1 Zur Kritik der Tagebuchproblematik im 18. Jahrhundert vgl. Schings, a. a. O., S. 37.

noch immer unter dem – wenn auch negativen – Bann des Theodizeeproblems, das sich selbst für Kleist noch nicht erledigt hatte. Karl Philipp Moritz' bzw. Anton Reisers Selbstverhältnis ist vielfältig reflexiver und methodischer angelegt als das der Melancholiker Lenz oder Wezel. Scheitern diese am Projekt der »Selbsterhaltung«, so bleibt dies im Falle Reisers ein offenes Unterfangen. Aber ob positiv oder negativ besetzt – »Selbsterhaltung« bleibt dem Ich-Konzept dieser Autoren wesentlich und eben dies hält sie, so unsere erste Unterscheidung, diesseits der Grenze, die hinüber führt zu jener Subjektivität, die von Kleist, Günderrode und Brentano gezogen werden wird. Anton Reiser erfährt sich selbst zwar immer als »Einsamen«, gesellschaftlich »Isolierten«, seine »Einbildungskraft« entwickelt auch dabei stärkste antisoziale Potentiale, das wiederkehrende Erlebnis der Landschaft jenseits menschlicher Sozietät enthält mystische Momente.[1] Und die Todessehnsucht ist manifest. Aber der Kontext eines permanenten Widerstands gegen solche regressive Isolation, der Kritik der Einbildungskraft und vor allem des Konzepts Tagebuch als eines teleologischen Projekts der unparteiischen Selbsterkenntnis und Ich-Entwicklung, wie es das Programm der *Erfahrungsseelenkunde* entworfen hatte, geht nie verloren[2]: Indem Moritz die »Einbildungskraft« als Substitut der nicht gelingenden Sozialisation analysiert, ihr also nie einen autonomen Status zuerkennt, bleibt das Subjekt sozialen Kategorien unterworfen, transzendiert nicht zur »ästhetischen« Subjektivität.

Diese, so zeigte sich, hat sich in der Moderne vor allem im Manifest der Selbstentblößung, der radikalen Selbstdarstellung definiert. Die beiden wichtigsten Zeugnisse des 19. Jahrhunderts hierfür, Baudelaires und Poes Texte, haben einen einzigen Vorläufer, den sie nicht zitieren: Rousseaus *Confessions*. Diese Vorläuferschaft geht bis in Details der programmatischen »Ich«-Ankündigung unter dem anmaßenden Ausschluß jeder Vergleichbarkeit. Das Vorwort beginnt mit dem Satz: »Dies ist das einzige Bild eines Menschen, genau nach der Natur und in seiner ganzen Wahrheit gemalt, das es gibt und wahrscheinlich je geben wird.«[3] Der berühmte Anfang der *Confessions* hat folgenden Wortlaut:

1 Hierzu: Robert Minder, *Glaube, Skepsis und Rationalismus*. Frankfurt 1974, S. 195 ff.

2 Die kritischen Impulse des Romans betont auch Schings, a. a. O., S. 226 f.

3 »Voici le seul portrait d'homme, peint exactement d'après nature et dans toute sa vérité, qui existe et qui probablement existera jamais.«

»Ich beginne ein Unternehmen, das ohne Beispiel ist und das niemand nachahmen wird. Ich will meinesgleichen einen Menschen in der ganzen Naturwahrheit zeigen, und dieser Mensch werde ich sein. Ich allein. Ich lese in meinem Herzen und kenne die Menschen. Ich bin nicht wie einer von denen geschaffen, die ich gesehen habe; ich wage sogar zu glauben, daß ich nicht wie einer der Lebenden gebildet bin. Wenn ich nicht besser bin, so bin ich wenigstens anders. Ob die Natur wohl oder übel daran tat, die Form zu zerstören, in die sie mich gegossen hatte, kann man erst beurteilen, nachdem man mich gelesen hat. Mag die Posaune des Jüngsten Gerichts wann immer erschallen, ich werde mit diesem Buch in der Hand mich vor den obersten Richter stellen. Ich werde laut sagen: ›Sieh, so handelte ich, so dachte ich, so war ich! Ich habe das Gute und das Böse mit dem gleichen Freimut erzählt. Ich habe nichts Schlimmes verschwiegen, nichts Gutes hinzugefügt, und wenn es mir manchmal begegnete, daß ich einen bedeutungslosen Zierat verwandte, so geschah es nur, um eine Lücke zu füllen, die mir mangelnde Erinnerung verursachte. Ich habe als wahr das voraussetzen können, was, wie ich wußte, wahr sein konnte, nie das, was meines Wissens falsch war. Ich habe mich so gezeigt, wie ich war. Verächtlich und niedrig, wenn ich es war, gut, edelmütig, groß, wenn ich es war. Ich habe mein Inneres entblößt, so wie du selbst es gesehen hast. Ewiges Wesen, versammle um mich die unzählbare Schar meiner Mitmenschen; sie sollen meine Bekenntnisse hören, über meine Nichtswürdigkeit seufzen und über meine Nöte erröten. Jeder von ihnen enthülle seinerseits sein Herz mit der gleichen Aufrichtigkeit zu den Füßen deines Throns, und dann möge auch nur einer dir sagen, wenn er es wagt: ›Ich war besser als dieser Mensch da‹!«[1]

Was Rousseaus autobiographisches Projekt mit der Annonce Poes, der versuchten Einlösung durch Baudelaire und implizit mit dem Prinzip der Selbstentblößung der klassischen Moderne, wie Leiris sie formulierte, unmittelbar zusammenbringt, ist das Prinzip des »Moi-seul« und die Methode des »Mein-Inneres-zu-Entblößen«. Gegenüber den Rousseau vorausgegangenen autobiographischen Texten – Augustins *Confessiones*, Petrarcas *Secretum*, vor allem aber Montaignes *Essais* – bedeutet diese Ausstellung des Ichs

1 Jean-Jacques Rousseau, *Die Bekenntnisse*. Übersetzt von Alfred Semerau. München 1981, S. 9.

eine plötzliche Radikalisierung des Individualitätsverständnisses, d. h. die Unvergleichbarkeit mit »meinesgleichen« und die Bereitschaft, sich selbst analytisch auszustellen[1], so daß sich zu Recht moderne Bezüge des Ich-Begriffs herstellen lassen, und so ist dieser Text ja auch immer wieder als Magna Charta der modernen Individualität gelesen worden. Indes ergeben sich sofort Differenzen, bringt man die wesentlichen Bestimmungen von Poes und Baudelaires Projekt und ihre Einlösungen durch das ästhetische Bewußtsein des 19. Jahrhunderts ins Spiel. Erstens: Das Kriterium, an dem Rousseau gemessen werden will, ist die Aufrichtigkeit, ja die relative Wahrheit seiner Selbstdarstellung, keineswegs aber der ästhetische Status seiner Rede, obwohl gerade die Rhetorik des Anfangs der *Confessions* zur intellektuellen Karriere des Gesamttextes beträchtlich beigetragen hat.[2] Rousseau will sich in seiner Selbstbeziehung im Sinne des delphischen Orakelspruchs »selbst erkennen«, so wie das in innerem Bezug auf ihn – wie wir sahen – dann Karl Philipp Moritz unternahm. Das ist die eine entscheidende Differenz zum ästhetischen Bewußtsein.

Zweitens: Diese Aufrichtigkeit ist Mittel zum Zweck einer spezifischen Form von Selbsterhaltung. Auch wenn sich Rousseau gegenüber seinen Mitmenschen als Vereinzelter und Anderer definiert, hierdurch nicht mehr innerhalb der konventionellen Gesellschaft verstanden werden will, sondern nur von einem »menschlichen« Leser, so drückt er seinen Selbsterhaltungsanspruch um so unverzichtbarer und unabdingbarer dadurch aus, daß er sich dem Gericht Gottes unterstellt, vor dem ihn sein unübersteigbarer »Aufrichtigkeits«-Anspruch schon den angemessenen Platz finden läßt. Dies ist die andere entscheidende Differenz zum ästhetischen Bewußtsein. Wir ziehen daraus für Rousseaus Autobiographie und die autobiographische Literatur des 18. Jahrhunderts generell folgenden Schluß: Sie hat zwar das Autonomiekonzept des modernen Ichs im Sinne der sozialen Moderne eröffnet; ihre Differenz aber zu dem ästhetischen Bewußtsein des 19. Jahrhunderts zeigt ebensosehr wie die dort ausgebildete Subjektivität, die wir vom Blick-

1 Zur Abstinenz der Psychologie der Rousseau vorangegangenen Epoche des 17. und beginnenden 18. Jahrhunderts gegenüber dem Persönlichen siehe: Luhmann, a. a. O., S. 125.

2 Zur Relevanz des Aufrichtigkeitsarguments, in dem sich Rousseau polemisch von Montaigne abgrenzt, vgl. Ellen S. Silber, *Rousseau und Montaigne.* Columbia University Press 1968, S. 127 f. Ebenso Trilling, a. a. O., S. 62.

punkt der Selbsterfahrung Kafkas aus in Umrissen schon erkennen konnten, daß sie vom autobiographischen Emphatismus allein nicht verstanden werden kann. Dieser ist vielmehr gerade unter Umgehung des ästhetischen Bewußtseins von dem aktuellen Authentizitätsprogramm beerbt worden, wobei allerdings ironischerweise der kognitive Gehalt des Rousseauschen »Aufrichtigkeits«-Prinzips zu einem konformen Verhaltenscode verkehrt wurde.

Auch die Autobiographie Rousseaus bestätigt also die vermutete Grenze. Wenn Rousseau dennoch mehr als irgendein anderer Autor des 18. Jahrhunderts sie möglicherweise doch überschritten hat, so durch den späten Text *Les rêveries du promeneur solitaire* (1782). Die Einsamkeitserfahrung, mit deren Beschreibung der erste »Spaziergang« anhebt, die sich im Verlauf der folgenden Spaziergänge variiert, ist von anderer Realität als der Anspruch des »Moi-seul« der zehn Jahre früher entstandenen *Confessions.* Diese andere Qualität besteht darin, daß nunmehr keine strategische Absicht selbsterhaltender Rhetorik das Wort »Einsamkeit« führt, sondern die Selbstbegegnung in einen »Zustand«, dessen Entfernung von diskursiver Rede mit dem Wort »rêverie« deshalb so genau wiedergegeben ist, weil damit nicht bloß psychologisierend etwas umschrieben werden soll, sondern eine imaginative Haltung getroffen ist, die den Grenzübertritt erklärt. Das Apriori dieses neuen Zustandes ist, daß Rousseau sich »losgerissen« von allem empfindet und deshalb in neuer Weise die Frage stellen muß, die seitdem wiederholt werden wird: »que suis-je moi-même?« – »Was bin ich selbst?«[1] Ohne auf die narrative Genesis dieser Selbstverlorenheit hier eingehen zu können, sei auf zwei ihrer polaren Bewertungen aufmerksam gemacht: negativ sieht sich Rousseau »aus der Ordnung der Dinge ich weiß nicht wie gestoßen«[2], findet sich »in ein unbegreifliches Chaos gestürzt«, in dem er »nichts unterscheiden kann«[3]; positiv fühlt er einen Genuß, der sich auf »Nichts, das außer uns selbst«[4] ist, richtet, der »nichts« genießt »als sich selbst und sein eigenes Dasein«[5]. Jean Starobinski hat diesen »existentiellen Mystizismus« auf die Zeitdimension hin charakterisiert: »Während

1 Jean-Jacques Rousseau, *Schriften.* Hrsg. v. Hanns-Henning Ritter. München 1978, Bd. 2, S. 639.
2 Ebd.
3 Ebd.
4 Ebd., S. 699.
5 Ebd.

das Zeitgefühl in weite Fernen rückt und die plätschernden Wasser des Bieler Sees die Sinne einschläfern und absorbieren, erwachtdie Ekstase aus der hauchzarten Wahrnehmung, die sich allein auf das ›Daseinsgefühl‹ beschränkt. Hier stimmt Rousseau mit der ersten, der einfachsten und der elementarsten Gegenwärtigkeit überein.«[1]

Diese Präsenz von Dasein hat jedoch in diesem Text auch eine Exposition gefunden, die nicht die quasi pantheistische Verlängerung des Ichs in die Natur, sondern umgekehrt die totale Diskontinuität des Ich-Gefühls formuliert, dies »unbegreifliche Chaos« paradigmatisch darstellt und eben hierin die Grenze zum ästhetischen Subjektivismus überschreitet: Im zweiten Spaziergang schildert Rousseau die Szene eines unerwarteten Unfalls, hervorgerufen durch eine Dogge, die auf ihn zustürzt. Um der Gewalt ihres Anlaufs noch zu entgehen, denkt Rousseau in die Luft zu springen, so daß der Hund unter ihm durchlaufe: »Dieser Gedanke, der schneller als der Blitz entstand und den ich weder Zeit zu überlegen noch auszuführen hatte, war der letzte vor meinem Unfall. Ich fühlte weder den Zusammenstoß noch den Fall, noch das mindeste von dem, was darauf folgte, bis ich wieder zu mir kam.«[2] Rousseau begegnet der unerwarteten Bedrohung mit einem Gedanken, den er aber nicht mehr in die Tat umsetzen kann. Was nun folgt, ist die Darstellung eines völligen Verlusts des Gedankens des Subjektbewußtseins im Kontinuum von Zeit und der Übertritt in ein rein momentanistisches Selbstverhältnis:

»Der Zustand, in dem ich mich in diesem Augenblick befand, ist zu sonderbar, als daß ich ihn hier nicht beschreiben sollte. Die Nacht schritt voran. Ich nahm den Himmel wahr, einige Sterne und ein wenig Grün. Diese erste Empfindung war ein köstlicher Augenblick. Ich empfand mein Dasein einzig durch sie. In diesem Moment wurde ich zum Leben geboren, und mich dünkte, ich erfüllte alle Gegenstände um mich her mit meinem leichten Dasein. Ganz dem gegenwärtigen Augenblick gehörig, erinnerte ich mich an gar nichts, ich hatte keinen deutlichen Begriff von meinem Individuum, nicht die mindeste Vorstellung dessen, was mir begegnet war, ich wußte weder wer, noch wo ich war, fühlte weder Weh noch Furcht, noch Unruhe. Mein Blut sah ich fließen, ganz wie ich einen Bach hätte fließen sehen, ohne es mir nur einfallen zu lassen, daß

1 Nachwort zu: Jean-Jacques Rousseau, *Die Bekenntnisse,* a. a. O., S. 915.
2 Rousseau, *Schriften,* a. a. O., S. 651.

dieses Blut mir gehöre. – Ich fühlte in meinem ganzen Wesen eine beglückende Stille, mit der, so oft ich mich an sie erinnere, alle Wirkung der mir bekannten Vergnügungen nicht zu vergleichen ist.«[1]

Die reine »Gegenwärtigkeit«, die Starobinski am Beispiel des Glücks am Bieler See hervorhebt, entspricht dem Topos des »erfüllten Augenblicks«. Rousseau hat ihn im fünften Spaziergang als Zustand ohne Vergangenheitserinnerung und ohne Zukunftserwartung geschildert. Insofern ähnelt er der Struktur der oben zitierten Situation. Auch sie ist reine Gegenwärtigkeit. Im Unterschied zum träumenden Glück angesichts der Natur am Bieler See tritt nun jedoch ein Moment hinzu, das die Analogie aufhebt: Rousseau verliert nicht nur das Bewußtsein von Zeit, sondern auch das seiner eigenen Person; er hat »keinen deutlichen Begriff von (seinem) Individuum«, er weiß nicht, *wer* er war. Er ist definiert von dem körperlichen Modus eines »Jetzt«, in dem er sich befindet: nur blutend nach einem Unfall, herausgerissen aus allem, was vorher war, ohne Interesse an dem, was kommt. Diese Diskontinuität hebt das Selbstverständnis der *Bekenntnisse,* das im Prinzip der »Aufrichtigkeit«, der »Selbsterkenntnis« als Mittel der »Selbsterhaltung« liegt, auf. Bernhard Lypp hat die moderne parabolische Bedeutung der zitierten Szene als »Fall des Daseins« gewertet und an diesem Beispiel gezeigt, wie zwischen »Selbsterhaltung« und »Daseinskontinuierung« unterschieden werden muß.[2] Unabhängig von der Einsicht, daß Rousseau in diesen Selbstgesprächen an einem »Verhältnis der Dauer zu sich selbst«[3] interessiert ist und diese in der Natur wiederfindet, ist in der Szene des am Ende sogar Glück spendenden Unfalls vor allem aber Kontingenz vermittelt[4]: In der nachträglichen Erinnerung des Unfalls kommt Rousseau zur Einsicht über die nicht teleologische Bedingung des Menschen und über »Zustände«, die nicht von »Selbsterhaltung« getragen sind. Damit erfüllt dieser Text als einziger unter den bisher als repräsentativ diskutierten Beispielen von literarischem Selbstverständnis im 18. Jahrhundert, partiell jedenfalls, die Bedingung für den Fall, wo die Grenze von sozialer zu ästhetischer Subjektivität übertreten

1 Ebd., S. 652.

2 Bernhard Lypp, *Eine Anticartesianische Version des Selbst. Zu Rousseaus Selbstgesprächen,* in: Karlheinz Stierle/Rainer Warning (Hrsg.), *Das Gespräch. Poetik und Hermeneutik XI.* München 1984, S. 379.

3 Ebd., S. 388.

4 Dies betont auch Lypp, ebd., S. 380.

wird. Am Beispiel einer vergleichbaren paradigmatischen Unfallszene in Kleists Briefen wird entschieden werden können, ob Rousseaus letzter Text wirklich definitiv diese Grenze übertreten hat.

Daß »die Romantik« ein neues Ich-Bewußtsein entwickelt habe, welche vermittelnden Vorstufen dazu auch immer im späten 18. Jahrhundert entdeckt werden können, ist allgemeine Übereinkunft. »Romantik« heißt dann eine Bewußtseinshaltung, die zwischen Empfindsamkeit *(Werther)*, den frühromantischen Entwürfen (Friedrich Schlegel, Novalis, Schleiermacher, Tieck) und der Fichteschen Ich-Konstruktion verläuft. Es erhebt sich nun die Frage, ob innerhalb dieser Literatur- und Denkschule wirklich eine kategoriale Veränderung im Selbst-Verhältnis auftrat, oder ob nicht die Gemeinsamkeit der empfindsamen Konstante, die man heute genauer sieht, ein Individualitätsprinzip sichtbar macht, das so und ähnlich schon von den Beispielen der Moritzschen und Rousseauschen Autobiographie dargestellt worden ist. Diese Frage ist von der Epochendiskussion her nicht zu lösen, denn diese bezieht sich (zu ihrem Nachteil) vornehmlich auf ideen- und sozialgeschichtliche Differenzierungen, während es in diesem Fall um den feineren Unterschied im ästhetischen Bewußtsein geht. Josef Körners einstige Unterscheidung zwischen einem »maßlosen Subjektivismus der romantischen Frühepoche«, ihrem »krassen Individualismus« einerseits und »objektiven Bindungen des Religiösen und Nationalen« andererseits verhinderte ohnehin, daß der von ihm unter dem programmatischen Titel *Krisenjahre der Frühromantik* herausgegebene Textkorpus Beispiele eines »Subjektivismus« und eines »Individualismus« enthält, die den Kontext von »Selbsterhaltung«, Teleologie und Vernunftsubjekt im Sinne eines ästhetisch radikalisierten Bewußtseins verlassen.[1] Unter »Krisenjahre« versteht Körner die Epoche 1804–1812, in welcher sich aber gerade das ästhetische Bewußtsein, das laut Körner überwunden wurde, erst herausbildete, allerdings nicht bei den Mitgliedern der vergangenen »Frühromantik«, die über die Polemik von Carl Schmitt gegen Friedrich Schlegel hinaus der konservativen und der marxistischen Literaturgeschichte als Skandal des Subjektivismus galten: Kleist/Brentano wurden übersehen, ganz zu schweigen von Karoline von Günderrode, die literarhistorisch nicht einfach einzuordnen wa-

1 Einleitung zu: Josef Körner (Hrsg.), *Krisenjahre der Frühromantik. Briefe aus dem Schlegelkreis*, Bern 1969, Bd. 1, S. X.

ren. Auch der Tonfall des »Herzens«, der »Sehnsucht«, der Freundschaft zwischen den engeren Mitgliedern des als Jenaer Romantik berühmt gewordenen Kreises – es sind Friedrich Schlegel, August Wilhelm Schlegel, Dorothea Schlegel, Sophie Bernhardi-Tieck, Schleiermacher – im Briefwechsel untereinander oder mit Freunden und Geistesverwandten – wie Fouqué, Fichte, Madame de Staël, Schelling – bleibt im Rahmen der Individualitätssemantik, die das 18. Jahrhundert bis dahin entwickelt hatte. Dies muß besonders in Rücksicht auf den empfindsamen oder emphatischen Liebesbrief gesagt sein, wie ihn Sophie Bernhardi-Tieck und vor allem Caroline Schlegel-Schelling, aber auch Jean Paul (an Charlotte von Kalb und Emilie Berlepsch) geschrieben haben. Zwischen diesem Typus von literarisch artikulierter Liebesempfindung und dem der Karoline von Günderrode ist die Grenze zu ziehen. Und diese Grenze gilt auch für die Briefe der eigentlichen romantischen Frühzeit der neunziger Jahre, in denen man die skandalöse Subjektivität vermuten möchte, namentlich im Briefwechsel von Novalis mit Friedrich Schlegel, von Friedrich Schlegel mit Caroline Böhmer-Schlegel.

Was sich hier gegenüber den siebziger und achtziger Jahren des 18. Jahrhunderts zu verändern beginnt, ist zunächst nur als ein langsamer Wechsel des Stils zu erkennen, den man am eindeutigsten dadurch charakterisiert, indem man sagt, der Textkorpus der Empfindsamkeit werde immer selektiver zitiert.[1] Das ließe sich an der Stilentwicklung der Novalis-Briefe der frühen neunziger Jahre genau datieren, vergleicht man etwa die empfindsame Charakteristik Schillers im Brief vom 5. Oktober 1791 mit der berühmten Charakteristik Friedrich Schlegels im Brief vom 20. August 1793, in dem die neue romantische Metaphorik einsetzt (»Du bist aus der Familie des Untergangs«). Das zeigt sich auch innerhalb des Briefwechsels zwischen Wackenroder und Tieck. Während in Wackenroders Briefen das Vokabular einer aufklärerischen Empfindsamkeit bis in die Form des abgerufenen Klischees auftaucht, tritt dieses Vokabular in Tiecks Briefen immer stärker zurück, um einer dramatischen Verdüsterung des Gefühls Platz zu machen. Da der Umschlag des empfindsamen zum romantischen Stil sich zumindest der Grenze zum ästhetisch-selbstreferentiellen Bewußtsein ent-

1 Hierzu: Gerhard Sauder, *Empfindsamkeit und Frühromantik,* in: Vietta, a. a. O., S. 93.

schieden nähert und gerade des frühen Tiecks katastrophisches Bewußtsein zu Recht unter modernen Zeitkategorien analysiert worden ist[1], ist auch dieser Umschlag zu prüfen, bevor wir mit der Erörterung der eigentlich ästhetischen Subjektivität beginnen: Wackenroders Empfindsamkeitsstil dokumentiert sich besonders gut dort, wo es sich um die Beschreibung der Reaktion auf ästhetische Phänomene handelt, wie im Brief an Tieck vom 5. Mai 1792, wo er anläßlich von Musik als der »völligen Hingebung der Seele in diesem fortreißenden Strom von Empfindungen« spricht, die zu »allgemeinen Ideen« aufsteigen. Diese Identifizierung der ästhetischen Empfindung mit der »Idee« ist dem empfindsamen Stil wesentlich und setzt den Unterschied zu dem ästhetischen Bewußtsein des 19. Jahrhunderts. Wie stellt sich aber dieses Verhältnis dar, wo der empfindsame Stil zum romantischen übergeht? Im Brief vom 12. Juni 1792 an Wackenroder beschreibt auch Tieck die Reaktion auf ein ästhetisches Phänomen, nämlich nachdem er den zweiten Teil von Großes *Genius* zwei Freunden vorgelesen hatte, die indes dabei vor Übermüdung einschliefen. Nachdem Tieck – ähnlich wie Wackenroder – sich in den »lieblichsten Träumen eingewiegt«, von »tausend Ideen« und »großen Vorsätzen« umwoben sah, bricht diese »Empfindung« ab, nachdem die Freunde gegangen sind, er »allein« ist:

»Ich stand gedankenvoll mit dem Arm auf einen Stuhl gelehnt, in jener schönen erhabnen Schwärmerei verloren, nur für Schönheit empfänglich, süße Töne wie abgebrochene Gesänge schwärmten um mein träumendes Ohr, rosenfarbene Bilder umgaukelten mich mit blauen Schmetterlingsflügeln, – als plötzlich – noch schaudre ich, wenn ich daran denke, noch kann ich die Möglichkeit nicht begreifen – als wie in einem Erdbeben alle diese Empfindungen in mir versanken, alle schöne grünenden Hügel, alle blumenvollen Täler gingen plötzlich unter, und schwarze Nacht und grause Totenstille, gräßliche Felsen stiegen ernst und furchtbar auf, jeder liebliche Ton wie verweht, Schrecken umflog mich, Schauder die gräßlichsten bliesen mich an, alles ward um mich lebendig, Schatten jagten sich schrecklich um mich herum, mein Zimmer war als flöge es mit mir in eine fürchterliche schwarze Unendlichkeit hin, alle meine Ideen

1 Vgl. Manfred Frank, *Das Problem »Zeit« in der deutschen Romantik. Zeitbewußtsein und Bewußtsein von Zeitlichkeit in der frühromantischen Philosophie und in Tiecks Dichtung*. München 1972, S. 247 f.

stießen gegeneinander, die große Schranke fiel donnernd ein, vor mir eine große, wüste Ebne, die Zügel entfielen meiner Hand, die Rosse rissen den Wagen unaufhaltsam mit sich, ich fühlte es, wie mein Haar sich aufrichtete, brüllend stürzte ich in die Kammer.«[1]

Tieck kommentiert diese Empfindungen, er sei »auf einige Sekunden wirklich *wahnsinnig*« gewesen, erinnert den *König Lear* und schließt den Brief mit einer zweiten Schreckensvision, indem er sich selbst als sich auflösenden Toten denkt, entweder in einem Strom schwimmend oder in einem Grabgewölbe neben Särgen. Die entscheidende Frage ist nun, ob die in diesem Text aufgebotenen Bilder ein prinzipiell anderes Verhältnis zur »Idee« haben als die ihr polar entgegengesetzte eudämonistische Bildlichkeit des empfindsamen Beispiels. Und daraus wieder kann auf das Subjektverhältnis geschlossen werden. Zum ersten Teil der Frage: Das Subjekt, das wir ein romantisches nennen, unterhält wie sein Adressat zum »Schönen« ein »empfindsames« Verhältnis, das unter anderem dadurch charakterisiert ist, daß die ästhetischen Empfindungen ideenbezogen sind und daß sie die Person teleologisch ausrichten. Der jähe Wechsel der schönen zu schrecklichen Bildern ändert zunächst nichts daran, daß hier ideenbezogen gedacht ist. Keineswegs ereignet sich ein Bewußtseinssprung wie im Falle des Rousseauschen Unfalls. Der Wechsel ließe sich als ein Austausch von idyllischen zu erhaben-schrecklichen Bildern des gleichen Bewußtseins charakterisieren. Auch die schrecklichen Bilder selbst bleiben ideenbezogen. Die apokalyptische Zerstörung der idyllischen Empfindung geschieht unter der Metapher des »Erdbebens«, also dem Schlüsselbegriff, unter dem die pessimistische Selbstkritik der Aufklärung ihr Theodizeeproblem anschaulich machte. Auch Tiecks Text zeichnet sich wie die Texte der späteren romantischen Briefe durch ästhetische Bearbeitungen aus: Der Hinweis auf *Lear* und das »Wahnsinns«-Motiv sind deutlich genug. Es werden primäre Reize der erhaben-schrecklichen Natur- und Todessymbolik zitiert, wie sie die vorromantische empfindsame Literatur entwikkelt hatte und nicht zuletzt durch Werthers *Ossian*-Vorlesung vor seinem Selbstmord dieser Generation selbstverständlich war, wie auch des melancholisch-schwärmerischen Anton Reisers ständige Referenz an *Werther* belegt.

1 Wilhelm Heinrich Wackenroder, *Werke und Briefe.* Hrsg. v. Gerda Heinrich. München 1984, S. 383f.

Zum zweiten Teil der Frage: Bedeutet das jähe Umschlagen der Bildinhalte des Bewußtseins nicht doch einen Verlust an individueller »Selbsterhaltung«? Wenn dem so wäre, dann vollzöge sich dieser Prozeß vorerst nur auf einer psychologischen, nicht eigentlich existentiellen Ebene. Immerhin ist dieses Subjekt noch eine Minute vorher mit allen Attributen der empfindsam-vernünftigen Ich-Subjektivität ausgestattet. Das Umschlagen wird selbst hier nicht – wie im *William Lovell* – thematisiert, sondern melodramatisch nur ausgenützt. Am Ende hat sich das Subjekt nicht verändert. Es hat von einer emotionellen, nicht eigentlich kognitiven Bedrohung der bis dahin gültigen ästhetischen und ideellen Werte des empfindsamen Diskurses berichtet, ohne diese Bedrohung eigentlich zu begreifen, in sich zu reflektieren oder gar sich in ihrem Begriff selbst neu zu definieren. Es handelt sich um eine Bedrohung, noch nicht Veränderung der ideengestützten Subjektivität.

Nicht von ungefähr ist diese Bedrohung bei Tieck so stark, ist dieser im Gegensatz zu den übrigen Frühromantikern doch am wenigsten geprägt von philosophischer und wissenschaftlicher Bildung. Bei den von der idealistischen Philosophie Geprägten, Friedrich Schlegel und Novalis, ist die ideengestützte Subjektivität noch viel weniger in Frage zu stellen, auch wenn dies seit Hegels berühmt-vernichtendem Verdikt immer wieder in Frage gestellt worden ist.[1] Niklas Luhmann hat den objektiven Bezug der frühromantischen Intelligenz mit einem interessanten Hinweis gestützt. Die deutsche Romantik gehe von einer »Relationierung der Welt *auf* einen anderen zur Aufwertung der Welt *durch* einen anderen über«[2]. Er belegt diese These mit einem Satz aus Friedrich Schlegels Roman *Lucinde:* »Sie (die Franzosen) finden das Universum einer in dem anderen, weil sie den Sinn für alles andere verlieren. Nicht so wir. Alles, was wir sonst liebten, lieben wir nun noch wärmer. Der Sinn für die Welt ist uns erst recht aufgegangen.«[3] Zwar kann Luhmann generell für die Romantik von einer »Selbstreferenz des Liebens« als wichtigste Fortentwicklung des »Mediums«

1 Die aufklärerisch-rationalistischen Elemente der frühromantischen Literatur werden seit geraumer Zeit genauer gesehen. Zum aktuellen Erkenntnisstand: neben Vietta, a. a. O., auch Klaus Peter, *Stadien der Aufklärung. Moral und Politik bei Lessing, Novalis und Friedrich Schlegel.* Wiesbaden 1980.

2 Luhmann, a. a. O., S. 167 f.

3 Ebd., S. 168, Anm. 14.

gegenüber der vorangegangenen Epoche sprechen.[1] Aber dies heißt nur, daß keine anderen formal-inhaltlichen Begründungen als die Liebe selbst gegeben werden. Es kann oder sollte nicht heißen, daß das liebende Subjekt an den objektiven Sinnbezügen außerhalb dieser Liebe zweifelt. Die Radikalisierung der »Selbstreferenz« ist kein Ereignis der Frühromantik, sondern des ersten Jahrzehnts des 19. Jahrhunderts. Nun erst tritt ein, was sich als ästhetische Subjektivität von der sozialen Vernunftsubjektivität trennt. Nunmehr hört die Bereitschaft auf, sich in Universalien zu verstehen.[2] Aber sofern das generell für die Individualisierung der Subjekte gilt, muß das ästhetische Bewußtsein von dieser Individualisierung und ihren mentalitätsgeschichtlichen Daten unterschieden werden.

1 Ebd., S. 178.
2 Hierzu: ebd., S. 173.

II
Die emphatische Selbst-Entdeckung

Der moderne Selbstbezug, die Reflexion des modernen Subjekts auf sein Ich hin, vollzog sich innerhalb der frühromantischen Auseinandersetzung mit Fichtes kritischer Existenzsicherung durch Selbstsetzung. Vornehmlich Novalis hat, vor allem in seinen vermischten Bemerkungen *(Blüthenstaub)* diesen Selbstbezug als emphatisches Projekt formuliert: »Die höchste Aufgabe der Bildung ist, sich seines transcendentalen Selbst zu bemächtigen, das Ich seines Ich's zugleich seyn.«[1] Dieser emphatische Selbstbezug bedeutete, daß das empirische Ich mit Mitteln transzendentaler Reflexion annulliert wurde, um zu seinem universaleren Begriff zu kommen: »In sich zurückgehn, bedeutet bey uns, von der Außenwelt abstrahiren«[2]. Von der Außenwelt, nicht von der inneren Welt als eigentlichem Raum des Unendlichen: »Ist denn das Weltall nicht in uns? Die Tiefen unseres Geistes kennen wir nicht. – Nach innen geht der geheimnißvolle Weg. In uns, oder nirgends ist die Ewigkeit mit ihren Welten, die Vergangenheit und Zukunft.«[3] Es ist also deutlich, daß die frühromantische Problematisierung des empirischen Ichs ein Akt der Selbsterhaltung ist, der diese Selbsterhaltung in transsubjektiven Gewißheiten findet: Weltall, Ewigkeit, Vergangenheit und Zukunft. Die äußere Welt wird als »Schattenwelt«[4] relativiert und insofern ist diese reflexive Ich-Konstruktion schon eine Auflösung sozialer Identität. Wenn man die Bedeutung, die der »Tod« für dieses transzendentale Ich-Projekt spielt, hinzunimmt[5], dann erscheint das esoterische Konzept des Selbstbezugs und seine Differenz gegenüber sozialer Identität noch deutlicher. Andererseits aber findet das konstruierte Ich Novalis' seine begriffliche Selbstgewißheit in zentralen Diskurselementen, die es von dem ästhetischen Bewußtsein unterscheiden, das erst auftritt, wenn die frühidealistische Figur des Geistes und der Bildung erschüttert wird, wenn die teleologische Struktur des Ich-Projekts zerfällt oder gefährdet ist. Dieser Vorgang ist in Kleists Selbstreflexion zu

1 Novalis, *Werke, Tagebücher und Briefe Friedrich von Hardenbergs.* Hrsg. v. Hans-Joachim Mähl und Richard Samuel. München 1978, Bd. 2, S. 239.

2 Ebd., S. 245.

3 Ebd., S. 233.

4 Ebd.

5 Vgl. hierzu S. 133f. dieses Buchs.

entdecken, er ist bei Brentano schon vorauszusetzen. Karoline von Günderrode wird von ihm betroffen. Der Emphatik des Ichs, wie sie bei den Romantikern der Generation nach Novalis auftritt, fehlt sowohl die idealistische Basis als auch die Reflexionsstruktur und eben deshalb scheint sich erst hier, nach dem frühromantischen Vorspiel und nach der Desillusionierung der Revolution, das neue, das moderne Bewußtsein erst schaffende ästhetische »Ich« herauszubilden.

Mit Heinrich von Kleist tritt die Scheidung der ästhetischen Subjektivität von der sozialen als ein Bewußtseinsdrama erstmalig auf; mit Karoline von Günderrode und Clemens Brentano ist diese Scheidung schon vollzogen. Während Kleists Briefe den Prozeß des hinhaltenden Versuchs, die Kategorien einer vernunft- und teleologiebestimmten Subjektivität und damit das Prinzip der »Selbsterhaltung« aufrechtzuerhalten, belegen, gibt es in den Briefen Brentanos und der Günderrode einen solchen Konflikt nicht mehr. Sie stellen die Bewußtseinslage dar, nachdem dieser Konflikt endgültig zuungunsten der Vernunft- bzw. Teleologiekonzepte ausgegangen ist. Deshalb geht den eigentlich emphatischen Briefen Kleists eine strategisch-rationale Briefform voraus, während die Günderrode und Brentano immer nur die Form der »ästhetischen Subjektivität« kennen. Dieser Unterschied einer Zeit vor und nach der »Vernunft« erklärt, abgesehen von den individualpsychologischen Unterschieden der drei Dichter, grundsätzlich verschiedene Reflexionsmodi: Während Kleists Selbstverhältnis kritisch, aber nicht ironisch ist, ist die Ironie und Selbstironie die primäre Sprechhaltung des Briefschreibers Brentano. Nicht durch das Bewußtseinsdrama eines Vorher und Nachher erklärt sich eine weitere Differenz innerhalb des Briefkorpus der drei Autoren: Während Brentano und die Günderrode den Liebesbrief artifiziell entwickelten, hat Kleist keine Liebesbriefe geschrieben. Das hat Folgen für die Frage nach der sozialen Intentionalität des ästhetischen Bewußtseins.

Es war davon auszugehen, daß der private, intime Brief keine Erfindung der ästhetisch gewordenen Romantik ist. Das bedeutet aber auch, daß seit der ersten theoretischen Bestimmung des Briefs – der Definition Artemons im Vorwort seiner Ausgabe der Briefe des Aristoteles – dieser »gleichsam die eine Hälfte des Dialogs« darstellt, das heißt, daß der Brief bis zu den Brieftheorien des

18. Jahrhunderts trotz der Unterscheidungsmöglichkeit zwischen »kunstmäßiger Rede« und »Gespräch« immer als Medium der Kommunikation zwischen einem Ich und einem Du gesehen worden ist.[1] Daß dieses »Du« prinzipiell auch als ein »Ihr« gedacht werden konnte[2], verstärkt diese Kommunikationsfunktion. Diese verweist auf die Möglichkeit der Fiktionalisierung, entweder daß Briefe in Hinsicht auf ihre spätere Veröffentlichung hin geschrieben werden oder daß die Gattung des Briefromans erscheint. Die Kommunikationsintentionalität, die ja auch Zukunftbezogenheit bedeutet[3], macht den Brief bis Ende des 18. Jahrhunderts zu einer wichtigen Strategie literarischer »Selbsterhaltung«.

Es soll nicht behauptet werden, daß die überlieferten Briefe Kleists, Karolines und Brentanos eine solche Intentionalität nicht kannten. Die Liebesbriefe der Günderrode, die Selbstmordbriefe Kleists rechnen gerade im Sinne der Empfängertheorie des 18. Jahrhunderts[4] ausdrücklich, ja berechnend mit ihrem Adressaten. Allerdings muß von vornherein der Selbstbezug dieses Liebeskonzepts und partiell auch dieses Selbstmordkonzepts gesehen werden: Liebe und Selbstmord treten, wie wir sehen werden, als letztmögliche Substitute für den Verlust an »Teleologie« ein. Darüber hinaus aber ist die Intentionalität und der dialogische Charakter in den für das ästhetische Bewußtsein eigentlich repräsentativen Briefen durch die Radikalität der Selbstverständigung und Selbstauslegung, die den Adressaten nur noch als Spiegel der eigenen Subjektivität gebraucht, extrem zurückgetreten. Diese Reduktion auf die Spiegelfunktion der eigenen Subjektivität tritt besonders scharf heraus, blickt man als Vergleich auf die frühromantischen Briefe, in deren betont dialogischem Charakter sich das Prinzip des »Zusammenphilosophierens« ausdrückt und deren Gehalt und Stil sich deshalb auch vom Empfänger her definieren lassen: sie wechseln ihren Charakter deutlich von Adressat zu Adressat.

Dies ist nicht in gleicher Weise der Fall bei Kleist, der Günderrode und Brentano. Obwohl auch ihre Briefe von vielfältiger Inhaltlichkeit, ihre Briefpartner von entschieden unterschiedlicher

1 Hierzu und zum folgenden: Voßkamp, a. a. O., S. 82 ff. Dort auch eine umfassende Übersicht über die Literatur zum Thema Brieftheorie, Briefroman bis Ende des 18. Jahrhunderts.

2 Vgl. S. 25 f. dieses Buchs.

3 Hierzu: Voßkamp, a. a. O., S. 98.

4 Vgl. Harald Weinrich, *Tempus. Besprochene und erzählte Welt.* Stuttgart 1964, S. 24.

Mentalität und unterschiedlichem Interesse für den Briefschreiber sind, gibt es in der Selbstdarstellung keinen prinzipiellen Wechsel, sei diese nun sympathisch, diskontinuitätsbewußt oder dem Liebes- bzw. Todesprojekt verpflichtet. Aus dem relativ beträchtlichen Briefkorpus – (während sehr viele Briefe der Günderrode verlorengingen bzw. von der Familie vernichtet wurden, ist Brentanos Brieffülle von einer solchen vernichtenden Zensur aus Skandalfurcht nicht betroffen worden; für Kleist liegt der Fall zwischen diesen beiden Extremen: ein großer Teil der Originalbriefe ist verschwunden; zu den Ausgaben Minde-Pouets [1905 und 1936] sind in der Sembdnerschen Ausgabe [1961] acht neue Briefe hinzugetreten) – sind für unser Problem vornehmlich einige Briefe Kleists an seine Halbschwester Ulrike, an die Verlobte Wilhelmine, an Adolfine von Werdeck sowie die Selbstmordbriefe interessant. Die wichtigen Briefe Karolines sind gerichtet an Friedrich Carl von Savigny, Friedrich Creuzer und Clemens Brentano. Hinzu tritt hier noch Bettina von Arnims *Die Günderode* betitelte Kompilation ihrer Korrespondenz mit Karoline. Die für uns relevanten Briefe Brentanos sind vornehmlich an die Geliebte und spätere Frau Sophie Mereau, außerdem an die Günderrode, die Großmutter von La Roche und Savigny gerichtet.

Der Zeitraum, in dem diese Briefe geschrieben wurden, reicht von 1799/1800 bis 1811. Dabei konzentriert sich die Mehrheit der »Problem«-Briefe Kleists, der Günderrode und Brentanos auf die Jahre 1801–1803. Die Liebes- und Todesbriefe der Günderrode und Kleists fallen in die Jahre 1805/1806 und 1811. Abgesehen von der individualgeschichtlichen Bedeutung der Datierung einzelner Briefe[1] erhebt sich natürlich die Frage nach der Relevanz des historischen Datums 1800–1811 für die Erklärbarkeit der ästhetischen Subjektivität selbst. Der Hinweis auf einen immanenten Prozeß des fortschreitenden Verlusts an Teleologie vertraut, wie schon gesagt, selbst noch auf ein teleologisch strukturiertes Muster von Geschichte. Es schließt dabei die ästhetische Subjektivität wieder dem final gedachten Prozeß der bürgerlichen Individualitätsentwicklung, ja dem Zivilisationsprozeß an. Genauer wäre es, beschränkte man den Hinweis auf die Aussage, daß ab 1800, nicht früher, eine

1 Für Kleist vgl. hierzu Helmut Sembdners Anmerkungen zu den Briefen, in: Heinrich von Kleist, *Sämtliche Werke und Briefe*. Hrsg. v. Helmut Sembdner. München 1977, Bd. 2, S. 965f. Außerdem: Helmut Sembdner, *In Sachen Kleist. Beiträge zur Forschung*. München 1974, S. 172.

Form der Subjektivität auftaucht, die ab diesem Zeitpunkt eine Alternative zur generellen sozialen Subjektivität bildet. Das Anfangsdatum 1800 ist inzwischen durch Reinhart Kosellecks Untersuchungen zum Verzeitlichungsprozeß der Moderne[1] erklärbarer und von anderen Äußerungen zum Problem bestätigt worden[2].

Nun bleibt eine solche historische Theorie aber für unser Problem unbefriedigend, als sie nicht erklären kann, wieso der Typus des ästhetischen Bewußtseins keineswegs generell von dieser romantischen Generation, nicht zu reden von der sogenannten Spätromantik nach 1814/15, entwickelt worden ist. Und dies wiederum läßt sich auf das 19. und frühe 20. Jahrhundert anwenden. Das späte 20. Jahrhundert kennt nur noch die »authentische« Aufweichung. Repräsentanten der ästhetischen Subjektivität bleiben vereinzelt: Vor Kafkas Tagebüchern ist außer Friedrich Hebbels kein deutschsprachiges autobiographisches Werk zu nennen, auf das die Merkmale zuträfen, die erstmalig bei Kleist, Günderrode und Brentano auftreten. Christa Wolf hat in der Einleitung zu ihrer Ausgabe von »Gedichten, Prosa, Briefen« der Günderrode eine sozialpsychologisch-historische Erklärung für die besondere Disposition dieser zweiten romantischen Generation gegeben: Es seien die Nachgeborenen der Französischen Revolution gewesen – die jungen Leute von 1800 –, denen die Heldenrolle entglitten sei, die ohne soziales Hinterland eine Avantgarde »differenzierter Sensibilität« ausgebildet hätten.[3] Daß die verlorene Utopie der Revolution um 1800 zu poetischen Verinnerlichungskonzepten trieb, ist schon am Beispiel der frühromantischen Reaktion nachzuweisen[4]. Andererseits führte diese Reaktion gerade zu Subjektivität transzendierenden Konzepten der Affirmation an den reaktionären Staat und die Religion. Auch blieb die Günderrode im Umkreis ihrer Freunde, der akademisch-gesellschaftlichen Oberschicht, völlig isoliert. So Kleist, so Brentano. Weder Achim von Arnim noch Friedrich Carl von Savigny, geschweige die Grimms noch die literarische und akademische »Elite« überhaupt verstanden die Sprache des ästheti-

1 Reinhart Koselleck, *Vergangene Zukunft*. Frankfurt 1979, S. 328.

2 Vgl. Luhmann, a. a. O., S. 173 (»generelle Verabschiedung der alteuropäischen Semantik, die man um 1800 beobachten kann«). Ebenso: Habermas, *Der philosophische Diskurs der Moderne*, a. a. O., S. 13f.

3 Christa Wolf (Hrsg.), *Karoline von Günderrode. Der Schatten eines Traumes*. Neuwied 1981, S. 6f.

4 Vgl. Bohrer, *Friedrich Schlegels Rede über die Mythologie*, a. a. O., S. 52f.

schen Subjektivismus. Der Erscheinung des ästhetischen Bewußtseins dieser drei Dichter ist also auch von einem epochespezifischen sozialpsychologischen Raster nicht beizukommen. Wir werden auf diese Problematik zurückkommen.[1]

Selbst die einleuchtende Erklärung der Günderrode, die Christa Wolf zitiert, hat für Brentano und für Kleist keine Gültigkeit: abgeschlossen von allem Lebensgenuß, aller Praxis im Staate – »So fest umschlossen ringsum, bleibt uns nur übrig, den Blick hinaufzurichten zum Himmel oder brütend in uns selbst zu wenden.«[2] Das ist die Vorwegnahme des Arguments »Melancholie aus Handlungshemmung«. Nun wuchsen Brentano und Kleist, der rheinisch-italienische Kaufmannssohn und der adlig-preußische Offizierssohn, unter freieren Bedingungen auf, die alternative Berufsmöglichkeit eingeschlossen, als die Mehrheit der deutschen bürgerlich-kleinbürgerlichen Intelligenz um die Jahrhundertwende. Die polemische Ablehnung, sich für einen Beruf zu entscheiden, eine der auffälligsten Gemeinsamkeiten im asozialen Verhalten bei Kleist und Brentano, entsprang gewissermaßen einer privilegierten Situation. Anstatt nach einer besseren sozialhistorischen Plausibilisierung zu suchen, sei auf das poetologische Faktum verwiesen, daß Kleist und Brentano die wahrscheinlich eminentesten, sprachlich-formal innovatorischsten Künstler der Romantik überhaupt waren. Daß dies eine an historisch-politischen und ethisch-sozialen Kriterien orientierte Literaturgeschichtsschreibung bis heute übersieht[3], erklärte sich gerade daraus, daß Kleist und Brentano jeder in seiner Form auf eine programmatische Weise den Kategorien des »Wissens« abgesagt haben. Das widerspricht nicht dem Faktum, daß beider Werk in seinen sprachlichen Mitteln extrem kalkuliert ist und sie auch in der Kalkulation einem modernen Poesie-Begriff vorarbeiteten. So ist dieser Beginn der »Poesie« nach dem Ende des »Wissens« als der Beginn der ästhetischen Moderne zu verstehen, eine Konstellation, die durch das Hegelsche Verdikt von der Ablösung der Kunst durch das Wissen nachdrücklich verheimlicht wurde. Verschärft wird dieser Beginn dadurch, daß nunmehr auch

1 Vgl. S. 199f. dieses Buchs.

2 Wolf (Hrsg.), a. a. O., S. 8.

3 Die Bedeutung Brentanos als Dichter ist eigentlich erst von der Dissertation eines Außenseiters vorgeführt worden: Hans Magnus Enzensberger, *Brentanos Poetik*. München 1961. Die Kleist-Philologie wiederum war lange geschlagen von geschichtsphilosophischen und »rettenden« Bemühungen.

der Brief imaginative Züge bekommt. Die folgenden Details der Selbstdarstellung werden dies erläutern.

1. Kleist: Die Absage an das Wissen und die Gesellschaft

Der erste Brief emphatischer Selbstvergewisserung ist der Brief an die Schwester Ulrike vom 12. November 1799. Bis zu diesem Datum sind die großen Briefe Kleists – es sind dies Briefe an den Erzieher Christian Ernst Martini und an Ulrike – geprägt von einer ebenfalls emphatischen Verinnerlichung der leitenden Motive der Aufklärungsphilosophie: Vernunft, Glück, Tugend, Bildung. Auch nach diesem ersten Einbruch einer Subjektisolation schreibt Kleist bis zum Zeitpunkt der öffentlich gemachten »Kant-Krise«, also bis zum 22. März 1801, Briefe, vornehmlich an die Braut Wilhelmine von Zenge, die den Aufklärungsdiskurs, z. T. unter berechnender pietistischer Argumentation, fortführen.[1] Um die Dramatik des stattfindenden Einbruchs und das Aufkommen eines neuartigen Ich-Bewußtseins in seiner Verschlossenheit gegenüber den bis dahin gültigen »teleologischen« Kategorien richtig einzuschätzen, ist diese »teleologische« Obsession Kleists genau zu sehen. In einem gewissen Sinn wird sie ihn nie verlassen bzw. unter einer transsubjektiven Maskerade zurückkehren.

Der Brief an Martini, den der Zweiundzwanzigjährige am 18. und 19. März 1799 schreibt, nachdem er entschlossen ist, die Karriere des Offiziers zu quittieren und eine wissenschaftliche anzustreben, enthält nicht nur alle Zentralbegriffe des teleologischen Geschichts- und Selbstbilds, sondern ebenso sehr die argumentative Fähigkeit des Diskurses. Dabei ist indes auffallend, wie sehr Kleist hier schon »Vernunft« vom »Selbst« her bestimmt. Diese Tendenz, die objektiven Kategorien der Vernunft zu individualisieren, wird anläßlich der Diskussion des »Tugend«-Begriffs beson-

1 Vgl. hierzu: Hans-Jürgen Schrader, *»Denke Du wärest in das Schiff meines Glückes gestiegen«. Widerrufene Rollenentwürfe in Kleists Briefen an die Braut,* in: *Kleist-Jahrbuch 1983.* Hrsg. v. Hans Joachim Kreutzer. Berlin 1983, S. 122–179.

ders virulent. Es deutet sich hier schon eine individualistische Verletzung der normativen Regelung dieses Begriffssystems an: Kleist ironisiert nämlich eine bestimmte konventionelle Rede von höchsten Begriffen und mißt sie an dem wirklichen Verständnis, das ein einzelner haben sollte. Er weiß nicht deutlich, wenn er von »Tugend« redet, wovon er redet![1] Kleist scheint der »Tugend«-Begriff nur angemessen verstanden, indem er ihn zwar teleologisch faßt, ihm dabei aber eine verinnerlichte Fassung gibt: Er ist ein »hohes, erhabenes, unnennbares Etwas«, für das er »vergebens ein Wort«[2] sucht. Kleist weigert sich hier, begrifflich zu identifizieren, und zieht eine imaginativ-subjektorientierte Umschreibung vor, die als Zielgedanken nicht mehr die quantifizierbare, theoretisch faßbare Größe der Perfektibilität angibt, sondern »noch etwas Höheres«[3] ahndet.

In Hinblick auf Kleists spätere Umformulierung der vernünftig-teleologischen Motive auf die enthusiastische Semantik selbstbezogener Intensität ist die hier stattfindende imaginative Durchbrechung eines strikt argumentativen Kontextes als der sich schon andeutende Wechsel von diskursiver zur poetischen Rede zu verstehen: Kleist verweigert der bekannten Vorstellung »Tugend« das Wort! Diesem Verfahren entspricht eine weitere individualisierende Umbesetzung normativer Begriffe: Kleist nennt das Glück als das »Anschauen der moralischen Schönheit unseres eigenen Wesens«[4]. Damit rekurriert er auf einen zentralen Begriff in Schillers Ästhetik[5], der zurückläuft auf Shaftesburys Verbindung von Moral und Schönheit, wogegen Edmund Burke in seiner Schrift *A Philosophical Enquiry into the Origin of Our Ideas of the Sublime and Beautiful* (1757) schon Einwände erhoben hatte, die von der deutschen klassischen Ästhetik allerdings nicht aufgenommen wurden. Um so wichtiger deshalb, daß Kleist diese strenge Tradition mit Begriffen der unmittelbaren Sinnlichkeit, den »vollen und überschwenglichen Genüssen«[6] zu vermitteln versucht. Das Imperative des

1 Kleist, a. a. O., S. 475.
2 Ebd.
3 Ebd.
4 Ebd., S. 476.
5 Vgl. Schillers *Kallias*-Briefe vom 19. Februar 1793. Grundsätzlich hierzu: Käte Hamburger, *Schillers ästhetisches Denken*, in: Friedrich Schiller, *Über die ästhetische Erziehung des Menschen.* Hrsg. v. Käte Hamburger. Stuttgart 1975.
6 Kleist, a. a. O., S. 476.

»Glück«-»Tugend«-Schemas wird von der Perspektive des Subjekts und dessen »Begierde« beglaubigt. Der zitierte Schillersche Begriff der »Würde«[1] wird nicht, wie bei diesem, von der »Anmut« ergänzt, sondern dem Gedanken an eine emphatische Selbsterfahrung eines unangreifbaren inneren Kerns des Selbst jenseits äußerer Bedingungen. Das wissenschaftliche Projekt und die eigene Teleologie treten zusammen wie »Bestreben« und »Lust«. In der Fortsetzung dieses Briefes an Martini, die eine Abhandlung über das Glück darstellt und weitgehend schon in dem frühen *Aufsatz, den sichern Weg des Glücks zu finden* formuliert wurde, findet sich schließlich eine letzte interessante Durchbrechung eines diskursiven Normeninteresses durch Subjektivitätsargumente: Kleist schildert eine mathematische Lernsituation, an der er beschreibt, inwiefern intersubjektiv-rationale Beweisgänge nicht mehr funktionieren und erst im individualisierten einsamen Erkenntnisgang der Lehrsatz verstanden wird.[2] Der Brief wird abgeschlossen von einer Rhetorik, die das Verhältnis aller Aufklärungsbegriffe harmonisch behauptet: »Herz« und »Kopf« sind – wie es die Sprachregel wollte – völlig in Einklang.

Der Brief an Martini zeigt einmal die Vorboten individualisierender Aneignung normativer Kategorien. Er zeigt zum anderen aber ebenso, wie sehr Kleist zu diesem Zeitpunkt nicht nur der Wissenschaft (ähnlich den Frühromantikern) ergeben war, sondern den Grundbegriffen der aufklärerischen Konvention, also »Vernunft«, »Glück«, »Tugend« verpflichtet blieb. Gerade um sie zu stärken, bedurfte es der Entkonventionalisierung: Der Brief zeigt schließlich das argumentative Modell subjektiver Selbsterhaltung in teleologischer Absicht. Dieses Erbe der Aufklärungsphilosophie durchzieht die Briefe an Ulrike vom Mai 1799 und an Wilhelmine von Anfang 1800, vom 13. November 1800 und den Anfang des ersten »Kant-Krise«-Briefes an Wilhelmine vom 22. März 1801. Sofern in diesem frühen Zeitabschnitt ein pessimistisches Wissen um die »dunkle Seite« des Menschen auftaucht – so im Brief an Ulrike vom Mai 1799[3] –, bleibt es aufklärerisch kontrolliert. Dennoch ist diese Wahrnehmungstendenz bezüglich der noch positiv gedeuteten Natur des Menschen auffällig. Kleist sagt: »diese dunkle Seite ist keine

1 Ebd.
2 Vgl. ebd., S. 481.
3 Ebd., S. 488.

unbedeutende, gleichgültige«[1], er nimmt »dunkle Neigungen«, die »Augenblicks«-Verhaftung[2] der Menschen kritisch wahr und kann sie zu diesem Zeitpunkt noch von der eigenen Position der Prinzipien der »Konsequenz«, des »Zusammenhangs«, der »Einheit«[3] her ausgrenzen, ganz im Sinne der aufklärerischen Anthropologie der siebziger und achtziger Jahre. Es sind genau jene Prinzipien, deren Verlust später die Entdeckung der Diskontinuität als eigentlicher Bestimmung des Menschen verursachen wird. Alle Briefe des aufklärerischen Argumentationstypus haben schließlich gemeinsam, daß der Status der Rede diskursiv, nicht »ästhetisch« ist. Ihre Rhetorik steht im Dienst einer auch den Adressaten berechnenden Argumentation.

Im Brief an Ulrike vom 12. November 1799, also einem frühen Datum, an dem diese Haltung noch nicht aufgegeben ist, taucht zum erstenmal der emphatische Gestus isolierter Subjektivität auf, der das bis dahin berufene Einverständnis mit Kommunikationsideen distanziert:

»Tausend Bande knüpfen die Menschen aneinander, gleiche Meinungen, gleiches Interesse, gleiche Wünsche, Hoffnungen und Aussichten; – alle diese Bande knüpfen mich nicht an sie, und dieses mag ein Hauptgrund sein, warum wir uns nicht verstehen. Mein Interesse ist dem ihrigen so fremd, und ungleichartig, daß sie – gleichsam wie aus den Wolken fallen, wenn sie etwas davon ahnden. Auch haben mich einige mißlungene Versuche, es ihnen näher vor die Augen, näher ans Herz zu rücken, für immer davon zurückgeschreckt; und ich werde mich dazu bequemen müssen, es immer tief in das Innerste meines Herzens zu verschließen. Was ich mit diesem Interesse im Busen, mit diesem heiligen, mir selbst von der Religion, von *meiner* Religion gegebnen Interesse im engen Busen, für eine Rolle unter den Menschen spiele, denen ich von dem, was meine ganze Seele erfüllt, nichts merken lassen darf, – das weißt Du zwar nach dem äußern Anschein, aber schwerlich weißt Du, was oft dabei im Innern mit mir vorgeht. Es ergreift mich zuweilen plötzlich eine Ängstlichkeit, eine Beklommenheit, die ich zwar aus allen Kräften zu unterdrücken mich bestrebe, die mich aber den-

1 Ebd.
2 Ebd.
3 Ebd., S. 489.

noch schon mehr als einmal in die lächerlichsten Situationen gesetzt hat.«[1]

Der Gedanke eines prinzipiellen Nichtverstehens ist schon ein Motiv der radikalisierten Empfindsamkeit: Werther beschließt seine Diskussion mit Albert über den Selbstmord mit den Sätzen: »Und wir gingen auseinander, ohne einander verstanden zu haben. Wie denn auf dieser Welt keiner leicht den andern versteht.«[2] Der fiktive zukünftige Selbstmörder findet, dieses Schicksal sich vorbereitend, in der Absage an alle wesentlichen Bestimmungen aufklärerischer Anthropologie, wie sie Albert vertritt, seine katastrophische Identität. Dennoch wäre es eine Schematisierung, wollte man die Ich-Entdeckung Kleists, des wirklichen Selbstmörders, als eine Postfiguration von Werthers Erklärung lesen. Die Absage an eines der kardinalen Axiome des aufklärerischen Diskurses, die Intersubjektivität des Gedankens, ist bei Kleist nicht pessimistisch-kritisch, sondern affirmativ-enthusiastisch formuliert. Eben hierin liegt das eigentlich Subversive von Kleists Rede gegenüber dem Diskurs, im Unterschied zu Goethes Text. Kleists Bruch mit dem zentralen Gedanken einer versöhnten Menschheit entfernt ihn eben um dieses Argument und seine Folgen nicht nur von Novalis und der klassischen Ästhetik, sondern auch von Hölderlin, dessen relativ später Brief ganz im Unterschied zu *Hyperion* zwar auch wissenschaftskritische Elemente enthält[3], aber am Humanitätsgedanken, dem »Gemeinschaftlichen in den Menschennaturen«[4], im Kontext seines nie aufgegebenen teleologischen Denkens festhält. Auch bei Hölderlin trat Ende der neunziger Jahre das Bewußtsein für einen angelegten Konflikt zwischen Dichtung und Philosophie auf. Aber er hat – wie seine Briefe belegen – an den zentralen Ideen des frühidealistischen Diskurses, an Intersubjektivität, Bildungsprojekt, unendlichem Progreß der Geschichte, teleologischer Struktur der menschlichen Anlagen auch dann noch festgehalten, als seine persönlichen Stimmungen pessimistische Züge bekamen.

Kleists Briefstelle weicht von den vorangegangenen Briefen schon in seiner Rhetorik ab: sie wird nunmehr »ästhetisch«. Nun-

1 Ebd., S. 496.

2 Johann Wolfgang von Goethe, *Werke*. Hrsg. v. Erich Trunz. München 1977, Bd. 6, S. 50.

3 Vgl. Hölderlins Brief an Schelling im Juli 1799.

4 Im Brief vom Januar 1799 an die Mutter beklagt Hölderlin, daß das Studium der Philosophie, seine »uneingeschränkte« Hingabe daran, ihn von seiner »eigentümlichen Neigung«, nämlich zur Poesie, entfernt habe.

mehr wird nicht mehr eine Frage, eine These, eine Überzeugungsabsicht argumentativ verfolgt, sondern das Ich besingt sich selbst in seiner Kondition in variierenden Beschreibungen. Wesentlich an dieser Kondition ist, daß sie inhaltlich nicht identifiziert wird: Kleist sagt nicht, was er im »Innersten« des »Herzens« verschließt, sondern daß er etwas verschließt, das kein anderer Mensch versteht. Nun könnte der moderne Zyniker und Kenner jugendpsychologischer Mentalität meinen, Kleist formuliere hier eine Erfahrung, die später charakteristisch werde innerhalb des bürgerlich-akademischen Bildungsprozesses junger Menschen, und somit diesen Text einer Zivilisationstendenz des 19. bzw. frühen 20. Jahrhunderts integrieren. Eine solche sozialpsychologische Erklärung würde aber den ästhetischen Status der Kleistschen Worte und ihre immanente Motivkette unterschlagen und damit die prinzipielle Differenz ihrer objektiven Emphatik gegenüber der Sprache jugendlicher Entfremdung und deren Authentizitätsbedürfnissen. Das erste Motiv enthält die Absage gegen den Grundsatz aufklärerischer Anthropologie, der, wie wir sahen, selbst noch die *Erfahrungsseelenkunde* Karl Philipp Moritz' prägte, wonach alle Menschen als Menschen ein »gleiches Interesse« verbindet, sich in der »Seele« des einzelnen Ichs auch die »Seele« aller repräsentiert. Kleist erklärt diesen Grundsatz nicht für ungültig, er wiederholt ihn sogar, aber er erkennt ihn für sich selbst als ungültig: Er drückt also nicht einfach bloß eine Emotion der Isolation aus, sondern entdeckt, daß diese Isolation, ein an sich gültiges Gesetz der rationalistischen Politik und Soziologie, durch sein »Innerstes« aufgehoben werde!

Diese Subjektivität ist also keine bloß expressive, sondern ihr wohnt ein theoretisches Element von radikaler Konsequenz inne. Dies wird durch das zweite Motiv näher erläutert: das, was seine ganze Seele erfüllt, ist ein Interesse seiner Religion. Die frühromantische Gruppe um Friedrich Schlegel und Novalis hatte ihre ästhetisch-poetologische Utopie als eine »neue Religion« säkularisiert. Diese Form von Säkularisation betraf jedoch noch eine intellektuelle Strategie im Wettkampf der Diskurse der neunziger Jahre. Kleist überbietet diese Säkularisierung der subjektiven Geltungssphäre, indem er das Interesse des eigenen »Ichs« zur Religion erhebt. Die Emphatik des radikalen Ich-Interesses ist objektiv in absoluter Gewißheit begründet.

Die Differenz zum früheren Vernunftsubjekt wird schließlich durch ein letztes Motiv deutlich: Kleist kann zwar die Absolutheit der Selbstbeziehung erklären, diese ist aber nicht eigentlich ein Mittel zur traditionellen »Selbsterhaltung«. Die Unmöglichkeit zur Kommunikation mit den Mitmenschen versetzt ihn in »Ängstlichkeit« und »Beklommenheit«. Dieses Geständnis gegenüber der Schwester enthält zwar den »Blödigkeits«-Topos[1], der sich zu einer rhetorischen Waffe des emanzipatorischen Autonomieverständnisses entwickelt hatte, also als Mittel zur bürgerlichen »Selbsterhaltung«. Außerdem ist das Geständnis vorgeprägt als *common place* bürgerlicher Selbstbewahrung, wie sie Goethe im 9. Buch von *Dichtung und Wahrheit* berichtet. Kleists Redeform schließt sich dieser Funktion aber nicht an. Seine Selbstbeobachtung in absoluter Isolation ist nicht mehr bloß gesellschaftlich bedingt im Sinne des Verstoßes gegen die Klugheitslehre des höfischen und politischen Reglements. Davor hätte ihn ohnehin die adlige Herkunft und die Erziehung zum Offizier bewahren können, deren Werteskala er keineswegs ganz absagte, wie das heroische Motiv seines späteren Dichtungsverständnisses und auch Begründungen zum Selbstmord belegen. Vielmehr gibt es überhaupt keine Brücke mehr zur Sozietät und keinen Willen, von ihr akzeptiert zu werden, sich in ihr darzustellen. Statt dessen durchzieht die Briefe an die Schwester bis zum Zeitpunkt der zweiten emphatischen Ich-Darstellung – aber auch an andere Briefpartner von einem früheren Datum an (zuerst im Brief an Martini) – die Formel, »von *einer* Seele wenigstens . . . zuweilen verstanden (zu) werden«, bzw. die Versicherung, »Du bist die einzige die mich hier ganz versteht« (Brief vom Mai 1799, variiert in den Briefen an Martini vom 19. März 1799, an Ulrike vom 26. August 1800, Dezember 1800; an Wilhelmine vom 5. September 1800).

Die Annahme, selbst von der einzigen, dem einzigen verstanden zu werden, nimmt im Selbstreflexionsprozeß des Jahres 1800 ab, um schließlich ganz aufzuhören in der Gewißheit, sich nicht mehr vermitteln zu können. Die reine Selbstreferenz des sakralen Ego ohne äußere Beglaubigung findet dabei ähnlich wie bei Brentano narzißtische Bilder in der Identifikation mit Christus am Kreuze: ganz auf »sein Selbstbewußtsein zurückgewiesen zu sein«, verlange

1 Vgl. Stanitzek, a. a. O.

den Helden. »Aber wer weiß ob Christus am Kreuze getan haben würde, was er tat, wenn nicht aus dem Kreise wütender Verfolger seine Mutter und seine Jünger feuchte Blicke des Entzückens auf ihn geworfen hätten« (an Wilhelmine, 5. September 1800).[1] Die radikal pietistische Herkunft des Topos[2] bestätigt die solipsistische Selbstdeutung. Am Ende des Briefs vom 12. November 1799 beschließt Kleist sein emphatisches Selbstverständnis, sozusagen die Christusbeziehung als Aspekt variierend und vorwegnehmend, indem er sein Ziel mit dem eines Columbus vergleicht, den man auslachte, »weil er *Ost*indien in *Westen* suchte«[3]. Kleist sagt nicht, was das Ziel sein könnte. Aber er begründet die Emphatik des Ichs in einem Objektiven, das nicht die »Vernunft« ist.

Der zweite erhaltene Brief emphatischer Selbstdarstellung, vom 5. Februar 1801, sechs Wochen vor Manifestwerden der sogenannten »Kant-Krise« und vielleicht schon selbst eine erste Reaktion der Kant-Lektüre, erweitert die radikale Isolationssemantik und verwandelt dabei erkennbare Motive Rousseaus: Erstens die Dichotomie von Ich und Gesellschaft, zweitens die Infragestellung des »Wissens«. Die Eröffnung der beiden zentralen Passagen bildet wiederum der Gestus der Unmöglichkeit, »sich andern *ganz* verständlich zu machen«, der Mensch habe von »Natur aus keinen andren Vertrauten, als sich selbst«[4], ein Wissen, das Werthers oben zitierte Sentenz nur zu variieren scheint. Die darauf folgende entscheidende Passage lautet:

»Ach liebe Ulrike, ich passe mich nicht unter die Menschen, es ist eine traurige Wahrheit, aber eine Wahrheit; und wenn ich den Grund ohne Umschweif angeben soll, so ist es dieser: sie gefallen mir nicht. Ich weiß wohl, daß es bei den Menschen, wie bei dem Spiegel eigentlich auf die eigne Beschaffenheit beider ankommt, wie die äußern Gegenstände darauf einwirken sollen; und mancher würde aufhören über die Verderbtheit der Sitten zu schelten, wenn ihm der Gedanke einfiele, ob nicht vielleicht bloß der Spiegel, in welchen das Bild der Welt fällt, schief und schmutzig ist. Indessen wenn ich mich in Gesellschaften nicht wohl befinde, so geschieht dies weniger, weil andere, als vielmehr weil ich mich selbst nicht

1 Kleist, a. a. O., S. 548.
2 Vgl. Schrader, a. a. O., S. 166.
3 Kleist, a. a. O., S. 497.
4 Ebd., S. 627.

zeige, wie ich es wünsche. Die Notwendigkeit, eine Rolle zu spielen, und ein innerer Widerwille dagegen machen mir jede Gesellschaft lästig, und froh kann ich nur in meiner eignen Gesellschaft sein, weil ich da ganz wahr sein darf. Das darf man unter Menschen nicht sein, und keiner ist es – Ach, es gibt eine traurige Klarheit, mit welcher die Natur viele Menschen, die an den Dingen nur die Oberfläche sehen, zu ihrem Glücke verschont hat. Sie nennt mir zu jeder Miene den Gedanken, zu jedem Worte den Sinn, zu jeder Handlung den Grund – sie zeigt mir alles, was mich umgibt, und mich selbst in seiner ganzen armseligen Blöße, und dem Herzen ekelt zuletzt vor dieser Nacktheit.«[1]

Seitdem Rousseau im ersten *Discours* (1750) die Selbstentfremdung des Menschen in der Gesellschaft dargestellt hatte, dabei auf eine Argumentation zurückgreifend, die bei Seneca, bei Montaigne, bei Fénelon vorbereitet ist, bedeutet der Hinweis auf die Maskenhaftigkeit der Gesellschaft, ihr Rollenspiel, zunächst also nur ein kulturkritisch geläufiges Zitat.[2] Die Auffassung des Menschen als einer »Rolle«, charakteristisch belegt in der Renaissance-Literatur und bis Ende des 18. Jahrhunderts sozial praktiziert[3], ist schon problematisiert worden. Kleist nennt also ein etabliertes Argument. Neuartig daran ist die Anverwandlung auf sein individuelles Geschick, von dem er meint, daß es ihn von »vielen Menschen«, hypothetisch von allen Menschen, unterscheide. Der Zustand der Gesellschaft interessiert ihn nicht eigentlich, wie er ironisch zu Beginn zu erkennen gibt. Und während er ein Jahr früher noch die »Einsamkeit in der offenen Natur« als Alternative gegenüber den »Gesellschaften«, den »Straßen«, dem »Schauspiele« der konventionellen Alternative von »Herz« und »Verstand« gleichsetzte (Brief an Wilhelmine, 5. September 1800) und darin euphemistisch der pantheistischen Möglichkeit der Rousseauschen *Träumereien* folgte, ist nunmehr nur noch die existentielle Entfremdung in der Gesellschaft ohne ideologische Entlastung pathetisiert: Weder die ursprüngliche rationale Befestigung des Selbstverständnisses, das »erfreuliche Anschauen der moralischen Schönheit unseres eigenen

1 Ebd., S. 628.

2 Vgl. Stendhals Brief an Pauline Beyle vom 11. Juni 1804: »Der Mensch, der sich in die Gesellschaft begibt, verzichtet darauf, in sich selbst zu leben; er vermag nur noch durch die anderen zu sein«.

3 Vgl. hierzu: Sennett, a. a. O., S. 50f.; außerdem: Trilling, a. a. O., S. 18f.

Wesens« (Brief an Martini) noch Rousseaus *Rêveries*-Ethos kontemplativer Naturerfahrung kommt hier abstützend zur Hilfe. Kleist ist verwiesen auf die Subjektivität des »Ganz-wahr-Seins«. Diese Wahrheit ist keine objektive oder soziale (anderen gegenüber): sie heißt soviel wie sich »selbst« zeigen.[1] Entgegen der Privatisierung dieser »subjektiven« Wahrheit im Verlaufe der sozialen Mentalitätsentwicklung des 19. und 20. Jahrhunderts bedeutet dieses Sich-»selbst«-Zeigen die Annahme einer höheren Entität, nicht etwa die schiere Expressivität des »Authentischen«. Abermals erscheint die Emphatik des »Ichs« in einer Objektivierung, die nicht die »Vernunft« ist.

Dieser wird in der zweiten wichtigen Passage des Briefes zum erstenmal vor der »Kant-Krise« abgesagt:

»Selbst die Säule, an welcher ich mich sonst in dem Strudel des Lebens hielt, wankt -- Ich meine, die Liebe zu den Wissenschaften ... warum ist es (das Leben) schwer? Weil man beständig und immer von neuem eine Karte ziehen soll und doch nicht weiß, was Trumpf ist; ich meine darum, weil man beständig und immer von neuem handeln soll und doch nicht weiß, was recht ist. *Wissen* kann unmöglich das Höchste sein – handeln ist besser als wissen.«[2]

Diese Absage an alles, wovon Kleist ursprünglich ausgegangen war, d. h. vor allem an die teleologische Ausgelegtheit der Welt und des Selbst in ihr, ist hier noch abgestuft durch eine entdeckerische neue Ich-Stütze: das »Handeln«. Diese Kategorie wird bald zum wesentlichen Motiv des »Diskontinuitäts«-Bewußtseins. Der Brief vom 5. Februar 1801 schließt mit einer ersten Versammlung der Begriffe, die das »Diskontinuitäts«-Bewußtsein begründen: »Entscheidung«, »Augenblick der Gegenwart«.[3] Sie konstituieren hier noch einmal die Hoffnung auf reine Gegenwärtigkeit. Einen Monat später wird die Ansicht vom unbegriffenen »Strudel des Lebens« auch diese Hoffnung zerstören.

Die Kategorie des »Wissens«, das persönliche Verhältnis zur Gelehrsamkeit, war im Verlaufe des Jahres 1801 einem dramatisch zu nennenden Wechsel unterworfen. Man kann dies in einem folgenreichen Satz zusammenfassen: Die Kunst beginnt an die Stelle der Wissenschaft zu treten. Insofern ist das Ausspielen des »Lebens«,

1 Zu dieser Unterscheidung vgl. Trilling, ebd.
2 Kleist, a. a. O., S. 629.
3 Ebd., S. 630.

des »Handelns«, wie es sich im Brief vom 5. Februar 1801 zeigt, der Beginn eines Prozesses, der über die »Kant-Krise« hinwegführend die Emphatik des Ichs in der Kunst objektivieren kann. Am 21. Mai 1801 schreibt Kleist an Wilhelmine:

»Wie oft, wenn ich auf meinen Spaziergängen junge Künstler sitzen fand, mit dem Brett auf dem Schoß, den Stift in der Hand, beschäftigt die schöne Natur zu kopieren, o wie oft habe ich die glücklichen Menschen beneidet, welche kein Zweifel um das Wahre, das sich nirgends findet, bekümmert, die nur in dem Schönen leben, das sich doch zuweilen, wenn auch nur als Ideal, ihnen zeigt.«[1]

Obgleich Kleist hier immanent poetologisch einer klassizistisch vermittelten Auffassung vom Verhältnis Natur – Kunst folgt, das er selbst später auflösen wird, ist das Ausspielen des »Schönen« gegen das »Wahre« ein Bruch des konventionellen Schemas. Dem entspricht die neue Reaktion auf die Sinnlichkeit des katholischen Ritus. Diese bedeutet eine völlige Umkehrung der Ansicht, die er ein halbes Jahr vorher geäußert hatte, als er die katholische Messe verurteilte mit dem Einwand, »alle Zeremonien ersticken das Gefühl. Sie beschäftigen unsern Verstand, aber das Herz bleibt tot« (an Wilhelmine, 11./12. September 1800). Nunmehr heißt es: »unser Gottesdienst ist keiner. Er spricht nur zu dem kalten Verstande, aber zu allen Sinnen ein katholisches Fest . . . Ich hatte eine unbeschreibliche Sehnsucht mich neben ihn niederzuwerfen, und zu weinen – Ach, nur ein Tropfen Vergessenheit, und mit Wollust würde ich katholisch werden.«[2]

Kleist verwendet kein neues Kriterium. Das »Herz« leitete ihn schon beim ersten Urteil über den katholischen Ritus. Dabei bestimmte ihn jedoch die Ästhetik der empfindsamen »Idee«. Nunmehr ist die Metapher »Herz« applizierbar auf kultische »Vorgänge« geworden. Das bedeutet einen radikalen Wandel in der Einschätzung der Wissenskategorie. Die »Ideen«-Gestütztheit, die auch der empfindsam-frühromantischen Subjektivität noch zu eigen war, ist nunmehr einer anderen »ästhetischen« Reaktion gewichen. Zwar ist die katholische Kirche als Medium der Kunst schon von der Frühromantik entdeckt worden und hat sich die Konversion bzw. die katholische Mystik als Ende der romantischen Bewe-

1 Ebd., S. 651.
2 Ebd.

gung dargestellt (Friedrich Schlegel, Brentano). Kleists Anwendung der konventionellen Subjektivitätsmetapher »Herz« auf den katholischen Ritus sollte von dieser transsubjektiven Praxis jedoch getrennt gehalten werden: Hier bedauerte das emphatische Subjekt zwar, nicht »glauben« zu können. Aber es entfaltet um so mehr »Subjektivität«. Der ästhetische Status der Selbstbeziehung ist zu diesem Zeitpunkt manifest geworden.

2. Brentano: Die Selbstillumination des Herzens

Während Kleists Bewußtseinsgeschichte das emphatische Ich auf dramatische Weise entdeckte, indem er die Wissenschaft Schritt für Schritt bis zur Krise der Kant-Lektüre distanzierte, ist Brentano von Beginn an den Kategorien des »Wissens« einerseits unschuldig-fremd, andererseits polemisch-ironisch gegenüber gewesen. Seine Eingeschlossenheit in diese Subjektivität ohne objektive Referenzen hat sich in allen seinen Briefen, vornehmlich an die Geliebte und Dichterin Sophie Mereau und an Friedrich Carl von Savigny, den fremden-befremdeten, gelehrten Freund, emphatisch dargestellt. Der ästhetische Status der Rede von sich selbst ist im Falle Brentanos von Beginn an gegeben. Sie war nie von einem theoretischen Interesse gebrochen. Niemals hat ihn, wie Kleist, eine »Idee« fasziniert. Brentano ist deshalb – neben dem jungen Friedrich Schlegel – der späteren akademischen Romantikkritik von rechts und links zur eigentlichen Skandalfigur geworden. In Brentano konnte man den Doppelgänger von Jean Pauls ästhetisch-dämonischem Helden Roquairol finden: den Schauspieler der eigenen Gefühle. Die sogenannte romantische »Zerrissenheit« des Ichs ist im Falle Brentanos im Unterschied zu Kleist erkennbar literarisch-schöngeistig präfiguriert und der ästhetische Status seiner Briefrede ist, wie wir am Ende sehen werden, intertextuell deshalb schärfer markiert. Hatte Kleist ursprünglich sein Ich-Verständnis stabilisiert durch die »Philosophie«, so ist bei dem jungen Brentano zum gleichen Zeitpunkt die frühromantische Subjektivität Tieckscher Prägung erkennbar: Das Übergewicht von Ich-Subjektivität, wie es der Briefroman *William Lovell* (1795/96) entwickelte, hat sicherlich die frühen düster-koketten Selbstdarstellungen Brentanos beeinflußt. Dies bedeutet nicht, Brentano wäre im Unterschied zu Kleist weniger reflexiv gewesen. Es heißt nur, daß diese Selbstbezogenheit, von Beginn an romantischen Motiven folgend, deutlicher ohne vermittelnde »Ideen« auskam. Selbstreferenz und Emphatik sind bei Brentano eins und haben sich bis zu seiner religiösen Krise und Hinwendung zum katholischen Mystizismus nach 1815 nicht geändert.

Friedrich Carl von Savigny, der angehende Begründer der historischen Rechtsschule, Vertreter des wissenschaftlichen Denkens und des sozialen Ethos, wird für Brentano ebenso wie für Karoline von Günderrode der Gegentyp, vor dessen Grundsätzen sich die Emphatik des Ichs am schärfsten abhebt. Eine erste wichtige Deklaration Brentanos über sein isoliertes Ich, im Juli 1800, findet sich in folgendem Brief an Savigny:

»Meine Seele ist so gereizt, daß die kleinste Freude wie ein Feuer durch sie rollt, und ich kann wahrlich durch die Berührung heiliger Reliquien geheilt werden. Mein Herz pocht und meine Augen stehn voll Tränen über Ihren Brief ... ich habe ein einziges Element, Liebe – meine Freundschaft ist nichts anders –, in dem ich mich frei bewegen kann, in allen andern Atmosphären bin ich ein Fisch auf dem Lande. Sie haben mir einige Dinge gesagt, an die ich mein Lebetag nicht gedacht habe, z. B. daß es Ungeschicklichkeit des Gebildeten wäre, den Berührungspunkt nicht hervorzufinden. Ich bin seltsam unwissend, und durch Unwissenheit seltsam, lief ich doch mit meinen Augen um diesen Satz herum wie ein wunderbar fremdes Geschöpf und vergaß ganz, was er fragte, aus einer recht indianischen Freude über diesen Taschenspiegel, diese Schellen, diesen Menschen und Pferd aus einem Stück, diesen Reuter, diesen Berührungspunkt. Ei Du gelt! bin ich doch nie auf den Gedanken gekommen, so was zu suchen, und es ist mir, wenn ich nun dran denke, in jeder Gesellschaft recht bange, ich werde gar nicht wissen, wie ich es machen soll, werde mich hinstellen, wie in Jena, und mich betrachten, ob ich bald ein Mediziner würde. Damals war mirs, als müßte ich nun recht Achtung geben, wie das Blut in mir herumläuft, ich hörte dem Sausen in den Ohren und dem Wasser im Magen zu, das, wenn ich lief, sich wirklich einigemal laut bewegte. Ha! dachte ich, nun ist die Physiologie im Anzuge und setzte mich nieder, meinen Brüdern in blühenden Ausdrücken zu schreiben, wie ich ein recht geschickter Mediziner werden müßte. So werde ich nun in der Gesellschaft stehen und die Empfindung haben, als giengen eine Menge Füllhörner aus mir und berührten, und es ist mir schon bange, wie die Leute sagen werden, daß ich wunderbare Gesichter schneide. Gott! wie ist es so schrecklich, daß ich gar nichts kann, daß in meiner Seele alles wie in einer Pflanzenwelt hergeht, und ich mitten drinne sitze und nur zusehe, wie ich an vielen Stellen nur ins Kraut schieße und meine verborgnen Früchte unter der Erde keine Kartoffeln, sondern wunderbare, unbekannt heilsame Wurzeln sind.«[1]

Die erste Passage des Briefes eröffnet ein Ich-Verständnis, das ähnlich wie bei Kleist die totale Fremdheit gegenüber der Gesellschaft und ihren Integrationserwartungen ausstellt. Aber anders als Kleist, der diese Fremdheit im Kontext einer schon formulierten kulturellen Entfremdungstheorie reflektiert und am Tatbestand der Entfremdung als sozialem Faktum gedanklich leidet, um die entlastende emphatische Konsequenz zu ziehen, kennt Brentano überhaupt keine sozialphilosophische Formel, in der sein Alleinsein schon begriffen wäre. Rousseauistische Klänge sind für ihn schon verweht. Er interessiert sich nicht für das kulturkritische Argument und ist ganz im Unterschied zu Kleist sehr wohl bereit, eine Maske zu tragen, die Erwartungen der Umgebung zu täuschen: allerdings als ironisch-parodistische Existenz. Brentano geht von der fundamentalen Andersartigkeit seines ästhetischen Bewußtseins aus, das Kleist erst zu entdecken hat. Er kennt seine akademische Unwissenheit und gewinnt aus der selbstironisch-frivolen Reflexion dieser akademischen Unwissenheit, aus der Abstinenz von positiv-zweckrational einsetzbarem Wissen überhaupt, die radikale Andersartigkeit seines Ichs: er hat eine »Seele«, die immer »gereizt« ist, durch die ein »Feuer« rollt. Ihre Asozialität, ihre Unvermitteltheit zu den Kategorien der »Vernunft« und der herkömmlichen »Selbsterhaltung« ist genau ausgedrückt durch die Metapher der »Pflanze«: dieses Ich hat »wunderbare, unerkannt heilsame Wurzeln«. Die Intensität dieser Ich-Natur gipfelt in den Sätzen:

»Wie soll ich kalt werden, wie soll ich ein Element finden, in dem ich mich ruhig in voller Bewußtlosigkeit mit allen Kräften wie

1 Wilhelm Schellberg/Friedrich Fuchs (Hrsg.), *Das unsterbliche Leben. Unbekannte Briefe von Clemens Brentano.* Jena 1939, S. 144f.

in einer homogenen Natur bewege, wie soll ich die ewige Einsamkeit der Welt bevölkern, wie soll ich die Wenigen festhalten, die mich stundenlang betrachten, aus Curiosität, und von denen ich immer glaube, sie kämen zu bleiben, die aber immer mit ihrer Geschichte und ihren wenigen Epochen fortlaufen, wie soll ich die Tränen stillen, die mir in die Augen kommen, wenn ich schöne Natur sehe, wie soll ich ohne Schmerzen leben können, wie soll ich sein, den fast keiner liebt, der alles liebt, der sich selbst in der Brust erdrückt, weil er keinen andern umarmen kann«.[1]

Die Ahnung, daß der extremen Subjektivität nichts in der Gesellschaft, ja nichts in der Welt objektiv entspräche, und diese somit auf sich selbst zurückgewiesen sei, ist kein Reflex der Fichteschen Ich-Philosophie. Brentano hat diese zwar gekannt und seiner Schwester Bettine 1801 mit Hilfe des Modells von Ich und Nicht-Ich versucht zu erklären, was »Selbstbewußtsein«, was das »Gefühl unser selbst« ist. Aber diese Fichtesche Konstruktion bleibt ihm nur äußerlich ein logisches Hilfsmittel.[2] Er hat die Wissenschaftslehre Fichtes später verballhornt (im Brief vom 10. Januar 1803). Es zeigt sich vielmehr hier zum erstenmal in der deutschen Bewußtseinsgeschichte die Form der Selbstillumination. Sie ist nicht Resultat relativistischer Theorie: Wenn Kleist erst durch Kants Kritik an der Begründbarkeit transzendenter Aussagen auf die Immanenz seiner Subjektivität zurückgeworfen war, so konnte Brentano diese Isolation allein am Selbsterlebnis seiner Emotionalität erfahren. Noch versetzt die geahnte »ewige Einsamkeit der Welt«, ein Wort, wie es auch Jean Paul ahnte und Büchner und Hebbel in poetisch-symbolischen Bildern aussprechen werden, in keinen zynischen Pessimismus. Brentano war in den Jahren 1800–1803/4 beherrscht von der Beziehung zu Sophie Mereau; seine Korrespondenz mit ihr stellt neben Kafkas Briefen an Felice und Baudelaires Briefen an Jeanne Duval die extremste Form dar, im modernen Liebesbrief von sich selbst zu reden. Die Einsamkeit des Ichs, die Selbstbezogenheit auch des Gefühls drückt Brentano noch im Brief an Sophie Mereau vom Juli 1803, also nach dreijähriger Bekanntschaft, aus:

»ich fühle mich unendlich einsam, o Sophie hilf mir, o um Gottes willen werde ein Engel und hilf mir, fürchte Dich nicht vor mir, ich werde ganz stille bei Dir sein, aber ich muß mit Dir reden und wei-

1 Ebd., S. 146.
2 Ebd., S. 246.

nen, o wer weinen könnte, in meinem Gehirne, da ist ein Krebs. O Sophie, was willst Du mir geben, damit ich mehr habe als mein Feind, mehr als meine Liebe, ich schwöre Dir, wenn Du mir wieder sagst, ich liebe Dich nicht, so erwürge ich Dich und mich, denn ich sterbe ja dran, es vergiftet mich ja, ist das dann nicht die Liebe, die Du gibst, doch ich will ein Mann sein, ich bin ruhig, o um Gottes willen laß mich zu Dir kommen, ich werde so freundlich sein, wie ein Engel. Meine Seele ist ein biegsames Kind, ich liebe meine Seele, sie ist die Seele eines Engels, Betinens Seele, und ich will sie göttlich erhalten.«[1]

Niklas Luhmann hat in seinem Codebegriff der »Liebe als Passion« daran erinnert, daß die europäische Tradition »Liebe«, vornehmlich die leidenschaftliche Liebe im 17. Jahrhundert, ein soziales Verhalten darstellt, das als Norm hoch reflexiv war. Er zitiert La Rochefoucauld: »Il y a des gens qui n'auraient jamais été amoureux s'ils n'avaient entendu parler de l'amour.«[2] Insofern wäre Brentanos literarisch so reflexive Inszenierung seiner Einsamkeit als Liebe, seiner Liebe als Selbstliebe, eine radikale Konsequenz dieser reflexiven Tradition. Nunmehr sind aber die objektiven normativen Bezüge, welche die Passion des 17. Jahrhunderts hielten, verschwunden. Es ist deshalb nicht überzeugend, von diesem Zeitpunkt an nur noch expressive Überbietung als möglich anzunehmen. Emphatik ist nicht einfach Expression, sie ist das allerletzte Aufgebot des Ungläubigen und Tatenlosen nahe der existentiellen Verzweiflung: sie ist ein kognitiver Akt jenseits der Ideen, schon die moderne Kondition des Künstlers.

Brentano hat den Verlust aller welthaften Objektivität schon sehr früh, im Brief an die Großmutter Sophie von La Roche vom Februar/März 1799, erkannt: »Wer so geschaffen ist, daß er seinen Lohn nur im Individuellen findet, und keine Welt in seine Räder greift, der nagt an der Fessel seines Lohns und stirbt in der Verzweiflung an ihrer Zerbrechlichkeit.«[3] Die Leidenschaft zu Sophie Mereau wird zum Medium eines Romantikkonzepts, das die individualistische Selbsterfahrung entlasten muß: »Ich fühle täglich deutlicher, daß ich nur im fantastischsten, Romantischsten Leben

1 Heinz Amelung (Hrsg.), *Briefwechsel zwischen Clemens Brentano und Sophie Mereau.* Potsdam 1939, S. 125f.

2 Luhmann, a. a. O., S. 23, Anm. 5.

3 Schellberg/Fuchs (Hrsg.), a. a. O., S. 112.

Ruhe finden kann, Du mußt mir dazu helfen, Du mußt mir dies Leben erfinden helfen, sonst muß ich sterben.« (3. September 1803) Und wenige Tage später noch dringlicher, drohender:

»Die wichtigste, unhebbarste Ursache meines Begehrens aber ist, mein deutlichstes Gefühl, daß ich nie ruhig, nie glücklich auf Erden werden kann, als in dem mir heilige schöne Naturpflichten den Staat ehrwürdig machen, meine Gedanken können nicht länger ewig ermüdet doch rastlos herumschweifen, ich muß etwas haben, das ich unendlich liebe, etwas um das ich gern lebe, und das wird, wenn Du mein Weib bist, ich fühle es deutlich, Gott gebe, daß auch Du es fühlen kannst« (4. Juli 1803)[1].

So wie Kleist erst am Ende schrieb, daß ihm »auf Erden nicht zu helfen war« (21. November 1811)[2], aber schon im Anfang Beruf und Staat absagte (13. November 1800 und 5. Februar 1801)[3], weil er sich »ganz unfähig« dazu ansah, so wehrt sich Brentano noch, der entscheidenden Kapazitäten des integrierten Menschen, Glücksfähigkeit und Staatsbeziehung (als Familienvater), endgültig entbehren zu müssen, obwohl auch er längst weiß, daß er zu dieser sozialen Integration unfähig ist. Die Antwort, die Sophie Mereau der Brentanoschen Selbstdarstellung gibt, kann wie die Briefe Savignys als Außenansicht dieser Selbstdarstellung gelesen werden, d. h. als Sprache der sozialen Kritik an der Ich-Emphatik:

»Da ich törichterweise Deine letzte Stimmung für gediegener hielt, als sie war, so war mir Deine jetzige Unzufriedenheit befremdlich, ja, ich empfand auf einen Augenblick jenes grauenvolle Zurückbeben vor Dir, was ich sonst wohl zuweilen gefühlt habe . . . Glaube mir, Lieber, es ist Krankheit, ich beschwöre Dich, frage einen Arzt, lerne zu pflügen und Holz sägen, wenn es sein muß, Du bist wirklich krank, ein Gesunder kann in Deiner Lage nicht so fühlen. Ich habe oft eine sonderbare Empfindung. Es ist mir als stünde Dein Geist noch im Schatten einiger beschwerlicher Vorurteile, also fesselten ihn noch einige dunkle Bande, die ihm den freien Blick ins innre und äußre Leben hemmten und dann ist mir, als müßte ich dich auf eine Stufe heben, worauf ich selbst nicht stehe, wo du frei und herrlich über das Leben hinschauen könntest, wo du die Menschen liebtest, auch wenn sie Dir nicht gefielen, wo

1 Amelung (Hrsg.), a. a. O., S. 160.
2 Kleist, a. a. O., S. 887.
3 Ebd., S. 584, 627.

Du nichts über dir hättest als den Himmel, und die ganze Erde unter Dir.« (6. September 1803)[1]

Sophie Mereau, die von Beginn an die emphatische Ich-Beziehung von Brentanos Briefen als Solipsismus wahrnahm, sie im »Rausch geschrieben« kritisierte, als »mystisch, fliegend, aber nicht beflügelt, geistig, aber nicht begeistert« (November 1801)[2] charakterisiert, vermißte damals schon »liebe, menschliche, natürliche Züge«. Und noch 1804 erwidert sie Brentano: »Dein Brief hat mich beinahe krank gemacht; Deine Unruhe ist wie ein feines Gift, das selbst durch das unschuldige Papier ansteckend wird; man muß einen Kordon wegen Dir ziehen lassen«[3]. Ursprünglich konfrontiert die Schriftstellerin Sophie Mereau den Geliebten und zukünftigen Mann mit Kriterien psychologischer und intellektueller Kontinuitätserwartung, ja mit der Hoffnung auf eine klassisch-harmonische Dualität von Ich und Welt, Gesundheit und Krankheit, die nichts von der absoluten Isolation dieses Ichs zu begreifen scheint und deren ungewöhnliche Sprache sie nur pathologisch einordnen kann. Später hat sie Brentanos Welt-Leiden als Existenzform akzeptiert, ihre Notwendigkeit aber immer noch nicht nachvollzogen: »Ich verwundere mich immer, daß es Dich traurig macht, wenn Du unter fremde Menschen trittst, da dies doch Dein eigentlicher Beruf, Deine Amtsgeschäfte auf Erden sind, und ich kann es gar nicht leiden, wenn Du davon so klein und unbürgerlich denkst« (2. November 1804)[4]. Sie glaubt, seinen »Witz, Eifer ... Experimentenlust die Menschen zu wecken, in den dunklen Kammern eine Kerze anzuzünden«[5], mit bürgerlicher Berufsfähigkeit vergleichen zu können und den Dichter Brentano also zu integrieren. Um so mehr schmerzt sie seine »seltsame Blödsinnigkeit«, womit sie eben jenen »Zustand« nennt, den Kleist an sich entdeckt hatte[6], den auch Karoline von Günderrode für sich in Anspruch nimmt[7]. Obwohl Brentanos Liebesbriefe die extremste Selbstbezogenheit bezeugen, handelt es sich im Unterschied zu Kleist gerade in der Korrespondenz mit Sophie Mereau um einen Dialog.

1 Amelung (Hrsg.), a. a. O., S. 169f.
2 Ebd., S. 53.
3 Ebd., S. 319.
4 Ebd., S. 330f.
5 Ebd.
6 Vgl. S. 54f. und S. 57 dieses Buchs.
7 Vgl. S. 79 dieses Buchs.

Wenn dieser Dialog Brentanos monologische Isolation dennoch nur punktuell aufbrechen konnte, dann deshalb, weil hier ein Ich auf eine Imagination festgelegt war, die als primäre Selbstverständigung funktionierte, wogegen alle intersubjektiv-sozialen Angebote wie ideologische Überfremdungen, nicht wie ein Sozialisationsprozeß wirkten. Es ist völlig unergiebig, die Brentanosche Verweigerung unter psychoanalytisch-sozialkritischen Verdacht zu stellen und als regressiv zu bezeichnen. Wenn sie es ist, dann muß man allerdings Angst um die progressive Vernunftsubjektivität haben, sofern sie sich gegen Brentanos Fall ins Spiel bringen wollte. Diese große Verweigerung Brentanos ging allerdings bis zur letzten Konsequenz der Absage an den traditionellen Ich-Begriff überhaupt.[1] Sein großer Brief vom 9. September 1803, einen Tag nach seinem fünfundzwanzigsten Geburtstag, enthält die Deklaration dieser Ich-Auflösung. Die hier interessierende zentrale Passage des Briefes lautet:

»ich sehne mich, mit einem liebevollen romantischen Weib einen poetischen Bund zu schließen, und mitten in dem wirklichen prosaischen Leben, eine freie poetische phantastische Lebensart anzufangen, ganz in der Stille, so daß die Neugierde uns nicht stört, möchte ich mich von allen Verhältnissen, allen Gewohnheiten trennen, möchte ich in der Stille zu zweit selig, glücklich, das heißt verrückt werden. Unser Leben wäre dann, wie in den wunderbaren Pflanzenwäldern unter dem Wasser, die sich oben bescheiden in einer grünen Rinde über der Fläche enden. Oft denke ich mit großer Betrübnis daran, ja, ich möchte sagen, es ist, was mich so niederdrückt, so mutlos macht, daß ich nichts erfinden, nichts ausführen mag, kein andres Gefühl, als die Empfindung in einer leeren, langweiligen Zeit, sich selbst parforce in Gedichte auflösen zu müssen, um den undankbaren Laien ihre Feiertage zu dekorieren, die es einem nicht einmal Dank wissen, und darum sehne ich mich so sehr nach Dir, um mit Dir den Glauben an alles Gewöhnliche, Prosaische abzuschwören, und ohne Rücksicht auf Kritik, auf Forderung der Zeit zu dichten, was mir einfällt. Du wirst dann so gütig sein, mir das Zeug unter Deinem Namen drucken zu lassen, denn sobald

1 Dietmar Kamper hat auf diese Bewandtnis des Brentanoschen Ich-Verlusts hingewiesen; er hat daraus allerdings ein pädagogisch-kulturkritisches Modell entwickelt, das zur Nachfolge empfohlen wird. Dies ist ein Sakrileg an Brentanos poetischer Unübersetzbarkeit. Vgl. ders., *Zur Geschichte der Einbildungskraft*. München 1981, S. 69.

ich glücklich bin durch Dich, so habe ich keine Begierde mehr, einen Namen zu haben, und was Dein ist, soll mein sein. Ich, das heißt ich, wie ich eine Person in der Welt bin, befinde mich sehr übel, man begehrt allerlei von mir, man sagt mir, um sich selbst durch Reden die Zeit zu vertreiben, ich sei geistvoll, witzig, ich hätte Talent, ich sollte doch schreiben, und man denkt gar nicht dran, daß ich dadurch in die größte Angst gerate, ich weiß gar nicht mehr, was ich tun soll, seitdem mich die Leute so in Eid und Pflicht der Talente genommen.«[1]

Neben dem Brief vom Juli 1800 an Savigny sowie dem Brief vom 10. Januar 1803 an Sophie Mereau, der uns in einem späteren Zusammenhang interessiert, ist der Brief vom 9. September 1803 das wichtigste Dokument von Brentanos Selbstverständnis in Form einer Deklaration. Der Schlüsselsatz lautet hier: »so habe ich keine Begierde mehr, einen Namen zu haben«.

Diesen Satz hätte Kleist nicht schreiben können, weder zu diesem Zeitpunkt noch später. Für ihn blieb immer eine soziale Identifikation: nämlich der Maßstab der Familie, des »Ruhms«. Brentano lehnt den Namen »Ich« im Sinne einer sozialen Identifikation ab. Was er ablehnt, ist wie bei Kleist der ihm von der Gesellschaft aufgezwungene Rollencharakter. Er erkennt, daß die »Ich«-Bestimmung immer nur die Bedeutung dieser Außenbestimmung kennt, d. h. im Sinne sozialer Selbsterhaltung und Berechenbarkeit auf die Zukunft hin verstanden wird. Sein Ich, das ihm im Namen entgegengehalten wird, ist eine konventionelle Interpretation, die adäquate Entsprechung erwartet. Brentano überführt diese Reflexion allerdings in eine Sprache der Ironie und der Leidenschaft, die buchstäblich exzentrisch ist, d. h. den gemeinsamen Grund der Verständigung längst aufgegeben hat: Das Verhängnis, in einer »langweiligen Zeit« leben zu müssen – hierin deckt sich sein Urteil mit dem der Günderrode –, belegt selbst seine Existenz als Dichter. Die Gesellschaft erwartet von ihm »Poesie«. Seine Unterstellung, sie zwänge ihn dazu, sich »in Gedichte auflösen zu müssen«, karikiert diese konventionelle Auffassung des »Dichters« in der Gesellschaft, was zehn Jahre später E. T. A. Hoffmann zu einem satirischen Thema entwickeln wird. Brentano deutet hier schon das Ideal einer autonomen, sozial funktionslosen Poesie an, eine

1 Amelung (Hrsg.), a. a. O., S. 178.

Absage an die Werte-Tafel, die er in der *Geschichte vom braven Kasperl und dem schönen Annerl* (1817) thematisiert. Brentano hat – anders als die frühromantische ästhetische Utopie Friedrich Schlegels – das Leben poetisieren wollen. Ohne geschichtsphilosophischen Hintergrund erscheint im ersten Teil des Briefs vom 9. September ein poetologisches Konzept als Absage an die Vernunft, das erst vom französischen Surrealismus zur Theorie einer anderen Moderne emphatisiert wurde:

»Ein solches Leben erfordert einen heiligen Glauben an irgend etwas Ewiges, was eben darum nur eine poetische oder religiöse Realität haben darf, denn alles Historische ist vergänglich und nur Materie, es muß etwas sich in uns entzünden, das dem aufgeklärten Pöbel Wahnsinn oder Fanatismus scheint, wir müssen den Frommen den Eindruck eines religiösen Geheimnisses geben, dem Einfältigen wie ein Wohnhaus der Gespenster, dem irrenden Ritter wie ein verzaubertes Schloß erscheinen.«[1]

Noch einmal sei die literatursoziologische Erklärung, die sich hier anbieten könnte, auf ihre zu kurz greifende Plausibilisierung hingewiesen: Die Ich-Emphatik als Selbstauflösung ist als soziale Kategorie nicht darstellbar, auch nicht als Endphase eines mentalitätsgeschichtlichen Prozesses. Wäre dem so, dann müßte sich der Fall der Brentanoschen Ich-Emphatik als Poesie-Entwurf wiederholt haben, etwa so wie die Imitation von Werthers Selbstmord als mentalitätsgeschichtliches und sozialpsychologisches Faktum. Aber nur Brentano hat geschrieben: »so habe ich keine Begierde mehr, einen Namen zu haben«. Brentano will – wie andere auch – aus der Zeit austreten. Nur er jedoch verfällt auf das Mittel der Selbstillumination. In der Stille einer von keinem »Sozialpartner« mehr bevölkerten Welt: einer Unter-Wasser-Welt, wie Brentano die ersehnte Trennung vom Sozialen, den Übergang ins Natur- und Pflanzenhafte, nennt. Eine solche Transzendierung in die Natur ist ein generell von der Romantik favorisiertes Thema: Tieck und Novalis haben es erfunden, unter der Anleitung der Naturphilosophie, vornehmlich Schellings, Ritters und Schuberts. Bei E. T. A. Hoffmann wird es die spätromantische Dämonisierung erfahren. Brentanos Naturbeziehung unterscheidet sich von dieser naturphilosophischen Erweiterung des Ichs grundsätzlich: keineswegs ist

1 Ebd., S. 180.

die Natur das physikalisch-chemisch und symbolisch geglaubte Andere des Subjekt-Ichs. Brentanos Naturbeziehung ist eine prinzipiell andere als die Hölderlins oder Novalis': es gibt keine »Neue Mythologie« mehr, es gibt nur die Stille der Subjekt-Emphatik, die alle sozialen und ideologischen Identifikationen abweist. Insofern funktioniert die »Natur« nur noch als Metapher für die Zerstörung des sozialen Ichs. In einem Brief an Achim von Arnim vom 8. September 1802 hat Brentano den Satz geschrieben: »Wer mich zu mir selbst weist, tötet mich.«[1] So verstanden enthält die Bemerkung, es könne sein, daß er »sich in Gedichte auflösen« müsse, die eigentliche Wahrheit, die auf Kafkas Identitätsproblem vorwegweist: außerhalb der Produktionskraft seiner Phantasie existiert er nicht. Wer ihn auf die konventionell-bürgerliche Identität verweist, tötet diese Phantasie. Kafka schreibt: »ich habe kein literarisches Interesse, sondern bestehe aus Literatur«. Obgleich die psychologischen und erkenntnistheoretischen Bedingungen dieses Satzes andere sind als bei Brentanos Ich-Verständnis, so ist doch zu sehen, wie hier zum ersten Mal durch eine Radikalisierung der Selbstbeziehung qua ästhetischer Phantasie, die Sprache, in der gewöhnlicherweise das Ich bestimmt wird, abgelehnt wird. Dabei wird auch klar, wie unhaltbar der Versuch ist, Brentanos emphatisches Ich als kulturkritisches Modell eines aktuellen »Authentizitäts«-Programms zu benutzen: wie bei Kleist ist Brentanos radikale Selbstbeziehung nicht »authentisch«, sondern erst durch die Vermittlung einer ästhetischen Phantasie und ihrer Theorie möglich. Kleists und Brentanos emphatisches Ich widerlegen die bildungsbürgerliche Ansicht vom Dichter als Repräsentanten der »Menschheit«, die mehr oder weniger hinter den sozialen Funktionsbestimmungen des Künstlers steht.

Von hier aus gesehen bekommt auch die Theorie vom »Identitäts«-Verlust des romantischen Künstlers, die der englische Lyriker John Keats entworfen hat, eine generelle Relevanz. Keats hat in seinen Briefen zwischen 1814 und 1821, vornehmlich in dem Brief an John Bailey vom 22. November 1817, die Ansicht entwickelt, daß »men of Genius« im Unterschied zu »men of Power« keine Individualität besäßen.[2] Festigkeit und Unveränderlichkeit des Charak-

1 Ernst Beutler (Hrsg.), *Briefe aus dem Brentanokreis,* in: ders. (Hrsg.), *Jb. FDH 1934/35,* S. 392.

2 Vgl. hierzu und zum folgenden: Helmut Viebrock, *Schöpferischer Identitätsverlust. Die Be-*

ters fehle dem poetischen Charakter deshalb, weil er »kein Selbst« hat, sondern »alles und nichts« ist. Keats betont in einem Brief an den Freund Woodhouse vom 27. Oktober 1818 die Differenz des Dichters zum »tugendhaften Philosophen«: was diesen schockiere, entzücke den chamäleonhaften Dichter, weil er ständig nach neuen Körpern seiner Phantasie Ausschau halte. Es heißt in diesem Brief:

»Kein Wort, das ich sage, kann für voll genommen werden als Ausfluß meiner identischen Natur – wie kann es das, wenn ich keine Natur habe? Wenn ich in einem Raum mit anderen Leuten zusammen bin, wenn ich dann überhaupt frei bin vom Nachdenken über die Geschöpfe meines eigenen Gehirns, dann geht nicht mein Selbst nach Haus zu mir: sondern die Identität eines jeden im Raum fängt an, auf mich einzudrücken, so daß ich in kurzer Zeit vernichtet bin . . .«[1].

Keats' Begründung des Identitätsverlusts aus dem künstlerischen Produktionsprozeß, die die vorromantische Genielehre geradezu umkehrt, läßt sich unmittelbar auf Brentano, mittelbar auf Kleist beziehen: Brentanos »pflanzenhaftes« Ich, sein Desinteresse, einen »Namen zu haben«, ist Ausdruck der von Keats angesprochenen Differenz von sozialer und poetischer Identität bis zu der Konsequenz, daß die poetische Identität bedeutet, daß ein sozial-moralischer »Charakter« verloren geht. Wie wir sehen werden, hat auch Karoline von Günderrode den Zerfall charakterlicher Identität im Kontext produktiver Selbstgewißheit polemisch ausgespielt. Im Falle Kleists könnte die Ich-Emphatik innerhalb der gesellschaftlichen Situation den umgekehrten Fall eines solchen Identitätsverlusts ankündigen. Aber das Selbst, das sich hier in der Gesellschaft nicht ausdrücken kann, ist ja schon die Ankündigung eines Ich-Gefühls, das imaginativ, nicht sozial bestimmt ist. Es ist nicht das Selbst jener »Authentizität«, das die bürgerliche Individualitätsidee zu fordern beginnt. Anläßlich der Diskontinuitätsproblematik wird sich die Bedeutung von Keats' Theorem noch spezifischer erweisen.

Brentano brauchte nicht die Natur als Differenz zur Gesellschaft. Er war selbst Natur. Seine »Seele« war Natur. Nicht Mittel.

griffe »identity« und »loss of identity« in der epistolaren Poetik von John Keats, in: *Sitzungsberichte der Wissenschaftlichen Gesellschaft der Johann Wolfgang Goethe-Universität Frankfurt am Main,* Stuttgart 1984, Bd. 20, Nr. 4, S. 7ff.

1 Zit. nach ebd., S. 10.

Auch diese Funktionserwartung verhöhnte er: »und da haben sie mir gesagt, warum gehst Du nie in Dein eigenes Herz und bildest Deine eigne Seele aus, Du hast eine recht hübsche Seele.«[1] Er kritisiert eine solche »Seelen«-Erwartung des Publikums: »jetzt verarbeitet er das Leben zur Poesie, jetzt ist er auf guten Wegen«[2]. Brentanos anderes Wort für sein Ich als Natur heißt »Herz«. Es meint bei ihm nicht mehr das, was Empfindsamkeits- und Aufklärungsdiskurs darunter verstanden: ein Regulativ zum harmonischen Ausgleich der Verstandes- und Gefühlskräfte. Wenn Brentano von »Herz« spricht, dann meint er den Körperteil, der in Emphatik explodieren könnte: »Mein Herz schlägt nicht gleich und ruhig, oft pocht es heftig, oft leise wie ein Gläubiger oder ein Bettler, und wie im Druck liebender Hände die Gewalt steigt, so habe ich Minuten, wo ich es bestimmt fühle, daß ich doch nicht gut ohne Dich leben kann« (an Sophie Mereau, 30. August 1803)[3].

Ist die Deutung des »Herzens« hier unmittelbar auf das Verhältnis zu Sophie Mereau bezogen, so heißt es ein halbes Jahr später:

»es ist mir ein Herz gegeben, wie kein Mensch eines besitzt, und dies Herz ist Dein, bewahre es, halte es hoch, lasse es nicht zugrunde gehen, gib es mir wieder, dann und wann, reiche mir es hin, daß ich mich daran erfreue, denn wenn ich es so im Busen trage, so einsam, dann muß ich immer weinen, ich habe keine Sünde getan, es ist um die Erbsünde, um die ich weine, ich fühle es oft mit einem wunderbaren Schmerz, Jesus ist nicht für mich gestorben« (17. Januar 1804)[4].

So wie die eigene »Seele« angesprochen und geliebt wird, so wird hier das eigene »Herz« sakralisiert und mit der Pointe, daß der christliche Erlösungsgedanke nicht für ihn gelte, stellt Brentano sein »Herz«, das keines anderen Menschen Herz gleicht, in unterschwellige Analogie zu dem Herzen Jesu, ein Bezug, den Brentano auch an anderer Stelle wagt[5] und in dem er sich wiederum mit Kleist trifft. Brentano hat sehr viel später das »Herz« in einem weniger bekannten Gedicht *Wenn der lahme Weber träumt* besungen und es zur Metapher der poetischen Innenwelt erhoben, in der die

1 Beutler (Hrsg.), a. a. O., S. 392.
2 Ebd., S. 393.
3 Amelung (Hrsg.), a. a. O., S. 151.
4 Ebd., S. 316f.
5 Vgl. S. 259f. dieses Buchs.

Sprache konventioneller Verständlichkeit verloren ist. Diese poetische Esoterik des »Herzens« als des konventionellen Ichs ist also von Beginn an angelegt als die einzige Basis von Brentanos Ich-Verständnis. Er hat es im Brief vom 9. September 1803 an Sophie Mereau als Theorem angedeutet. Die Subjektivität eines psychologischen Ichs und die Objektivität eines poetischen bedingten einander. Brentano hat nicht seine psychologische Erfahrung »Liebe« poetisch semantisiert, sondern nur auf Grund dieses sozial nicht mehr vermittelbaren »Phantastischen« auch diese Liebeserfahrung gemacht. In einem Brief, vier Jahre nach dem Tode Sophie Mereaus, schreibt Brentano an Philipp Otto Runge:

»Das Talent, Dichterwerke zu lieben und zu verstehen, und, was ich selbst liebe und verstehe, zu dichten, würde ich gewiß lauter vor der Welt ausgesprochen haben, wenn nicht alles, was ich dichten möchte, zu sehr die heiligere Geschichte meines Innern gewesen wäre, als daß ich es ohne Frechheit in das laute untheilnehmende Tagewerk der Welt hätte einfügen dürfen« (21. Januar 1810)[1].

Wir werden auf diesen Brief zurückkommen. Diese »heiligere Geschichte« seines »Innern« wird in der Folgezeit immer mehr durch ästhetische Identifikationen überhaupt nur noch faßbar. Die »heiligere Geschichte« des »Innern« ist somit gleichzeitig die Genese eines ästhetisch gewordenen Bewußtseins, deren erste Dokumente die Briefe zwischen 1800 und 1804 sind.

3. Günderrode: Die Frage »Wer bin ich?«

Die emphatische Selbstbeziehung der Günderrode unterscheidet sich von der Kleists und Brentanos absehbar durch die besonderen Bedingungen weiblicher Sozialisation zu Beginn des 19. Jahrhunderts in Deutschland. Es handelt sich um die Dialektik von noch immer unterprivilegierter Bildungsgeschichte (auch für Mädchen adliger Herkunft) und traditioneller Rollenverteilung einerseits (ge-

1 Clemens Brentano / Philipp Otto Runge, *Briefwechsel.* Hrsg. v. Konrad Feilchenfeldt. Frankfurt 1974, S. 10.

rade Kleist und Brentano hielten an dem konventionellen weiblichen Ideal der Hausfrau und Mutter fest)[1] und dem Beginn einer Emanzipationstendenz andererseits, die gerade von der frühromantischen Bewegung (Friedrich Schlegel) ideologisch unterstützt und von den Frauen dieses Kreises, namentlich von Caroline Schlegel-Schelling, bis zur Konsequenz des öffentlichen Skandals und bis zur Heroik dargestellt worden ist. Diese »Heroik« hat sich als bewußtes Konzept auch dem Selbstverständnis Karoline von Günderrodes mitgeteilt. Die emphatische Selbstbeziehung, so sahen wir, definiert sich im Verhältnis zu den »Ideen«. Das junge Stiftsfräulein nimmt hier aufgrund ihrer ambivalenten weiblichen Situation gegenüber der Institution Wissenschaft eine entsprechend mittlere Position zwischen Kleist und Brentano ein: mit beiden teilt sie die Entdeckung des autonomen »Ichs«, das sich nur in seiner Subjektivität finden kann. Entgegen Brentano aber gibt es auch ein ideengeleitetes Ich-Bewußtsein, das ihr nicht zuletzt durch die Lektüre der Naturphilosophie Schellings nahegebracht worden war und – ähnlich wie bei Kleist – bei der Ausbildung eines Liebes- und Todesverständnisses als Projekt bis zu ihrem Selbstmord 1806 entscheidend wurde. Ähnlich wie Kleist fehlt ihr durch diese Beziehung zur »Philosophie« gänzlich die Ironie, die kennzeichnend ist für Brentanos Subjektivismus, der hierin jedenfalls der »modernste« der drei Emphatiker des Ichs war.

Trotz dieser »philosophischen« Stabilisierung des Ichs hat die Günderrode ihre Subjektivität in einem noch radikaleren Ablösungsprozeß von den Repräsentanten der Vernunft und der »Selbsterhaltung« als Brentano in ihren Briefen an Friedrich Carl von Savigny formuliert. Daß sie sehr früh schon mit an Normen zweifelnder Ich-Reflexion ausgestattet war, das beweist ihre ungewöhnlich verstehende Reaktion auf Brentanos frivol-berüchtigten Liebesbrief, von der Bettina in *Die Günderode* berichtet. Karoline erkannte danach nicht nur sofort den artistisch-ästhetischen Status dieses Briefes: »Es war mir, als ich den Brief gelesen hatte und ist mir noch so, als ob er gar nicht für mich geschrieben sei . . .«[2]; darüber hinaus erkennt sie das daraus stammende Bewußtseinsproblem, daß Brentano »viele Seelen« besitzt: »wenn ich nun anfange

1 Vgl. Kleists Brief an die Schwester Ulrike vom Mai 1799, in: Kleist, a. a. O., S. 491 f. und Brentanos Brief an Sophie Mereau vom 10. Januar 1803, in: Amelung (Hrsg.), a.a.O., S. 72 ff.

2 Nach Ludwig Geiger (Hrsg.), *Caroline und ihre Freunde*. Stuttgart 1895, S. 85.

einer dieser Seelen gut zu sein, so geht sie fort, und eine andere tritt an ihre Stelle, die ich nicht kenne, und die ich überrascht anstarre«[1].

Karoline bringt das Problem, das noch eingehender anläßlich der Diskontinuitätsproblematik zu erörtern sein wird, auf den Begriff: sie erkennt zwischen den einzelnen »Augenblicken« Brentanos keinen Zusammenhang seines Ichs.[2] Als ob sie schon eine Theorie in nuce über Brentanos Geistesverfassung liefern könnte, die aber partiell auch für sie selbst gilt und die Kleist fast zum gleichen Zeitpunkt entdeckte, gibt sie als Antwort auf Brentanos mutwillig-frivole Frage, wie denn sein Brief auf sie wirke: »Ja, ich verstehe den Augenblick, in dem Sie mir geschrieben haben; ich bin überhaupt nie weiter gekommen, als Ihre Augenblicke ein wenig zu verstehen.« Sie versteht Brentanos Augenblicke, weil sie selbst ihre eigenen Augenblicke als mit der Normerwartung in Konflikt stehende erfährt. Das begann sich in den frühen Briefen an die Freundinnen Karoline von Barkhaus und Gunda Brentano abzuzeichnen. Die sich dort äußernde negative Lebensstimmung wirkt deshalb als eine »moderne«, weil hier nicht mehr vorromantisch-empfindsame Zerrissenheit im Sinne Werthers oder William Lovells formuliert ist, sich also nicht in erkennbaren literarischen Paradigmata ausspricht, sondern analytisch-selbstbeobachtend auftritt: »Von Tag zu Tag verschob ich es Ihnen zu schreiben, weil ich Ihnen nichts von meiner Entnervung und Muthlosigkeit sagen wollte, und hoffte diese Stimmung würde sich verliehren; vergebens erwartete ich einen heitern Tag, ich schreibe Ihnen also wie es mein Gefühl mit sich bringt.« (An Karoline von Barkhaus, 26. Juli 1799)[3]

Zu diesem Zeitpunkt hat die Günderrode schon den jungen Savigny kennengelernt, nach dem sie sich sehnt. Sie spricht von »Leidenschaft« (4. Juli 1799 an Karoline von Barkhaus), der sie aber im Brief vom 26. Juli nur die Zukunft als»Schatten eines Traumes« voraussagt. Sie versteht zwar, die »Idee« gegen das depressive Ich einzusetzen, reflektiert diese ideengestützte Situation aber auch auf ihre letzte Konsequenz hin, daß sie nicht ausreicht, den Egoismus des Ichs zu überkommen:

»Bisher las ich auch sehr viel in Herders Ideen zur Philosophie

1 Ebd.
2 Ebd.
3 Max Preitz (Hrsg.), *Karoline von Günderrode in ihrer Umwelt II*, in: *Jb. FDH 1964*, S. 166.

der Geschichte der Menschheit, bei allen Schmerzen ist mir dies Buch ein wahrer Trost, ich vergesse mich, meine Leiden und Freuden in dem Wohl der ganzen Menschheit, und ich selbst scheine mir in solchen Augenblicken ein so kleiner unbedeutender Punkt in der Schöpfung . . . Nur schade, daß dies Gefühl nicht lange dauert, bald darauf fordert mein eigner Kummer wieder all die Theilnahme, die ich vorher nur der Menschheit geben konnte und wollte. Es ist sehr traurig bemerken zu müssen wie uns der Egoismus allenthalben nachschleigt« (an Karoline von Barkhaus, 17. Juli 1799)[1].

Es ist nicht zu unterstellen, daß nicht auch das späte 18. Jahrhundert den Konflikt von Teleologie der Menschheit und subjektiver Verfassung gedacht und gefühlt hätte. Es ist jedoch zu sehen, wie der jungen Günderrode Subjektbewußsein die Menschheit pragmatisch verläßt, ohne daß hierfür intellektuelle Folgelasten – wie zum Beispiel für Kleist – entstünden. Die Priorität des fühlenden Ichs vor theoretischer Identifikation ist eine selbstverständliche geworden. Humboldts und Schleiermachers Verknüpfung von Subjekt und Welt ist hier nicht mehr gegeben. Karoline von Günderrode hält diesen Konflikt virulent: Wie kann das Ich-Moment, ohne daß eine Idee es bedeutend macht, erlebt werden? Am 19. August 1801 an Gunda Brentano:

»es freut mich nichts, es schmerzt mich nichts bestimmt, ich bin in dem elendesten Zustand, dem des Nichtsfühlens, des dumpfen kalten Dahinschleppens. In diesem Zustand hasse ich mich selbst. Es gehört zu dem Leben meiner Seele daß mich irgend eine Idee begeistre; es ist auch oft der Fall; doch muß es immer etwas neues sein, denn ich trinke so unmäßig an dem Nektarbecher bis ich ihn in mich geschlürft habe; und wenn er denn leer ist, das ist unerträglich«.[2]

Was hier mit Idee gemeint ist, weicht von der definitiven Bedeutung ab: Karolines Ich-Identität, »Fühlen«, kommt durchaus ohne die philosophische Idee, ohne die Teleologie Herders aus. Sie bedarf hingegen des »Neuen«, eines intellektuellen Reizes, der der Stimmung unterworfen ist, nicht des ewig Unwandelbaren der Idee, wie sie Schiller im vierzehnten Brief der *Ästhetischen Erziehung* gepriesen hatte. Eben diese ist ihr abgenutzt, zu stark ist

1 Ebd., S. 165f.
2 Ebd., S. 169.

das Kriterium des »Neuen« für das Empfindungsvermögen. Am 24. November 1801 an Gunda Brentano:

»Auch die Freundschaft versagt mir ihre glücklichen Täuschungen. Menschen, die mir Sinn und Liebe für interessante Gegenstände, und ein gewisses Streben darnach zeigten, wurden oft meine Freunde, weil mir Mittheilung Bedürfniß ist. Bald aber hatte ich das Interesse daß ich mit ihnen theilte erschöpft und fand daß ich sie selbst erschöpft hatte; sie hatten nur die Kraft das schon Gedachte, schon Empfundene, mit zu denken mit zu empfinden; aber das Eigne, und Besondere diesem Allgemeinen anzuschließen, die neue Ansicht der Dinge in sich zu erschaffen, diesen immer quellenden Reichtum des Geistes versagte ihnen die Natur. In solchem Falle muß man ermüden, oder dem Andern immer so viel geben, daß man nicht gewahr wird wie wenig man empfängt.«[1]

Die Günderrode entdeckt hier negativ den Begriff konventioneller Vernunftidentität: den Anschluß der Subjektivität an das »Allgemeine«. Sie konfrontiert ihn mit der Konzeption eines Ichs, das sich im »Besonderen« konstituiert, in einer Kapazität, »die neue Ansicht der Dinge in sich zu erschaffen«. Dies Konzept ist intellektualistischer als das Brentanos. Aber es gibt eine zentrale Analogie: So wie Brentano sich aus Phantasieüberschwang, d. h. durch Überfluß ästhetischer Vorstellung nicht für eine soziale Identifikation entscheiden kann, so ermüdet der Günderrode Freundschaftsgefühl, wenn die Freundschaft nicht vom Geiste des »Neuen« geprägt ist. Wissen ist ihr nicht das generelle, sondern das »interessante« (an Gunda, 11. August 1801). Das »Ich« selbst wird zum »Interessanten«, zur subjektübersteigenden Phantasie, sobald die künstlerische Produktion einsetzt. Karoline eröffnet 1804 mit dem Bekenntnis zu einer solchen ästhetischen Ich-Vergewisserung den Konflikt mit Savigny:

»Gunda tadelt mich, sagt ich sei hochmüthig, liebe niemand, und nähme keinen Antheil, aber sie irrt, wehnigstens übertreibt sie sehr; hochmüthig bin ich nun gar nicht denn es fehlt mir die Überzeugung, ich sei vortrefflich, ich kann es nur vorübergehend meinen, und dann wieder gar nicht, aber wissen Sie was es eigentlich ist? ich kann es Ihnen nur mit großer Blödigkeit sagen, ich schreibe ein Drama, meine ganze Seele ist damit beschäftigt, ja ich denke

1 Ebd., S. 174.

mich so lebhaft hinein, werde so einheimisch darin, daß mir mein eignes Leben fremd wird; ich habe sehr viel Anlage zu einer solchen Abstraktion, zu einem solchen Eintauchen in einen Strom innerer Betrachtungen und Erzeugungen . . . Ich soll fest und klar und warm sein, es wäre wohl schön wenn ich es wäre, aber kann ich es auch? Glauben Sie nicht an die Nothwendigkeit aller Dinge? ich glaube mein Wesen ist ungewis, voll flüchtiger Erscheinungen, die wechselnd komen und gehen, und ohne dauernde, innige Wärme. Dennoch bitte ich Sie, verzeihen Sie mir meine angebohrne Schlechtigkeit.« (26. Februar 1804)[1]

Dies ist in Form einer scheinbaren Selbstanklage der Günderrode letzter Schritt zur ästhetischen Subjektivität, in einem Dialog, von dem sie schon ahnt, daß sie nicht mehr verstanden wird. Diese ästhetische Subjektivität überdeckt die private: Das kaum verheimlichbare Gefühl für Savigny, der inzwischen mit Gunda, der konventionellen Schwester Brentanos, verheiratet ist, die die Günderrode selbst als Beispiel einer ermüdenden Freundschaft empfinden mußte, wird fast brutal distanziert. Was sie dem brillanten Vertreter von wissenschaftlichem und bürgerlichem, öffentlichem und privatem Ethos, der Bezogenheit von Individualität und Idee sagt, muß dieser verfehlen, angemessen zu verstehen. Günderrodes »Seele« nämlich ist – wie die Brentanos – nicht mehr identisch mit einer sozialen Ich-Zuschreibung als »Individualität« und persönlich-privatem Leben. Ihre »ganze Seele« ist vielmehr identisch geworden mit ihrer künstlerischen Phantasie. Sie widerspricht der bürgerlichen Ansicht, daß diese Phantasie ein Gefühl für die anderen ausdrücke. Sie entdeckt, daß dieses ästhetische Ich der Versenkung in die künstlerische Produktion das »eigne Leben« fremd werden läßt. Und mehr: der moralischen Identität, der Erwartung der Konvention auf »Klarheit« und »Festigkeit« wird aufgekündigt. Das Bekenntnis, ihr Wesen sei »ungewis«, voll »flüchtiger Erscheinungen«, bedeutet, abgesehen von der psychologischen Taktik der Selbstanklage, ein Bekenntnis zur Subjektivität, die sich nicht mehr definieren läßt von der Vernunftethik. Die Frage: »wer bin ich?« beschließt den letzten Satz des späteren Briefs (vom 31. Mai 1804) an Savigny.

Wie sehr Karoline von Günderrode die Adressaten mit dieser

1 Ebd., S. 199.

Darstellung ihres Selbst überfordert hat, zeigen die sozial-beschwichtigenden ersten Reaktionen Savignys: überfordert ist die ideengestützte und lebenspraktische personale Identität. Bevor der junge Gelehrte sich gezwungen sieht, eineinhalb Jahre später in einem prinzipiellen Brief der Günderrode Ich-Problematik unter den Kriterien seines Identitätsbewußtseins und lebenspraktischer Individualität zu analysieren, kommt es zu einer Reihe von Antworten, in denen er über der Günderrode Selbstbezichtigung und Selbsterhöhung hinweggeht. Man kann sie als hervorragende Dokumente der Vernunftsubjektivität im Umgang mit dem ästhetischen Bewußtsein lesen. Repräsentativ hierfür ist Savignys Brief vom 6. Juni 1804, in dem er herablassend frische Luft und Gesundheit empfiehlt, damit sie den Gefährdungen der Lektüre entgehe. Auf Karolines subversiven Briefschluß weiß Savigny sozusagen die herablassend-zärtliche Diminutiv-Beschwichtigung:

»Aber ein dumm abscheulich Günderrödchen bist Du denn doch am Schluß Deines Briefs, ein Günderrödchen das gar nicht sagt was es will, weil es das selbst nicht recht weiß. Das dümmste ist, daß ich mich selbst beynahe hätte von Deiner Betrübniß anstekken lassen. Sey gut, lieb Hämmelchen, und erzähle mir, wenn ich dich sehe, daß du dumm warst. Nächstens schreibe ich dir eine Abhandlung über das Studium der Geschichte.«[1]

Savigny verfällt auf das Allheilmittel, das in der Folgezeit das bürgerliche Bewußtsein vornehmlich von Selbstreflexion und Subjektivität ablenken wird und das Bewußtsein der »ideellen« Faktoren des »Allgemeinen« auszubilden hilft: das Studium der Geschichte. Er hat nicht verstanden, daß die Freundin diese selbsterhaltende Funktion des Interesses an der Geschichte und der Geschichtsphilosophie durchdacht und deren Bedeutung für das Selbst limitiert hat, auch wenn sie es als Schriftstellerin benutzt. Der Anflug von ernsteren Vermutungen wird von Savigny fortgewischt. Dem Unverständlichen wird nicht in seiner Bedrohlichkeit entsprochen, ebensowenig wie der Heidelberger Mythenforscher Creuzer die Leidenschaft und das Liebeskonzept der Günderrode zwei Jahre später verstehen wird. Savigny hatte in einer allerersten Reaktion auf Karolines Selbstdarstellung zu erkennen gegeben, daß ihm etwas Fremdes entgegengetreten sei: »aber ich finde dabey be-

1 Ebd., S. 202.

stätigt, was ich schon vorher fühlte, daß ich Sie noch unverantwortlich wenig kenne« (26. Februar 1804)[1]. Aber er wendet Karolines Entdeckung, daß zwischen dem individuellen, lebenspraktischen Ich und dem ästhetisch-produktiven Selbst ein Abgrund entsteht, in die Affirmation des akademischen Poesieverständnisses: »Vorläufig erfreut mich Ihr Enthusiasmus«[2].

Für die Dialogsituation zu diesem Zeitpunkt, wenn es denn noch ein Dialog war, ist die Tatsache zu berücksichtigen, daß die von Savigny unerwiderte Liebe der Günderrode ein unterschwellig angespanntes Verhältnis geschaffen hatte, das durch Savignys Verlöbnis mit Gunda, der von Brentano charakteristischerweise gehaßten Schwester, besonders delikat wurde. Der begütigenden Bonhomie des Gelehrten mischte sich auch ein Moment aufrichtiger Hilflosigkeit bei, hatte ihm Karoline doch das Gedicht *Der Kuss im Traum* geschickt, nachdem in einem Doppelbrief der beiden ungleichen Freundinnen an Savigny (1. Januar 1804) die prekäre Dreierbeziehung im Tone romantisch gespielter Frivolität angesprochen worden war. Nimmt man frühere offenherzige Problembriefe der Günderrode an Savigny hinzu, etwa den Brief vom 26. Dezember 1803 (»Es sind so vielerlei Gedanken verworren in meinem Kopf die sich alle zu Ihnen wenden wollen«), dann gibt es, was die psychologische Voraussetzung anbetrifft, durchaus ein einleuchtendes Motiv für seine Taktik des gönnerhaften Abwiegelns, hat sich die Freundin doch selbst als eine »im Streit und Zweifel« mit sich selbst Liegende offenbart.

Es lag für Savigny gewiß nahe, die sich steigernden Hinweise der Günderrode auf ihre Entfremdung vom Kontext der Normalität als indirekten Ausdruck ihrer erotischen Sehnsucht und Vereinsamung zu deuten, d. h. sie privat zu deuten. Und selbst einen Überschuß an objektiverer, nämlich politischer Motivation gesteht er ihr zu:

»Ey, ey lieber Freund, Sie haben da einmal wunderliche Empfindungen und Vorsätze gehabt. Sie haben ja ordentlich republikanische Gesinnungen, ist das vielleicht ein kleiner Rest von der französischen Revolution? nun, es soll Ihnen verziehen seyn, wenn Sie versprechen wollen, sich noch manchmal darüber auslachen zu lassen.« (8. Januar 1804)[3]

1 Ebd., S. 199.
2 Ebd.
3 Ebd., S. 195.

Inwieweit der republikanische Zeitgeist der neunziger Jahre tatsächlich das emphatische Bewußtsein der Günderrode beeinflußt hat, wird anläßlich ihres Todeskonzepts noch einmal zu fragen sein. Für den jahrelangen Dialog mit Savigny bleibt entscheidend, daß dieser nicht mehr zu antworten verstand, als der Günderrode Redeform und Redeinhalt sich kategorial veränderten: Savigny, so läßt sich die Strategie der Vernunftethik zusammenfassend charakterisieren, hat zwar den Wechsel gespürt, ihn sogar bedrohlich empfunden, ihn aber im Rekurs auf frühere Dialoge fälschlich psychologisiert und pathologisiert und dadurch sein neues Selbstverhältnis verkannt. Er hätte dies allerdings auch verkannt, wäre ihm der Günderrode geistige Position bewußter gewesen. Dies belegt Savignys langer grundsätzlicher Brief, zu dem er sich am 29. November 1805 entschließt, eineinhalb Jahre nach den ersten Mißverständnissen und nachdem Karoline in die schließlich mit Selbstmord endende Liebe zu Friedrich Creuzer verstrickt ist. Savignys Brief schließt die vorangegangenen Briefe in einer Grundsatzerklärung ab, in der sich der danach nicht mehr abreißende Argwohn der wissenschaftlich-praktischen Intelligenz gegenüber der romantischen Phantasie, gegenüber dem ästhetischen Status des Bewußtseins überhaupt, beispielhaft ausdrückte:

»Ich habe Dir versprochen, über einen Irrtum zu schreiben, in welchem Du, wie ich glaube, sehr tief mit Dir selbst befangen bist. Ich muß aber dazu etwas weit ausholen. Sobald in einem Menschen das Bewußtsein seiner Kräfte erwacht, entscheidet sich die Richtung, die er nach der Eigenheit seiner Natur notwendig nehmen muß. Den passiven Naturen ist dann das Höchste, ja das einzig Wichtige die Tiefe und Eigentümlichkeit ihrer Empfindung, und das ist an sich so wenig zu tadeln als die Verschiedenheit der Gestalten oder der Anlagen. Aber die meisten Menschen dieser Natur sind in Gefahr, das Tiefe und Bedeutende mit dem Außerordentlichen zu verwechseln, und bei vielen bleibt und wächst dieser Irrtum immer fort. Flache Menschen werden dann ganz geschmacklos, und selbst der Pöbel thut ihnen nicht unrecht, indem er sie überspannt und romanhaft nennt. Bei bedeutenderen Menschen ist derselbe Irrtum fast noch gefährlicher, indem er sich bei ihnen mit der wahren Empfindung, die sie haben, vermengt und so unergründlicher wird. So bist Du, und daß Du so bist und bleibst, kommt von einer Gottlosigkeit her, die Deine gute, wahrhafte Natur gewiß schon ausgestoßen hätte, wenn es die sinnliche Schwäche Deines Gemüts zuließe. Alles nämlich, was Deine Seele augenblicklich reizt, unterhält und erregt, hat einen solchen absoluten Wert für Dich, daß Du ihm auch die schlechteste Herkunft leicht verzeihst. Etwas recht von Herzen lieben, ist göttlich, und jede Gestalt, in der sich uns dieses Göttliche offenbart, ist heilig. Aber daran künsteln, diese Empfindung durch Phantasie höher spannen, als ihre natürliche Kraft reicht, ist sehr unheilig.«[1]

Genauer ließe sich die ästhetische Identität und ihr Verständnis von einer autonomen, nicht mehr ideengeleiteten Kunst nicht charakterisieren. Was die immanenten Argumente betrifft, so schließt sich Savigny an eine schon im 18. Jahrhundert entwickelte und noch in der Frühromantik anwesende Kritik falscher Empfindsamkeit an, was schließlich zum Klischee jeder auch banalen Kritik an ästhetischem Sensibilismus wurde. Aber er geht darüber hinaus, indem er das Problem nicht mehr bloß im poetologisch-anthropologischen Schema dieser Schwärmerkritik beläßt, sondern ein neues Bewußtseinssyndrom anklagt: das Bewußtsein der Momentanität. Was Savigny buchstäblich als die eigentliche Sünde wider den Geist empfindet, ist die »Augenblicks«-Verhaftung der »Seele« Karolines. Dies ist vom Pathos des klassischen Humanismus und protestantischer Religiosität bestimmt. Aber in dem augustinisch anmutenden Verdacht gegen die »sinnliche Schwäche des Gemüts« trifft Savigny in negativer Absicht das Kernproblem der Ästhetik des 19. Jahrhunderts überhaupt: die künstlerische Empfindung durch Phantasie höher spannen, sie nicht mehr vom Gedanken der Mimesis einer göttlichen Natur bestimmen lassen. Dies ist für Savigny die »Sünde« in einem konkreten theologischen Sinne. Nunmehr nimmt er der Günderrode subjektiv gemeintes Wort von der »Schlechtigkeit« ernst, objektiviert es und begründet darauf sein wichtigstes Argument. Wogegen? Nicht bloß gegen Karolines gefährlichen »Irrtum«, den er noch zu korrigieren hofft, sondern gegen das ästhetisch gewordene Bewußtsein überhaupt, das ihm, hier hellsichtig genug, als ein Modus des Bösen erscheint. Und dieses Böse hat die semantische Erscheinungsform des »augenblicklichen« Reizes. Savigny ahnt, daß die nicht ideengestützte Phantasie an die Stützen des idealistischen Humanitätskonzepts rührt.

1 Ebd., S. 210f.

III
Das diskontinuierliche Bewußtsein

1. Kleist: Kontingenz-Erfahrung und der Zustand des »Außer-sich-Seins«

Savignys Analyse und Beurteilung von Karolines momentanistischer Bewußtseinsstruktur im Zustand poetischer Kreativität hätte sich ebenso und noch nachdrücklicher gegen Clemens Brentano richten können. Sie bezeichnet das eigentliche Zentrum dieser Subjektivität und ihre sprachlich-stilistischen Konsequenzen. Karoline und vor allem Brentano sind dadurch, daß der Finger auf die Wunde gelegt wird, nicht mehr verunsicherbar, denn sie haben sich längst mit dieser Wunde – das ist die Abstinenz der »Idee« und der göttlichen »Natur« – emphatisch identifiziert. Brentano ist zur direkten Polemik gegen die »Idee« übergegangen, namentlich gegen Savignys Wissenskategorien, Karoline setzt sie der ätzenden Lauge konkreter Situierungen des Ichs aus. Welche Dramatik mit Savignys fundamentalen Einwänden sich anmeldete, welchen Ablösungsprozeß die zukünftige ästhetische Subjektivität hier zu leisten hat, das wird vor allem am Beispiel von Kleists Problemlage deutlich. Kleist hatte ja während der Herausbildung der subjektorientierten Motive der Einsamkeit und des Verlusts der Gesellschaft und des Wissens die ursprünglich bei ihm verankerte teleologische Ansicht der Welt und seiner selbst, d. h. die Selbstverständlichkeit, in »Zusammenhängen« zu fühlen und zu denken, nicht bewußt aufgegeben. Die geheimnisvoll verhüllte Reise nach Würzburg im August 1800 wird durchaus noch im Sinne eines teleologischen Projekts zwecks Sicherung des persönlichen »Glücks« betrieben.[1] Auch wenn der Brief vom 5. Februar 1801 die Kategorien der Teleologie mit Zweifel bedrängt, so zeigt sich doch erst sechs Wochen später, wovon Kleist im Begriffe ist, Abschied zu nehmen, in seinen geistig-psychischen Konsequenzen: nämlich die Entstehung eines »Angst«-Zustands, dessen Pessimismus das momentanistische Bewußtsein vorbereitet.

Kleist charakterisiert in zwei Briefen vom 22. und 23. März 1801 seinen Zustand als Ergebnis der Lektüre Kants. Er nennt dabei

1 Vgl. Brief an Wilhelmine vom 21. August 1800, in: Kleist, a. a. O., S. 527 f.

nicht die Schrift, die sein Dilemma ausgelöst hat, aber es ist davon auszugehen, daß es die *Kritik der reinen Vernunft* war.[1] Es ist fraglich, ob die katastrophische Reaktion ein diskursiver Schritt gewesen ist, vielmehr ist es wahrscheinlicher, daß sie schon Ausdruck einer mentalen Verfassung war, die Kants Kritik plötzlich in einem neuen Licht erscheinen ließ. Immerhin hat Kleist in aufgeräumt-pädagogischer Stimmung noch im September 1800 in einem der Reise-Briefe an Wilhelmine bezugnehmend auf Kant das Interesse am »letzten Zweck des Menschen« als unfruchtbar bezeichnet und davor gewarnt, mit dem Verstande »über die Grenzen Deines Lebens hinaus« zu gehen.[2] Das war schon der Hinweis auf Kants ihn wenig später erschütterndes Argument. Man wird also Kleists Reaktion nicht im Sinne einer geistes- und philosophiegeschichtlichen Erklärung nach dem Modell von Ursache und Wirkung von primär intellektuell-künstlerischen Prozessen zu verstehen haben. Entgegen einer Lieblingsansicht der Deutungstradition benutzen Künstler solche »ideellen« Vorgaben nur als Anlaß, nicht als *prima causa*. Die *prima causa* war Kleists ästhetisch-katastrophisches Bewußtsein selbst, das sich allmählich herausbildete.[3]

Dieses stellt sich im Brief an Wilhelmine vom 22. März 1801 sofort dar und dementiert selbst schon die Theorie eines gedanklich-diskursiven Zusammenhangs zwischen Kant-Text selbst und Kleistscher Reaktion: Ein Hauptgedanke hat sein »Innerstes ergriffen«, hat eine »tiefe erschütternde Wirkung« hervorgebracht, flog durch »meine Seele«[4]. Nachdem Kleist die »Geschichte meiner Seele« als die Geschichte des Glaubens an Bildung und Wahrheit angedeutet hat, charakterisiert er den Gedanken selbst, der diese Erschütterung hervorrief: »Wir können nicht entscheiden, ob das, was wir Wahrheit nennen, wahrhaft Wahrheit ist, oder ob es uns nur so scheint. Ist das letzte, so *ist* die Wahrheit, die wir hier sammeln, nach dem Tode nicht mehr – und alles Bestreben, ein Eigentum sich zu erwerben, das uns auch in das Grab folgt, ist vergeblich«[5]. Der ursprüngliche Perfektibilitätsgedanke, wie ihn Kleist faßte, impli-

1 Zur langjährigen Debatte, warum welche Schrift Kants das teleologische Bewußtsein Kleists erschütterte, vgl. Theodorus C. van Stockum, *Heinrich von Kleist und die Kant-Krise* (1955), in: Walter Müller-Seidel (Hrsg.), *Heinrich von Kleist*. Darmstadt 1967, S. 269ff.

2 Kleist, a. a. O., S. 565.

3 Vgl. auch Schrader, a. a. O., S. 149, Anm. 34.

4 Kleist, a. a. O., S. 633.

5 Ebd., S. 634.

zierte den Tod als Stufe letzter Vervollkommnung. Es ist zu erkennen, wie Kleist von Beginn an also die abstrakte geschichtsphilosophische Formel von der unendlich fortschreitenden Perfektibilität sich im Todesmotiv veranschaulicht hatte, d. h. daß er schon zu diesem Zeitpunkt eine ästhetische Deutung dieser Idee vornahm, was erklärt, warum er den Selbstmord im Sinne einer solchen ästhetischen Veranschaulichung der Teleologie als Projekt betreiben wird. Dieses Todeskonzept wird sein »höchstes Ziel« werden und deshalb ist es erlaubt, den Satz: »Mein einziges, mein höchstes Ziel ist gesunken, und ich habe nun keines mehr«[1] auf dieses ihn später beherrschende Motiv hin zu lesen: Für Kleist war der Tod im Sinne eines schön-erhabenen Ziels zu diesem Zeitpunkt zerstört. Man wird sich der die Identität bedrohenden Gewalt dieser Einsicht vergewissern können, blickt man auf das Beispiel Hölderlin, der in seinen Briefen wie Kleist den Gedanken des »Ziels« beruft, ihm aber immer verpflichtet bleibt. Wie sehr Hölderlin sich gerade gegen existentielle Gefährdung durch die reflexive Reaktion zu schützen versuchte, zeigt den Unterschied zu Kleist: »Die Welt zerstört uns bis auf den Grund, wenn wir jede Beleidigung geradezu ins Herz gehen lassen.« Dagegen ist der »ruhige Verstand ... die heilige Ägide, die im Kriege der Welt das Herz vor giftigen Pfeilen bewahrt.«[2] Kleist besaß nicht mehr diese Mitgift des moralischen Realismus. Er vermochte nicht den »Verstand« für das »Herz« zum Schutz anzurufen. Er wollte es auch nicht!

Es stellt sich nunmehr die das Diskontinuitätsempfinden vorbereitende Sprache des »Zustands« der »innerlichen Unruhe« und »glühender Angst«[3] ein. Es ist für die Genesis des ästhetischen Bewußtseins nun erhellend, daß an die Stelle der diskursiven Erläuterung der neuen Erkenntnis die imaginative Rede tritt:

»Ich legte still und beklommen das Buch auf den Tisch, ich drückte mein Haupt auf das Kissen des Sofa, eine unaussprechliche Leere erfüllte mein Inneres, auch das letzte Mittel, mich zu heben, war fehlgeschlagen – Was sollst du nur tun, rief ich? Nach Berlin zurückkehren ohne Entschluß? Ach, es ist der schmerzlichste Zu-

1 Ebd.

2 Friedrich Hölderlin, *Sämtliche Werke und Briefe*. Hrsg. v. Günther Mieth. München 1970, Bd. 2, S. 795.

3 Vgl. den Brief vom 23. März 1801, in dem sich diese Wörter variiert wiederholen, in: Kleist, a. a. O., S. 636.

stand ganz ohne ein Ziel zu sein, nach dem unser Inneres, frohbeschäftigt, fortschreitet – und das war ich jetzt«[1].

Es ist schon bemerkt worden, daß Kleist sich im Selbstmord, in der teleologischen Konzeptualisierung des Todes wieder ein Ziel schaffen wird. Der Zustand, den er als den jetzt gültigen beschreibt, wird indes nicht einfach als ein psychisches Faktum, als Depression wiedererinnert. Es handelt sich hier nicht bloß um die Wiedergabe eines zeitlich zurückliegenden Erlebnisses, sondern um dessen erzählerisch-symbolische Bearbeitung, eine Evokation der Imagination. Anläßlich der Frage nach dem imaginativen Ich wird diese für die ästhetische Subjektivität des romantischen Briefs kardinale Konsequenz noch genauer diskutiert werden: Eine erinnerte psychische Situation ist umgesetzt in ein szenisches Bild, das Bild des Melancholikers. Die »Angst« ist die des von der Kontinuitätserwartung losgerissenen Ichs im bloßen Zustand der Kontingenz. Eine Ablenkung durch den von dem Freund Rühle empfohlenen Roman *Kettenträger* von Friedrich Maximilian Klinger ist nicht möglich. Kleist ist ebensowenig wie die Günderrode durch eine konventionelle Sinnstiftung qua Romanlektüre ablenkbar von der Entdeckung der »Leere«. Konsequent wird er in den folgenden Monaten diese Kontingenzerfahrung in Bilder umsetzen, die das Bewußtsein der Diskontinuität emphatisch entfalten. Dafür sind vor allen anderen Briefen des neuen Pessimismus, in die sich als sinnstiftende Gegenstrategie rousseauistisch gefärbte Kulturkritik mischt, wie im Falle der Briefe aus Paris, zwei Briefe repräsentativ: der Brief vom 21. Juli 1801 an Wilhelmine und der Brief vom 28./29. Juli 1801 an Adolfine von Werdeck. An ihnen läßt sich verfolgen, wie sukzessive an die Stelle der alten Metaphern und Begriffe der Teleologie Vorstellungen und Motive der Kontingenz treten: als Katastrophenerfahrung und katastrophale Erwartung (Brief an Wilhelmine) und als definitive Absage an das Kontinuitätsbewußtsein (Brief an Adolfine).

Der Brief vom 21. Juli verschiebt das Thema der Reise, dem immer auch die teleologische Bedeutung der Lebensreise, der Pilgrimschaft beigegeben ist, zum Thema des plötzlichen Unfalls, des »Abgrunds«: »Mir war es zuweilen auf dieser Reise, als ob ich meinem Abgrund entgegen ginge«[2]. Die »Abgrund«-Metapher eröffnet

1 Ebd., S. 635.
2 Ebd., S. 667.

und beherrscht die erste hier wichtige Passage des Briefes. Dieser Satz ist sozusagen die These, die im folgenden wieder relativiert und wieder zugespitzt wird:

»Ob es nicht meine *Pflicht* sei, Dich von dem zu trennen, der sichtbar seinem Abgrund entgegen eilt? ... Doch nicht Dein Glück allein, auch das meinige trat mir vor die Seele – ach, liebe Freundin, wer kann sich erwehren, ein wenig eigennützig zu sein? Soll ich mir denn, so fragte ich mich, die einzige Aussicht in der Zukunft zerstören, die mich noch ein wenig mit Lebenskraft erwärmt? Soll ich auch den einzigen Wunsch meiner Seele fahren lassen, den Wunsch, Dich mein Weib zu nennen? Soll ich denn ohne Ziel, ohne Wunsch, ohne Kraft, ohne Lebensreiz umherwandeln auf diesem Sterne, mit dem Bewußtsein, niemals ein Örtchen zu finden, wo das Glück für mich blüht – Ach, Wilhelmine, es war mir nicht möglich allen Ansprüchen auf Freude zu entsagen, und wenn ich sie auch nur in der entferntesten Zukunft fände. Und dann – ist es denn auch so *gewiß*, daß ich meinem Abgrund entgegen eile? Wer kann die Wendungen des Schicksals erraten? Gibt es eine Nacht, die ewig dauert? So wie eine unbegreifliche Fügung mich schnell unglücklich machte, kann nicht eine ebenso unbegreifliche Fügung mich ebenso schnell glücklich machen? Und wenn auch das nicht wäre, wenn auch der Himmel keine Wunder täte, worauf man in unsern Tagen nicht eben sehr hoffen darf, habe ich denn nicht auch Hülfsmittel in mir selbst? Habe ich nicht Talent, und Herz und Geist, und ist meine gesunkene Kraft denn für immer gesunken? Ist diese Schwäche mehr als eine vorübergehende Krankheit, auf welcher Gesundheit und Stärke folgen? Kann ich denn nicht arbeiten? Schäme ich mich der Arbeit? Bin ich stolz, eitel, voll Vorurteile? Ist mir nicht jede *ehrliche* Arbeit willkommen, und will ich einen größern Preis, als Freiheit, ein eignes Haus und Dich?«[1]

In dieser Eröffnungspassage des Briefes an die Verlobte konfrontiert Kleist die »Abgrunds«-Erwartung in der rhetorischen Manier seiner aufgeklärt-pädagogischen Briefe mit den Gründen, die für das Gegenteil des »Abgrunds«, für Zukunft und Glück, sprechen. Zweimal wiederholt er die »Abgrund«-These. Sie wird mit einer rhetorisch stilisierten Wollust verfolgt wie früher die teleologische Richtung. Sie bekommt in diesen Wochen sozusagen die Dignität

1 Ebd., S. 668.

einer pessimistischen Kulturtheorie: So, wie er sich selbst seinem »Abgrund« entgegeneilen sieht, sieht er einen Monat später, wie das französische Volk »seinem Abgrund entgegeneilt«[1]. Der »Abgrund« ist das neue Telos, die »Abgrund«-These wird faszinierend. Um sie dann ein drittes Mal argumentativ in Frage zu stellen. Dies ist aber nur auf Kosten eines zentralen teleologischen Axioms möglich: Kleist muß, um dem definitiven »Abgrund«-Denken zu entgehen, überhaupt auf Berechenbarkeit von Zukunft verzichten. d. h. er muß gerade die durch das Wort vom »Abgrund« metaphorisch beschriebene Kontingenzsituation des Lebens verschärfen, um so in den Genuß der positiven Alternative zu kommen. Kleist findet nicht zur Teleologie zurück, sondern bloß zu einer vitalistischeren Alternative des Kontingenzbewußtseins. Und so, wie er in der Absage an die Gesellschaft und das Wissen zu einem emphatischen Konzept vom Ich kommt, so verstärkt er im Zuge der Kontingenzgewißheit wiederum die Vorstellung von einem autonomen Selbst: »habe ich denn nicht auch Hülfsmittel in mir selbst?« Der Adressat dieses Briefes, die Verlobte, fungiert trotz der Zärtlichkeits- und Solidaritätsgesten als bloßer Spiegel einer Selbstverständigung. Kleist wird Wilhelmine von Zenge bald darauf das Verlöbnis stillschweigend aufkündigen.[2] Das geschieht im Verlaufe einer endgültigen Entscheidung, den Wissenschaften abzusagen, und der entdeckerischen ersten Hinwendung zum schriftstellerischen Projekt.

Hier drängt sich abermals eine Analogie zu Kafka auf: die Existenz als künstlerische schloß die private des Liebhabers und Ehemanns aus. Auf jeden Fall deutet Kleists Verhalten vorweg auf das Projekt der Junggesellenmaschine[3]. Der Beginn der Arbeit an der Tragödie *Robert Guiskard,* seinem ersten literarischen Werk, das die Bewunderung Wielands erregt, das Kleist aber Ende 1803 in Paris vernichtet, fällt in diese Zeit, das Motiv des Todes ebenso. Im Unterschied zu Brentano und der Günderrode enthält auch dieser Brief Kleists kein erotisches Motiv. Dieses taucht vielmehr in seinen frühen todessüchtigen Briefen vom Dezember 1801 an den Freund Heinrich Lohse und dann vom Oktober 1803 an die Schwe-

1 Ebd., S. 681.

2 Vgl. Kleists letzte beiden Briefe an Wilhelmine vom 2. Dezember 1801 und vom 20. Mai 1802.

3 Hierzu: Jean Clair/Harald Szeemann (Hrsg.), *Junggesellenmaschinen.* Ausstellungskatalog 1975.

ster Ulrike auf und zeigt hier endgültig die narzißtisch-selbstbezügliche Dominante. Die Kontingenzerfahrung, wie sie in der »Abgrund«-Metapher des Briefs vom 21. Juli 1801 widersprüchlich durchgespielt wird, ist also als intellektuelle Voraussetzung des poetischen Bewußtseins und des endgültigen Abbruchs der durchaus sozial stabilisierenden Beziehung zu Wilhelmine von Zenge zu verstehen.

Dem Spiel mit dem »Abgrund« durch Kontingenz- und Ich-Entdeckung folgen zwei katastrophische Situationsschilderungen der Reise, wobei der diskursiv-argumentative Stil von einer expressiv-imaginativen Schilderung abgelöst wird, die dem Szenarischen der Katastrophe den Charakter symbolischer Bildlichkeit gibt: der diskursiven Rede über Kontingenz folgt also poetische Kontingenzdarstellung. Die erste Katastrophensituation wird folgendermaßen geschildert:

»Jetzt muß ich Dir noch etwas von meiner Reise schreiben. – Weißt Du wohl, daß Dein Freund einmal dem Tode recht nahe war? Erschrick nicht, bloß nahe, und noch steht er mit allen seinen Füßen im Leben . . . Fünf Meilen vor diesem Orte, in Butzbach, einem kleinen Städtchen, hielten wir an einem Morgen vor einem Wirtshause an, den Pferden Heu vorzulegen, wobei Johann ihnen die Zügel abnahm und wir beide sorglos sitzen blieben. Während Johann in dem Hause war, kommt ein Zug von Steineseln hinter uns her, und einer von ihnen erhebt ein so gräßliches Geschrei, daß wir selbst, wenn wir nicht so vernünftig wären, scheu geworden wären. Unsere Pferde aber, die das Unglück haben, keine Vernunft zu besitzen, hoben sich kerzengerade in die Höhe, und gingen dann spornstreichs mit uns über das Steinpflaster durch. Ich griff nach der Leine – aber die Zügel lagen den Pferden, aufgelöst, über der Brust, und ehe wir Zeit hatten, an die Größe der Gefahr zu denken, schlug unser leichter Wagen um und wir stürzten – Also an ein Eselsgeschrei hing ein Menschenleben? Und wenn es geschlossen gewesen wäre, *darum* hätte ich gelebt? *Das* wäre die Absicht des Schöpfers gewesen bei diesem dunkeln, rätselhaften irdischen Leben? *Das* hätte ich darin lernen und tun sollen, und weiter nichts –? Doch, noch war es nicht geschlossen. Wozu der Himmel es mir gefristet hat, wer kann es wissen? – Kurz wir standen beide, frisch und gesund von dem Steinpflaster auf, und umarmten uns. Der Wagen lag ganz umgestürzt, die Räder zu oberst, ein Rad war ganz zertrümmert, die Deichsel zerbrochen, die Geschirre zerrissen. Das kostete uns 3 Louisdor und 24 Stunden; dann ging es weiter – wohin? Gott weiß es.«[1]

Man erinnert sich an das Sturzerlebnis Rousseaus, das Kleist natürlich gekannt hat[2]. Man kann nicht sagen, daß diese Katastrophenszene jener nachgebildet wäre, nur soviel, daß die Sturzmetapher, durch Rousseaus Beispiel aufs neue potentialisiert, als symbolischer Verweis im intertextuellen Zusammenhang wirkt. Daß die Postkutschenfahrt ohnehin wiederum bewußt anknüpft am Motiv der Reise als Pilgrimsprozeß, der nunmehr pessimistisch umgekehrt wird, ist vom letzten Satz belegt. Auch im schon zitierten Katastrophenbrief Tiecks vom 12. Juni 1792 ist die Rede von den »Rossen, die den Wagen mit sich reissen«. Der Umsturz des Kutschwagens selbst, das Durchgehen der Pferde, ist die Aktualisierung des mythologischen Topos vom Sturz des Phaethon, des Sohnes des Sonnengottes, dem das väterliche Gespann mit tödlichen Folgen durchgeht (das Absturzmotiv ist auch im Ikarus-Mythos überliefert). Goethes Hymne von 1777 *An Schwager Kronos,* 1789 erschienen, hatte das Reiseerlebnis in der Postkutsche mit deutlichen Anklängen an den Phaethon-Mythos als heroische Fahrt des Genius symbolisch gefeiert. Und die Worte Egmonts zitiert Goethe im 20. Buch von *Dichtung und Wahrheit:* »Kind, Kind! nicht weiter! Wie von unsichtbaren Geistern gepeitscht, gehen die Sonnenpferde der Zeit mit unsers Schicksals leichtem Wagen durch, und uns bleibt nichts, als muthig gefaßt, die Zügel fest zu halten und bald rechts, bald links, vom Steine hier, vom Sturze da, die Räder abzulenken. Wohin es geht, wer weiß es? Erinnert er sich doch kaum, woher er kam!«[3]

Kleists Ausnutzung des Reisezwischenfalls ist also voll des komplexen Bezuges zu einem längst entwickelten literarischen Symbol der menschlichen Existenz. Im Unterschied zu Goethes Applikation des Motivs, vornehmlich im *Egmont,* das die Rätselhaftigkeit des Schicksals kongenial-selbstbewußt feiert, bedeutet die katastrophische Ausdeutung des Motivs durch Kleist geradezu die Umkehrung: der möglicherweise tödliche Unfall, das Zerbrechen des Wagenrads – das »Rad«-Motiv taucht in der Untergangsprophezeiung

1 Kleist, a. a. O., S. 669.
2 Die *Rêveries* sind 1783 in deutscher Übersetzung erschienen.
3 Goethe. a. a. O., Bd. 10, S. 187.

aus Paris wieder auf – enthält alles negativ Finale, das Goethes Gespannlenker zwar auch bedroht, das jedoch seine Kunst vermeidet. Kleist verhält sich affirmativ zur Katastrophe. Sie widerlegt die Rede der Vernunft: das Menschenleben ist dem Zufall unterworfen, eines Esels Schrei ist folgenreicher als seine eigene mögliche Bestimmung. Hat er überhaupt eine solche? Während Goethe das Ziel auch nicht kennt, aber diese Unkenntnis als Offenheit des genialen Individuums heroisiert, ist die Unkenntnis der Reiserichtung bei Kleist schon nihilistisch gefärbt: Die Widerlegung von Vernunft und Teleologie impliziert das zunehmend düstere Bild eines als Zusammenhang nicht mehr faßbaren »dunkeln, rätselhaften, irdischen Lebens«. Das neu erkannte Gesetz von der Kontingenz hebt den Idealismus auf.

Die zweite Katastrophenszene lautet:

»Aber kaum waren wir auf der Mitte des Rheins, als wieder ein so unerhörter Sturm losbrach, daß die Schiffer das Fahrzeug gar nicht mehr regieren konnten. Die Wellen, die auf diesem breiten, mächtigen Strome nicht so unbedeutend sind, als die Wellen der Oder, ergriffen das Schiff an seiner Fläche, und schleuderten es so gewaltig, daß es durch sein höchst gefährliches Schwanken, die ganze Gesellschaft in Schrecken setzte. Ein jeder klammerte sich alle andern vergessend an einen Balken an, ich selbst: *mich* zu halten – Ach, es ist nichts ekelhafter, als diese Furcht vor dem Tode. Das Leben ist das einzige Eigentum, das nur dann etwas wert ist, wenn wir es nicht achten. Verächtlich ist es, wenn wir es nicht leicht fallen lassen können, und nur der kann es zu großen Zwecken nutzen, der es leicht und freudig wegwerfen könnte ... Dieses rätselhafte Ding, das wir besitzen, wir wissen nicht von wem, das uns fortführt, wir wissen nicht wohin, das unser Eigentum ist, wir wissen nicht, ob wir darüber schalten dürfen, eine Habe, die nichts wert ist, wenn sie uns etwas wert ist, ein Ding, wie ein Widerspruch, flach und tief, öde und reich, würdig und verächtlich, vieldeutig und unergründlich, ein Ding, das jeder wegwerfen möchte, wie ein unverständliches Buch, sind wir nicht durch ein Naturgesetz gezwungen es zu lieben? Wir müssen vor der Vernichtung beben, die doch nicht so qualvoll sein kann, als oft das Dasein, und indessen mancher das traurige Geschenk des Lebens beweint, muß er es durch Essen und Trinken ernähren und die Flamme vor dem Erlöschen hüten, die ihn weder erleuchtet, noch erwärmt.«[1] Auch hier ein literarisches Symbol des Lebens: das Schiff in den Wogen.[2]

Kleist nimmt die Möglichkeit des Schiffsuntergangs nunmehr zum Anlaß, das Hamletsche Thema der Furcht vor dem Tode im Sinne des neu erworbenen Kontingenzgefühls zu deuten. Abermals bestätigt sich das »Rätselhafte« des Lebens, es ist »vieldeutig und unergründlich«, ein Lebensbegriff also, der sowohl die pessimistische Konsequenz im Selbstmord als auch die vitalistische im Akzeptieren möglich macht. Beides wird angeboten. Gegenüber den früheren Konzepten teleologisch strukturierten individuellen und geschichtlichen Daseins wird nunmehr im Kontext der dunkleren Färbung zweierlei erworben: Einmal eine komplexe Dimensionierung anthropologischen Wissens; Kleist bereitet indirekt auch hier schon sein bald einsetzendes Konzept des Selbstmords vor. Zum andern bricht sich im Katastrophenbild die poetische Rede Bahn. Beide Katastrophenszenen, das Durchgehen der Pferde bzw. der Sturz der Kutsche und das vom Untergang bedrohte Schiff sind schon als *literarische* Themen erkennbar. Daß die Genesis des Schriftstellers Kleist – so die These – unmittelbar verknüpft ist mit dem endgültigen Verlust der bis dahin vorherrschenden Teleologiekonzepte, d. h. mit dem ersten Auftreten von Kontingenzverdacht, das ist auch textimmanent dadurch belegt, daß die beiden Katastrophenszenen verbunden sind durch eine Naturbeschreibung, die als »Dichtertraum« charakterisiert wird.[3] Naturbeschreibung ist das Produkt »üppigster Phantasie«[4]. Die hier versuchte könnte als »heroische Idylle« umschrieben werden: Auch sie enthält die Kennzeichen kontingenten Daseins, »bald lacht, bald schreckt«[5] die Landschaft des Rheintals. Im Bild der Dichtung wird das Widersprüchliche versöhnt, im ästhetischen Konstrukt ist die Kontingenzerfahrung akzeptiert. Der Leser dieses Briefs ist Zeuge, wie sich nicht nur das Projekt »Literatur« also an die Stelle des Projekts »Vernunft« setzt, sondern wie sich spezifische literarische Motive Kleists herausbilden, solche der »plötzlichen« Wahrnehmung, in denen ideelle Motive von Kontinuität und traditioneller Selbster-

1 Kleist, a. a. O., S. 670 f.
2 Zur Symbolik des Schiffs vgl. Schrader, a. a. O., S. 125 f.
3 Kleist, a. a. O., S. 669.
4 Ebd., S. 670.
5 Ebd.

haltung ausgelöscht werden.[1] Die Katastrophenszene wird (neben der Idylle) Kleists favorisiertes Motiv, das unversöhnt bleibt. Beispielhaft hierfür ist die Erzählung *Michael Kohlhaas.* Entgegen einer noch immer vorherrschenden Ansicht ist nicht das »Recht« vermittelnde Motiv der Rappen zentraler Bezugspunkt des Textes, sondern die Lust des Helden an finaler Rache, selbst wenn diese den eigenen Tod bedeutet.[2] Die Emphatisierung kontingenter Zustände, das Bewußtsein von Diskontinuität, setzt sich im Brief vom 21. Juli 1801 nun endgültig durch und meldet gleichzeitig das poetische Bewußtsein an.

Der zweite wichtige Brief, der Brief vom 28./29. Juli 1801 an Adolfine von Werdeck, entwickelt ein der Diskontinuitätsentdekkung implizites Moment: die Erfahrung der momentanistischen Situation des Menschen. Kleist geht aus von dem Phänomen des Vergessens: daß große Momente der Vergangenheit immer »kleiner« werden, daß dies auch für Gefühle gelte, an deren »Ewigkeit« man nicht gezweifelt hatte.[3] Nach dieser generellen Relativierung der Gültigkeit von Kontinuität kommt Kleist dann aber genauer auf die Struktur der punktuellen Erlebnisweise und ihrer Vergangenheitsbeziehung zu sprechen:

»So lange wir noch die Trümmern der Vergangenheit besuchen können, so lange hat das Leben auch immer noch eine Farbe. Aber wenn ein unruhiges Schicksal uns zerstreut, wenn die rohen Bedürfnisse des Daseins die leiseren übertäuben, wenn die Notwendigkeit uns zu denken, zu streben, zu handeln zwingt, wenn neue Gedanken sich zeigen und wieder verschwinden, neue Wünsche sich regen und wieder sinken, neue Bande sich knüpfen, und wieder zerreißen, wenn wir dann zuweilen flüchtig, mit ermatteter Seele, die geliebten Ruinen besteigen, das Blümchen der Erinnerung zu pflücken, und dann auch hier alles leer und öde finden, die schönsten Blöcke in Staub und Asche gesunken, die letzten Säulen dem Sturze nah, bis zuletzt das ganze Monument matt und flach ist, wie die Ebene, die es trägt, dann erst verwelkt das Leben, dann bleicht es aus, dann verliert es alle seine bunten Farben – Wie viele

1 Vgl. Bohrer, *Plötzlichkeit*, a. a. O., S. 161f.

2 Vgl. ebd., S. 176. Außerdem hat Helga Gallas die unhaltbare Versöhnungsthese abgewiesen und von der Lacanschen Sprachtheorie herkommend gezeigt, inwiefern die Begierde Michael Kohlhaas', den Kurfürsten zu vernichten, entscheidend ist – dies.: *Das Textbegehren des »Michael Kohlhaas«. Die Sprache des Unbewußten und der Sinn der Literatur.* Reinbek 1983.

3 Kleist, a. a. O., S. 672.

Freuden habe ich auf dieser Reise genossen, wie viel Schönes gesehen, wie viele Freunde gefunden, wie viele großen Augenblicke durchlebt – Aber zu schnell wechseln die Erscheinungen im Leben, zu eng ist das Herz sie alle zu umfassen, und immer die vergangnen schwinden, Platz zu machen den neuen – Zuletzt ekelt dem Herzen vor den neuen, und matt gibt es sich Eindrücken hin, deren Vergänglichkeit es vorempfindet – Ach, es muß leer und öde und traurig sein, später zu sterben, als das Herz«[1].

Kleist hatte die »Erinnerung« wenige Zeit vorher noch positiv gewertet.[2] Kleist entwertet zunächst die großen »Augenblicke« der Vergangenheit, indem er die momentanistische Überholung des jeweiligen »Gedankens« durch einen neuen Gedanken reflektiert. Damit ist die Kontinuität der »Ideen« zerstört. Das »Zerreißen« der Kontinuität der Gedanken reflektiert er als die Bedingung der modernen Wahrnehmung, die nicht mehr auf Teleologie setzen kann, die Gedanken also nicht mehr auf eine Antizipation bezieht. Die Erinnerung wird dadurch zur Wahrnehmung einer antiken zerfallenden Stadt, die zwar noch die Ahnung eines einst erhabenen Anblicks vermittelt, aber dieser hat im Jetzt keine Gültigkeit mehr, kann nicht mehr in seiner einstigen Hoheit rekonstruiert werden. Die Ästhetik der »Ruine«, die hier als Bild der Erinnerung zitiert ist, vermag keinen dialektischen Ausgleich zu schaffen: Sie bleibt ein Bild für das heute Überholte, ist Archäologie ohne Menschheits-Versprechung. Das Ich der Vergangenheit wird zum antiken Trümmer. Kleist problematisiert damit aber auch das momentanistische Gefühl selbst: Die Vergänglichkeit der Eindrücke kennend, bleibt dem Ich kein einziger erhalten. Dieses Bewußtsein wird zur Qual der Existenz: das gestorbene Herz ist das Bewußtseinsdrama der momentanistischen Depotenzierung. Für Kleist ist jetzt das eingetroffen, dem er gern Selbstreflexion zuerkennen wollte in Form eines Tagebuches. So hatte er ein Jahr vorher geschrieben:

»Wir werden uns in diesem unruhigen Leben so selten unsrer bewußt – die Gedanken und die Empfindungen verhallen wie Flötenton im Orkane – so manche Erfahrung geht ungenutzt verloren – das alles kann ein Tagebuch verhüten. Auch lernen wir dadurch Freude aus uns selbst entwickeln«[3].

1 Ebd..
2 Brief an Wilhelmine vom Frühjahr/Sommer 1800, ebd., S. 510.
3 Brief an Wilhelmine vom 13. November 1800, ebd., S. 590.

Selbstbewußtheit und die Erhaltung der Kontinuität der Gedanken und Empfindungen sind identisch. Das wird so auch Kafka als Begründung seines Tagebuchs sagen. Aber auch hier hebt Kleist auf die Flüchtigkeit des Bewußtseins ab, die ihm nicht etwa als Oberflächlichkeit der Subjekte oder Symptomatologie des vergeßlichen Menschen sozusagen pragmatisch verharmlost werden kann. Die Gefahr, daß die Ich-Kontinuität aufgehoben wird, hat er also schon vor der »Kant-Krise« empfunden. Es zeigt sich nunmehr noch deutlicher, daß die Relativierung der Idee bei ihm nicht einfach zu einem kulturpessimistischen Programm umgekehrt wird, sondern zur Erkenntnis über die Augenblicksverhaftung der Gedanken und Gefühle, die Notwendigkeit ihres permanenten Überholtwerdens. Dabei deutet sich eine Vorstellung von menschlicher Bedingung an, die später erst Baudelaire als »Moderne« charakterisierte, nämlich die Dialektik des ständigen Umschlags von Vergangenem und Neuem, das wieder das Vergangene wird. Kleist ist allerdings noch zu sehr der Tradition von »Ewigkeits«-Kategorien nahe, als daß er seinen Zweifel an deren Gültigkeit – und dieser kommt ihm auch nicht mehr aus metaphysischen, sondern bewußtseinspsychologischen Gründen – offensiv darstellen könnte. Er trauert.

»Alles liegt in mir verworren, wie die Wergfasern im Spinnrokken, durcheinander, und ich bin vergebens bemüht mit der Hand des Verstandes den Faden der Wahrheit, den das Rad der Erfahrung hinaus ziehen soll, um die Spule des Gedächtnisses zu ordnen. Ja selbst meine Wünsche wechseln, und bald tritt der eine, bald der andere ins Dunkle, wie die Gegenstände einer Landschaft, wenn die Wolken drüber hinziehn . . . Ich selbst fange an, zu glauben, daß der Mensch zu etwas mehr da ist, als bloß zu *denken.*« (3. Juni 1801)[1]

Schiller hatte den Zustand des Menschen, der nur unter dem Eindruck einer momentanen Empfindung steht, als *»außer sich sein«* charakterisiert.[2] Dieses »außer seinem Ich sein« leitet Schiller aus der zeitlichen Existenz des Menschen ab, der in *»Person«* und *»Zustand«*[3], das Bleibende und das Wechselnde, zerfällt, also was die scholastische Philosophie Essenz und Existenz nannte. Beides,

1 Ebd., S. 654.

2 Friedrich Schiller, *Die ästhetische Erziehung des Menschen,* in: ders., *Sämtliche Werke.* Hrsg. v. Gerhard Fricke und Herbert G. Göpfert. München 1980, Bd. 5, S. 604.

3 Ebd., S. 601.

»Zustand« und »Person«, gehören zum Menschen. Die »Person« ist allerdings die »Idee des absoluten in sich selbst gegründeten Seins«[1], der »Zustand« umfaßt nur seine zeitlichen Bedingungen. Über diese heißt es:

»Da alles, was in der Zeit ist, *nacheinander* ist, so wird dadurch, daß etwas ist, alles andere ausgeschlossen. Indem man auf einem Instrument einen Ton greift, ist unter allen Tönen, die es möglicherweise angeben kann, nur dieser einzige wirklich; indem der Mensch das Gegenwärtige empfindet, ist die ganze unendliche Möglichkeit seiner Bestimmungen auf diese einzigste Art des Daseins beschränkt. Wo also dieser Trieb ausschließend wirkt, da ist nothwendig die höchste Begrenzung vorhanden; der Mensch ist in diesem Zustande nichts als eine Größeneinheit, ein erfüllter Moment der Zeit – oder vielmehr *er* ist nicht, denn seine Persönlichkeit ist solange aufgehoben, als ihn die Empfindung beherrscht und die Zeit mit sich fortreißt.«[2]

Was Kleist für sich entdeckt, ist nach Schillers Begriff der Mensch »außer seinem Ich«. Im Unterschied zu Schiller ist dieser Zustand für Kleist aber nicht der einseitig gegebene, sondern der gewöhnliche Fall, der Fall der »Zustände«, deren letzte Konsequenz Kafka in seinen Tagebuchaufzeichnungen analysiert. Kleist zeigt im Brief vom 3. Juni, in dem er schreibt, der Mensch wäre zu etwas »mehr da . . . als bloß zu *denken*«, daß er neben der Trauer um den Verlust der klassischen Ich-Identität, die Schiller auf den Begriff brachte, auch ein neues Bewußtsein von einer anthropologischen Dimension entwickelt, die die Vernunftidentität übersteigt. Wenn auch das ursprünglich als Zielgedanke entworfene Ich keinen Bestand hat, wenn auch die gelebte Gegenwart die Zerstörung einer zurückliegenden Zukunft impliziert und damit das ganze System kontinuitätsdeterminierter Anthropologie bedroht wird, so läßt Kleist auch ahnen, daß im flüchtigen Wechsel der Wünsche und Gedanken sich die naturhafte Schönheit einer vom Wolkenspiel wechselhaften Landschaft wiederholt.

Die Rettung aus der Depression gegenüber radikaler Kontingenzerfahrung war im Brief vom 21. Juli 1803 durch das Auftauchen poetischer Sprache verhindert. Das wurde im Brief vom 3. Juni 1803 vorbereitet und wiederholt sich im Brief vom 28./29. Juli;

1 Ebd.
2 Ebd. S. 604.

Kleist stellt im zweiten Teil etwas her, das er im ersten Teil problematisiert hatte: die Erinnerung. Es ist die Erinnerung an die poetische Auffassung der Natur in seiner Jugend.[1] Und diese Erinnerung wird möglich, als sie sich als eine poetische Rede darstellt. Die partiell diskursive Analyse der Diskontinuität unseres Ichs wird ergänzt durch die imaginative Evokation der Landschaft. Kleist gibt vor, bloß die »üppigste Sekunde in der Minute«[2] seines Lebens zu erinnern, also gerade ein Beweisstück für die eben vorgetragene Zerrissenheit des Bewußtseins zu liefern, aber es entsteht eine Beschreibung der Rheinlandschaft[3], die das Wort vom »Dichtertraum«, das die beiden Katastrophenszenen verband, wiederholt und neben Hölderlins Hymnik zu den bedeutenden Darstellungen des Rheintals dieser Epoche gehört. Dabei treten wieder teleologische utopische Motive[4] auf, die sich dem reflexiven Bewußtsein verbieten. Katastrophe und Idylle werden im Werk Kleists abwechseln. So bestätigen alle relevanten Brieftexte des Sommers von 1801 die Vermutung: Kontingenz- und Diskontinuitätsentdeckung verursachen gleichzeitig eine poetische Semantik, die es vorher bei Kleist nicht gibt. Das bedeutet, daß der Verlust der Vernunft- und Teleologiekategorien die notwendige Voraussetzung für die Genesis von Kleists Poetik und Poesie des Traums und des Unbewußten ist. Im Jahre 1801 wird das Projekt Bildung des Ichs ersetzt durch das Projekt Literatur. Dies bedeutet auch ein verändertes Ich-Bewußtsein.

Das Auftauchten teleologisch-utopischer Motive innerhalb von Brieftexten, die gerade die Diskontinuität des Bewußtseins beschreiben, beweist, daß der Bruch auf verschiedenen semantischen Ebenen verschieden sich darstellt. Auf der diskursiven Sprachebene läßt sich im Jahre 1801 noch eine Verschärfung der Absage an das Wissen feststellen, die im Kontext der Pariser Zivilisationskritik steht. Unter Anknüpfung an Rousseaus ersten *Discours* hebt Kleist im Gegensatz zu diesem auf die Aporie ab, die sich aus dem Di-

1 Kleist, a. a. O., S. 673.

2 Ebd.

3 Ebd., S. 674.

4 Der Rhein erscheint »wie ein Held zum Siege«, er verfolgt seinen Lauf wie ein heroisches Projekt, ebd., S. 675. Hölderlins Gedicht *Der Rhein* enthält ebenfalls das heroische Bild des jungen Halbgotts, der die Schlangen zerdrückt. Zur geschichtsphilosophischen Rezeption des antiken Heros im 18. Jahrhundert vgl. Heinz Schlaffer, *Der Bürger als Held. Sozialgeschichtliche Auflösungen literarischer Widersprüche*. Frankfurt 1981, S. 132, Anm. 8.

lemma ergibt, daß die Wissenschaften den Menschen einerseits nicht glücklicher machen, andererseits aber dessen moralisches Bedürfnis zum Wissen drängt.[1] Kleist denkt dieses Dilemma ganz analog zu seiner Entdeckung, daß es keine Kontinuität der Gedanken und Gefühle gibt: Da gibt es zwar den Bildungstrieb, aber dieser führt zu keinem Ziel, so daß »wir selbst im Tode noch nicht ahnden, was der Himmel mit uns will«[2]. Kleist spitzt dieses Dilemma sinnloser Sinnstiftung zu, indem er auch die Relevanz moralischer Werte anzweifelt: wenn keine letzte Begründungsmöglichkeit, dann auch keine »Verantwortlichkeit«, kein »Recht«. Was ist dann das »Böse«[3]? Auf der gleichzeitig einsetzenden poetisch-imaginativen Sprachebene stellen sich die teleologisch-utopischen Motive in metaphorisch umgesetzter Form wieder ein. Es sind die poetischen Äquivalente der »Lebens«-Hoffnung, die nunmehr als Kategorie das »Wissen« überflügelt. Und diese Lebenshoffnung bedarf grundsätzlich auch des teleologischen Motivs nicht: Der reine Augenblick einer Lebensstimmung wird nunmehr ebenso wie das ungefähre Wechselspiel der Natur erfaßt, und der Brieftext geht abermals, wie im Falle der Rheinschilderung, in reine Literatur über, »unter dem Dunkel der Bäume, nur matt von den Lampen des Tanzplatzes erleuchtet«, erblickt Kleist eine Liebesszene.[4]

Kleist hat in ihr einerseits sein neues Theorem von der Vorrangigkeit des schieren Lebens vor dem Denken am Beispiel vom Ohr (Hören = Denken) und vom Atem (Fühlen) dargestellt, gleichzeitig aber das poetische Bild eines Liebesaugenblicks zur Sprache gebracht, auf das wir im letzten Kapitel zurückkommen werden. Auf dieser Sprachebene stellt sich nicht mehr die Frage nach dem Verlust der Kontinuität der Gedanken und Gefühle. Im Gegenteil: Erst das Desinteresse an Kontinuität, das Selbstverständlichwerden von Kontingenz bringt Kleists Sprache des Augenblicklichen jetzt zum Sprechen. Dieses Wechselspiel semantischer Ebenen zeigt, daß die poetische Rede und ihr Ich eine andere Identität herstellend auftreten, nachdem die Kontinuität zerbrochen ist und die Ver-

1 Brief an Wilhelmine vom 15. August 1801, in: Kleist, a. a. O., S. 682. Im Brief vom 10. Oktober 1801 an Wilhelmine sind die Ausfälle gegen das »Wissen« noch härter, ebd., S. 693.

2 Ebd., S. 683.

3 Ebd. – Kant hatte das »radikal Böse« als eine mit der Vernunft nicht zu vereinbarende, deshalb in seiner Anthropologie nicht zulässige Kategorie definiert. Kleist kritisiert dies hier indirekt.

4 Ebd., S. 691.

nunftidentität verlorenging. »Selbsterhaltung« wird dann nur noch über das Medium Literatur möglich, denn nur hier ist das diskontinuierliche Bewußtsein nicht unglücklich. Indem Kleist auf der poetischen Sprachebene die Erinnerung als Kindheitserinnerung darstellt, das poetische Bild selbst als Erinnerung der Jugend, nimmt er schon vorweg, was in der modernen Literatur (Proust, Joyce) und in Freuds Kreativitätstheorie über die Genesis des Künstlers gesagt werden wird.

2. Brentano: »Tiefster Moment« und »Wahnsinn«

Brentano kannte nicht Kleists Dilemma zwischen Kontinuität und Augenblicksverhaftung des Denkens und Fühlens. Er war ja gerade ganz Stimmung, ganz Gefühl, ganz Emphase. Von daher hatte er sich von Beginn an definiert. Die sozialen und institutionellen Faktoren, die beim Aufbau des konventionellen Begriffs von Individualität oder Persönlichkeit beteiligt sind, waren bei Brentano ohnehin nicht gegeben. Das hat die momentanistische Struktur seines Denkens verstärkt. Endgültig wurde sie allerdings erst durch die Priorität der poetischen Rede im Sinne einer zweiten Natur, so wie es Kleist zögernd von sich selbst sagte bzw. aufdeckte, als der Vernunftdiskurs zurücktrat und die poetische Rede bei ihm begann. »Ja selbst meine Wünsche wechseln, und bald tritt der eine, bald der andere ins Dunkle, wie die Gegenstände einer Landschaft, wenn die Wolken drüber hinziehn«. Diese Kleistsche Beschreibung eines diskontinuierlich gewordenen Ichs ist die beste Charakterisierung auch für den Zustand, der für Brentano von Anfang an galt, bis hin zu der Konsequenz, daß er selbst in der Natur-Metapher das angemessenste Gleichnis für seine Existenz gesehen hat. Es ist nicht gewagt zu behaupten, daß beide, Kleist und Brentano, ihren jeweiligen Momentanismus selbständig entdeckt oder vorgefunden hatten. Er war nicht etwa das Produkt von Lektüre. Hier war tatsächlich ein Sprung, ein Wechsel des Paradigmas »Ich« entstanden, der das 19. Jahrhundert vom 18. trennt. Abgesehen von Rousseaus Sturz-Beschreibung in den *Rêveries* ist das diskontinuierliche Moment ohnehin vorher nicht beschrieben bzw. dargestellt worden, sieht man von der Prosa des jungen Tieck ab. Für Brentano ist sicherlich die Nachwirkung der frühromantischen Problematisierung des Zeitkontinuums, wie es sich beim frühen Tieck zeigte, zu vermuten. Dies ist allerdings eher als unbewußter Einfluß, denn bewußte Nachahmung zu verstehen. Lovell, der Held von Tiecks gleichnamigem Briefroman, schreibt schon in seinem ersten Brief an den Freund Burton von der Ahnung einer Diskontinuierlichkeit der Empfindung: »Ich ahne eine Zeit, in welcher mir meine jetzigen Empfindungen wie leere Träume vorschweben werden«[1]. Das ist schon die Entwertung des jeweiligen Gefühls durch das Bewußtsein der Instabilität der Erlebniskette in der Zeit.[2] Tiecks frühe Poetik verhindert eine Fixierung des Lesers auf einen Gegenstand, indem er ständige Wechsel vornimmt, und so stellt sich das Alogische des romantisch Poetischen ein. Diskontinuität und Dichtung sind hier also schon einander zuzuordnen. Gleichzeitig die »Substanzlosigkeit« des Helden. In diesem Sinne war Brentano gewiß der Erbe Tiecks, vor allem als Adressat derselben einhundertjährigen moralischen Verdikte.[3]

Vom Beginn ihrer Beziehungen an empfindet Sophie Mereau die moralische Problematik von Brentanos emphatischer, dem Moment hingegebener Empfindungsweise. Sie will ihn in solcher »Stimmung« nicht sehen (Ende Dezember 1801).[4] Brentano versteht ihr Argument nicht:

»Über all dieser Trauer erhebt sich ein Moment meines Lebens, der mich ewig mit einem wehmütigen Entzücken erfüllt, er hat mir den Himmel erschlossen und mich zu einem unendlichen Streit des Freien und meiner eignen Gefangenschaft in mir verzaubert. Dieser Moment ist aus Ihrem Leben, und Sie nennen ihn den verlorensten, soll mich das nicht ewig schmerzen, und ich verdiene diesen Schmerz nicht«[5].

1 Ludwig Tieck, *Werke*. Hrsg. v. Marianne Thalmann. München o. J., Bd. 1, S. 244.

2 Grundsätzlich hierzu: Frank, a. a. O., S. 247.

3 Das Verdikt gegen Tieck, begonnen in der Epoche selbst, setzt sich über Rudolf Hayms *Romantische Schule* (1870), über Friedrich Gundolfs Tieck-Schelte *(Jb. FDH 1929)*, Hermann August Korffs *Geist der Goethezeit* (1923) bis hin zu Emil Staigers *Stilwandel* (1963) fort. Brentano selbst ist nicht von ungefähr vom Kritiker des ästhetischen Menschen par excellence, Hugo von Hofmannsthal, auf den Verdacht der Charakterlosigkeit hin problematisiert worden, wobei gerade die Briefe als Beleg gelten, hierzu: Dewitz, a. a. O., S. 10 f.

4 Amelung (Hrsg.), a. a. O., S. 64.

5 Ebd., S. 66 f.

Diese Antwort Brentanos vom 1. Januar 1802 ist nicht allein wegen der Betonung des »Moments« im Leben interessant für das Kontinuitätsproblem. Es ist eine Erwiderung auf den Vorwurf verantwortungsloser Emotionalität und Stimmungshaftigkeit. Anstatt nun aber auf eine beständig wachsende Liebe hinzuweisen, auf die gerade in diesem Verhältnis sich bewährende Konstanz in der Zeit, akzentuiert Brentano »einen Moment«. Während Sophie gerade ihn für den »verlorensten« hält, d. h. für ephemer und substanzlos, und dem emphatisch im Augenblick Erfahrenen tief mißtraut, hypostasiert Brentano solche »Momente« des Lebens zur Ewigkeit erinnerbarer Stimmung. Er verfährt hierbei in einem umgekehrten Sinne als Kleist: Der Momentanismus selbst geht nicht verloren. Das Problem der Kette von Momenten, das William Lovell wie Kleist beunruhigte, wird gar nicht formuliert. Indes hat Brentano die Zeitlichkeit des Gefühls gerade zu dieser Phase seiner Beziehung zu Sophie Mereau reflektiert. Sich auf den »traurigen Untergang der zeitlichen Liebe« beziehend, heißt es in der *Chronika des fahrenden Schülers* über diejenigen, welche nichts vom Zusammenhang von zeitlicher und göttlicher Liebe wissen:

»All ihr Treiben ist zeitlich und wird untergehen in der Zeit, und sie werden trostlos weinen wie der verlorne Sohn um das vergeudete Gut im Elend; aber sie sollen zurückkehren gleich ihm und sich versöhnen mit Gott. Doch ist die Rückkehr der Seele schwerer als die des Menschen, denn die Seele vergeudet ewiges, der Mensch nur zeitliches Gut. Es ist aber das Wesen der Zeit, daß sie nie ruht und ewig verschwindet wie ein verschlingender Strudel, und hat uns der barmherzige Gott die ewige Seele gegeben, daß wir triumphieren können über die Vergänglichkeit«[1].

Wer seine Liebe in Gott aufgehen läßt, der wird »über den Tod triumphierend« zum Himmel treiben, »ja selbst auf dem niederreißenden Wirbel der Zeit, wie eine Wasserlilie schwimmend«[2].

Brentano ist also die Differenz einer ewigen und einer bloß zeitlichen Zeit dramatisch bewußt. Anders als Kleists Pessimismus auf der diskursiven Sprachebene umgeht Brentano diesen Pessimismus und emphatisiert apriorisch den Gefühlsmoment als »ewigen«. Dies gelingt ihm in der Konzeptualisierung der Liebe zu Sophie Mereau. Es gilt nicht generell für das Zeitverständnis in seiner

1 Brentano, a. a. O., Bd. 2, S. 575.
2 Ebd., S. 575 f.

Dichtung. Dieses ist seinerzeit von Emil Staiger unter dem Begriff »reissende Zeit« verstanden worden.[1] Nicht ohne die moralisierend-lebenspraktischen Kriterien eines konventionellen Begriffs von Persönlichkeit zeigte Staiger am Beispiel des Gedichts *Auf dem Rhein* das Vorherrschen von »Moment«-Elementen: es gibt nur die »reissende Folge vom einzelnen Da«[2]. Staigers klassizistischer Bewertung mißfällt der Verzicht auf »Gedanken«; er beklagt den »Mangel an Umsicht«[3]. Brentano hat im Brief vom 10. Januar 1803 an Sophie Mereau sich ähnlichen Kriterien gestellt. Dieser polemische Brief – er ist neben den Briefen vom Juli 1800 an Savigny und vom 9. September 1803 der wichtigste Brief Brentanos, was seine Ich- und Zeitproblematik betrifft – ist eine der ersten großen Selbstanalysen des modernen Dichters. Die gegliederten Abschnitte lassen Themengruppen in dieser Reihenfolge erkennen: Beschreibung der Liebe unter Kategorien der ästhetischen Subjektivität – »Witz«, »Melancholie«, »tiefster Moment«; Hymne auf den »Wahnwitz« als die der Vernunft entgegengesetzte Verfaßtheit der diskontinuierlichen Zeit; das Zufällige, das sich der zensierenden Erinnerung Sophie Mereaus entzieht; der Perspektivismus des Zufälligen in der Liebe; die Polemik gegen das »Ideelle«; schließlich der Hohn über den gesellschaftlichen Konformismus der emanzipierten Schriftstellerin.

Die momentanistische Geisteshaltung des Briefes – er ist der längste, den Brentano geschrieben hat –, wird von Sophie Mereaus Reaktion aufschlußreich kommentiert: Sie bekennt sich ihrerseits abgrenzend zu »Grundsätzen« und konfrontiert diese mit dem »Unwillkürlichen« und den »Momenten der Begeisterung«, die bei ihr nunmehr vom »Verstand« abgelöst worden seien.[4] Das »Unwillkürliche«, das Brentanos Brief charakterisiert, ist vor allem durch folgende Elemente der ästhetischen Subjektivität ausgestattet: durch das Wortspiel mit Witz, Melancholie und tiefstem Moment, der Hymne auf den Wahnsinn und schließlich der Attacke gegen das »Ideelle«. Die zentral wichtige Passage lautet:

»Sie sind oft zu dem Falle gezwungen worden, des Diskurses halber zu reden, des Papieres halber zu schreiben, der Dichterin we-

1 Emil Staiger, *Die Zeit als Einbildungskraft des Dichters.* München 1953, S. 23 ff.
2 Ebd., S. 75.
3 Ebd., S. 70.
4 Amelung (Hrsg.), a. a. O., S. 92 f.

gen zu dichten, und so auch wohl des Gedächtnisses wegen sich meiner zu erinnern, – ich habe alle diese Leiden nicht, und erscheine daher so oft unbequem für andere, von denen ich etwas begehre, ohne ihnen eine solche unmittelbare Ursache zu erschaffen – das war auch das retardierende Prinzip in unserm Verhältnis – ich ging mit *dem* in Ihnen um, über das Sie keine Gewalt hatten, und nur ein Gemüt so gütig und liebend, als ich Gott und meiner Geschichte es danke, konnte *das* in Ihnen finden, da alles was Sie in Ihrer Gewalt hatten, so niedlich parodierend das Bessere in Ihnen persiflierte, daß es platten Männern wohl leicht werden konnte, sich mit Ihnen zu erlustieren oder ein Gelüsten nach Ihnen zu haben. Ich soll Ihnen ohne Witz sagen, warum ich über Sie klage, ohne Witz? Was meinen Sie damit, doch wohl, so recht ehrlich, aufrichtig, kann ich das ohne Witz sein? Und haben Sie für dieses Unwitzige Sinn? Ich habe ohne Witz Sie kennengelernt, ohne Witz an Sie geglaubt, Sie haben ohne Witz sich mit mir eingelassen, und da Sie mit Witz die Sache fortspannen, ward das Peinliche für mich in unserm Umgange geboren, nun stand der Witz in mir, auf den jeder Geliebte resigniert, ohne meinen Willen auf, um Ihrem Witz die Waage zu halten, damit die Liebe nur mit der Liebe zu tun habe, aber meine Liebe fand keine Erwiderung, in Ihnen war keine Liebe, in jenem Zeitpunkt entstand jene Ihnen unbegreifliche Melancholie in mir, in der ich Sie oft zärtlich umfaßte und plötzlich zurückstieß, ich sah daß ich betrogen war, ich wußte es und glaubte es nicht, aber ich litt prophetisch – einer der tiefsten Momente und mir das entscheidende Orakel meines Lebens ist ein Gespräch mit Ihnen, das erste in dem mich zum ersten Mal ein ungalanter konvulsiver Jammer in Ihrer Gegenwart, liebenswürdige Frau, auf Kosten ihrer Kälte unterbrach, nun ging mein Witz in Wahnwitz über, und wäre ich weiter mein Herr gewesen, so war hier der Moment für die Kunst in der Liebe«[1].

Der Modus der Diskontinuität und des Moments heißt bei Brentano vor allem die Priorität einer Stimmung der absoluten Subjektivität, die gleichzeitig ihren Konflikt mit den objektiven Gegebenheiten, d. h. aber mit dem Absehbaren, in der Kontinuität pragmatischer Lebensführung Absehbaren, reflektiert. Eine solche absolute ästhetische Subjektivität kann als Möglichkeit romanti-

1 Ebd., S. 73 f.

schen Sprechens emphatisch oder ironisch, zuweilen beides sein. So hier. Vor allem aber ist sie immer literarisch. Der fiktionale ästhetische Status des romantischen Briefs, der später noch näher zu erklären sein wird, ist im Falle Brentanos exemplarisch zu sehen, insbesondere im vorliegenden Text. Was heißt das für die Frage nach dem momentanistischen Modus? Daß zum Beispiel das Liebesgeständnis an einen wirklichen Adressaten, in die Redeform des Shakespeareschen Narren verwandelt, auf jeden Fall ein ästhetisches Moment verfolgt, das die Realitätsebene einer »normalen« Kommunikation nicht enthält. Auf der ästhetischen Sprechebene wird das Partikuläre des Gefühls, der »tiefste Moment«, erinnerbar und der »konvulsive Jammer«, also die Anspielung auf Brentanosche emotionelle »Zustände«, zwei Gefühlsaugenblicke, die zu erwähnen sich im nicht-ästhetischen Bekenntnisbrief, den die Mereau eigentlich wünscht, in dieser Form verböte. Der nicht-ästhetische Bekenntnisbrief spricht vom Individuellen in einer absehbaren, auch zu planenden Zeit. Der Brief ästhetischer Subjektivität bezieht sich nicht nur auf Gefühlsaugenblicke jenseits einer solchen antizipierten Zeit, sondern stellt solche Gefühlsaugenblicke selbst her. Der »tiefste Moment« wird hier in seiner temporären Verfaßtheit pathetisiert. Brentano spricht nicht von der Tiefe des Gefühls oder der Unendlichkeit der Leidenschaft, sondern er spielt gerade mit dem Ephemeren des Moments als dem heimlichen Zeichen seines Lebens. An einer späteren Stelle des Briefs spricht er begeistert vom Zufälligen, Willenlosen im Menschen: »Seitdem ich Sie liebe, ist das Zufällige, Willenlose im Menschen, und alles, was Gott ihm gegeben hat, mir so unendlich rührend und herzergreifend geworden, daß mich oft die krumme Nase eines Menschen mehr reizt, sein Freund zu sein, als seine Wissenschaft«[1].

Der Gefühlsaugenblick, den der Brief selbst herstellen will, den er gleichzeitig vom zweckrationalen Verhalten unterscheidet, entdeckt in der Adressatin das andere ihrer absehbaren Vernunft: »ich ging mit *dem* in Ihnen um, über das Sie keine Gewalt hatten«. Das kann nur derjenige, der nicht »des Diskurses halber«, nicht »des Papieres halber«, nicht des Dichters halber redet, schreibt, dichtet. In den einleitenden Sätzen des Zitats zerschlägt Brentano also die

1 Ebd., S. 81.

Einheit von zweckrationalen Handlungen bzw. von Denken und Person: Der Diskurs, die Arbeit, das soziale Image werden desavouiert, und es erscheint als Alternative dazu die eben erörterte Ausstellung ästhetischer Subjektivität. Brentano hat diesem Modus der eigenen Subjektivität einen Namen gegeben: »Witz«. Friedrich Schlegel hatte den »Witz« aus der eher logischen Bestimmung der Ästhetiken des 18. Jahrhunderts hinübergeleitet zur Dignität eines Zentralbegriffs der romantischen Universalpoesie, wie er sie in den *Athenäums*-Fragmenten entwickelte. Der »Witz« war eine Form des »Geistes« geworden, dem »Verstand« ebenbürtig, dazu »mystisch«, »prophetisch«, ein »Privilegium der Poesie«: die Mitgift des »genialischen Mannes«. Brentanos Spiel mit dem Wort »Witz« hat diese frühromantische Neuwertung, die erst wenige Jahre alt war, als intellektuelle Voraussetzung. Der äußere Anlaß hingegen war Sophies Bitte, er möge ohne Witz zu ihr sprechen. Für sie ist der Witz Brentanos bloß das Gegenteil von Ehrlichkeit: »Seien Sie ehrlich gegen sich und mich! Sagen Sie einmal einfach, wahr und ohne Witz: weshalb beklagen Sie sich über mich? – Aber sagen Sie es *mir*, nicht andern, die mich darum hassen, weil sie für Ihre Poesie keinen Sinn haben.«[1]

Brentanos Wortspiel mit dem pragmatisch benutzten Stichwort »Witz« bedeutet zunächst also eine aggressive Replik auf die ihm banal erscheinende Forderung nach einfacher Rede als Ausdruck des »Wahren«. Der Modus des ästhetischen Bewußtseins, des »Witzes«, kennt eine solche Ethik nicht. Er kennt also auch nicht die Forderung nach Natürlichkeit oder Authentizität, wie sie in Sophies Erwartung sich formuliert. Deshalb verschärft er die Redeform des Witzes, indem er sie erkennbar in Nachahmung der Shakespeareschen ironischen Rede (z. B. Hamlet) literarisiert, also zu eben der Poesie macht, für die laut Sophie die »andern« keinen Sinn haben. Hier zeigt sich abermals, inwiefern die »authentische« Konzeption von Subjektivität im romantischen Brief nicht vorbereitet ist. Dagegen steht ihr poetisch-fiktiver Spielcharakter, den Sophie Mereau unter Berufung auf »Wahrheit« ablehnt. Unabhängig vom Anlaß zeigt sich in Brentanos »Witz«-Rede vor allem aber der Übertritt in die Sphäre, über die Sophie und die »andern« keine Gewalt haben. Deshalb treibt Brentano das Wortspiel bis

1 Brief vom 12. Dezember 1802, ebd., S. 72.

zum Grenzübertritt zum Wort »Wahnwitz«. In einer späteren Passage erläutert Brentano das Wort:

»Der Wahnwitz hat nur die Mehrheit der Stimmen gegen sich, indem er sich selbst zu sehr multipliziert und sein Objekt zusammenzieht, so wird er den sogenannten Klugen zu fürchterlich, als daß sie seine Göttlichkeit anerkennen sollten. Ich aber ehre ihn unendlich, ich gäbe gern mein bisheriges vernünftiges Leben, ja meine ganze Zukunft um die Stunden, da ich mich dem Wahnsinn in Ihrer Liebe ergab.«[1]

Der Wahnwitz bzw. Wahnsinn wird – wiederum ganz nach dem Vorbild der Narrenrede bei Shakespeare – entgegen der generellen Ansicht witzig-argumentativ verteidigt, wobei die Dunkelheit des argumentativen Einfalls Stilprinzip ist. Darüber hinaus aber wird das Wort konkret auf die aktuelle Situation bezogen: Brentanos Liebe ist Wahnsinn, was also könnte göttlicher sein? In der Liebe, so heißt es aber, ist die Zukunft und die Vergangenheit ausgelöscht, und es gibt nur noch die Stunden. Brentano hat die »Wahnsinns«-Metapher schon im frühen Brief an Savigny vom Juli 1800 auf seine Liebe bezogen: In Anspielung auf die damals verloren geglaubte Liebe Sophie Mereaus heißt es in allegorischer Rede, die für den Frühstil besonders charakteristisch ist:

»Nun habe ich nichts mehr und bin elend und aus Güte verstoßen und liebe mein Elend und schaudere vor dem, was mir das Höchste ist. Ich habe eine Hoffnung, es ist auf den unglücklichen Bruder der Poesie, auf den Wahnsinn. Die Poesie kann mir mit all ihren Reizen nie geben, was ich gelebt habe, ihre Liebe ist mir kein Ersatz. So wird es vielleicht die Freundschaft werden, der Bruder; der ist unendlich, er tritt zwischen die Welt und uns und geht erst bei den Göttern von unsrer Seite.«[2]

Dieser frühere Brieftext belegt die Konnotation der drei Wörter Liebe–Poesie–Wahnsinn in Brentanos allegorischem Geheimnisstil der Frühzeit. Abgesehen von der besonderen Dignität, die das Wahnsinnsmotiv in diesen Jahren bekommen hat[3], wird Brentano auch durch Krankheit und Tod seiner Schwester Sophie mit dem Thema des Wahnsinns im Herbst 1800 in Beziehung kommen:

1 Ebd., S. 75.

2 Schellberg/Fuchs (Hrsg.), a. a. O., S. 146 f.

3 Wichtig wurde die Wiederentdeckung der Verbindung von Wahnsinn und Dichtung in Platons *Phaidros*, den Schleiermacher übersetzte.

»Als ich hörte, daß die Sophie wahnsinnig sei, so wußte ich ihren Tod und bereitete meine zurückgebliebenen Geschwister drauf vor. Der unglückliche verkannte Bruder der Poesie kann so eine süße Braut nicht aus den Armen lassen, er hat sie zu den Göttern genommen . . . Die Poesie ist weg, schreibt Savigny, ach welch ein Gegensatz, der Wahnsinn nimmt die eine mit zu den Göttern und die Poesie begleitet die andre durch ein ekelhaftes Leben. Wahrlich lieber August, ich liege zwischen beiden, ich kann nicht leben und nicht sterben, glücklich bin ich nicht und kann es auch nicht werden.« (Brief von Anfang Oktober an August Winkelmann)[1]

Der »Wahnsinn« wird also schon am Beispiel der toten Schwester literarisierend (Ophelia-Motiv) zum Bruder der »Poesie« erhoben. Diese hat hier und im Brief an Savigny den Doppelsinn, daß sie romantische Dichtung und die verloren geglaubte Schriftstellerin Sophie Mereau repräsentiert, die im Freundeskreis Savignys ohnehin diese Chiffre gehabt hat.[2] So besaß das Wortspiel Witz–Wahnwitz bzw. Wahnsinn und das ironisch-emphatische Bekenntnis zu ihm im Brief an Sophie Mereau den komplexen anspielungsreichen Hintergrund von schon zurückliegenden literarisierten Brieftexten. Der Umgang damit ist esoterisch, d. h. jeder andere Bezug dieser zurückliegenden Zeitspanne von drei Jahren wird ausgeschlossen. Übrig bleibt ausschließlich das Schlüsselwort der Gefühlsaugenblicke. Brentano identifiziert sich selbst mit dem Wahnsinn, weil die gewöhnlichen Raum-Zeit-Kategorien für ihn nicht mehr gelten. Brentano war sich seiner Disposition für das raum-zeitlich Nahe, d. h. seiner Unfähigkeit zur Abstraktion des Tempus, sehr bewußt. Der Brief an Savigny vom Juli 1800 endet mit den Sätzen: »Geben Sie mir Freunde, Liebe einen Wert, und ich werde aufstehen und diesen ein schönes Leben geben! Nur eins – ich kann nichts in der Ferne brauchen, mein Geist ist der sinnlichste.«[3]

Die Sinnlichkeit konkreter Nähe, die nichts anderes zeitlich fassen und erinnern will als den Moment, und darüber auch nicht in die Kleistschen Skrupel fallen kann, verachtet das »Ideelle«. Im großen Brief an Sophie Mereau vom 10. Januar 1803 ist diese

1 Schellberg/Fuchs (Hrsg.), a. a. O., S. 155.

2 Hierzu: Brief Brentanos an Winkelmann, in: ebd., S. 155. Die Absage an die »Poesie« im ersten Brief an Savigny, die Anspielung auf deren nachlassenden Reiz wird durch einen weiteren Brief an Savigny vom 3. Juni 1803 bestätigt, in welchem Brentano ohne allegorische Verkleidung seine tiefe Enttäuschung darstellt.

3 Ebd., S. 147.

Attacke auf das »Ideelle« neben dem Bekenntnis zum Wahnsinn, zum Zufälligen und zum tiefsten Moment, der wichtigste Gehalt. Besonders auch deshalb, weil dieser Hohn im Kontext des Konzepts von Kontinuität gelesen werden muß, wie es Savigny in seinem kritischen Grundsatzbrief an die Günderrode entwickelt hatte. Die diesbezüglich wichtige Passage von Brentanos Brief lautet:

»Sie sind nun reformiert, und nach meiner Einsicht ist zwar das äußerliche Übel Ihres Lebens gehoben, aber leider nur durch eine Art moralischer Haushaltungskunst, die Sie selbst erfunden haben, und so sind Sie denn gänzlich von sich selbst unterjocht, das Freie, Genialische, der unendliche Liebreiz in Ihnen, die Mysterie Ihres Leibes und Ihrer Seele sind reguliert, sind eine sogenannte Vernünftige Religion geworden, die kein Teufel verstehen kann, weil sie an keinen Teufel glaubt. Ich finde jede ideelle Anstalt abgeschmackt. Wie die Reduktion des Pfundes auf zwölf Lot nichts Großes ist, so ist es etwas Pitoiables seinen Charakter auf zwölf Prinzipien reduzieren zu können, so ist jene Religion nur eine Polizeianstalt, die sich auf Gebote zurückführt, so ist der Charakter, der sich auf Erfahrungen baut, das Haushaltungsbuch eines Helden, der als General quittiert und den Lorbeer an die Bratensauce legt, das Unendliche streckt sich nach der Decke.«[1]

Diese nicht mehr durch Takt oder Scheu vor Verletzung gezügelte Ironisierung der »ideellen« Prinzipien der Mereau – reformierter Glaube, moralisches Kategoriensystem, Erfahrungsgrundsätze – ist eine Aggression gegenüber jeder in ein Regelsystem gefaßten Ethik und Lebenspraxis. Sie könnte auch die unmittelbare Antwort Brentanos auf den Brief Savignys an Karoline von Günderrode gewesen sein. Die dort vorgetragenen Prinzipien der pragmatisch-protestantischen Ethik und die Verdächtigung der aus diesem Zusammenhang heraustretenden Phantasie werden von Brentanos Attacke betroffen. Sie impliziert eine Absage an alle Formen des institutionalisierten Wissens. Brentano verhöhnt dieses als das »Unendliche, das sich nach der Decke« streckt, als eine in sich selbst widerspruchsvolle, nämlich geistlose Tätigkeit des Geistes. Das »Genialische«, das dagegen ausgespielt wird, stützt sich selbst nicht mehr auf eine »Idee« von Genie, sondern ist eine Ausdifferenzierung der ästhetischen Subjektivität. Die Sinnlichkeit der Nähe

1 Amelung (Hrsg.), a. a. O., S. 84.

zerstört die Anmaßung der »Idee«. Sie ist das räumliche Äquivalent des momentanistischen Zeiterlebnisses. Vor dieser Sinnlichkeit verfliegt die »ideelle Anstalt« und die Wissenschaft. Brentano hat deshalb auch an Savigny schon sehr früh ähnlich aggressiv geschrieben wie an die Mereau, wenngleich er diese Aggressivität anders vermittelte:

»Wir sind sehr verschiedener Meinung. Sie glauben, Ihr Hingeben an die Wissenschaft, Ihr Interesse an allen den Sachen, an allen den Palisaden, Spanischen Reutern, Schanzkörben und Armaturen des Bürgers gegen den Menschen, die sie Jurisprudenz nennen, sei ein hohes hohes Interesse, das ich nicht fassen kann, wie ich Winkelmanns Universalität nicht fassen könne. So ist es nicht, ich fühle das alle, aber tief unten, ich fühle es unter meinen Füßen. Sie verschlingen unter der Erde den ganzen Wald mit seinen Wurzeln, ein künstliches Geflechte, daß alles durcheinander wachse und nie ein Baum, nur immer ein Wald zertrümmert werden müßte, wenn der Sturm haust und die Flamme. O, ich fühle es in meinen Wurzeln, daß solche unterirdischen Weber neben mir stehen; denn ich habe viel zu tun daß sie mich nicht miteinknüpfen. Gebet die Liebe frei und es gibt kein Streben des einzelnen mehr, keine Arbeit des einzelnen, und wahrlich, ich will an ihren Fesseln nagen, bis ich sterbe. Alle Wissenschaft ist Unwissenheit im System.« (29. Oktober 1800)[1]

Der letzte Satz ist keine billige Floskel. Er meint, daß Wissenschaft als systematische – und nur so scheint sie denkbar – notwendigerweise ganze Bereiche des Seins mißdeutet, überhaupt nicht zur Kenntnis nimmt, weil diese nicht begriffsfähig erscheinen. Dazu gehört neben dem Inneren des Menschen, dessen Darstellung Novalis in seinen Fragmenten gefordert hatte, die ästhetische Sphäre. Brentano spielt gegen die Wissenschaft und ihre »Universalität« die Liebe aus. Und zwar nicht bloß als Gefühl, sondern auch als Medium von Welterfahrung. Der sich schon hier andeutende, später ausformulierte Gedanke, daß es kein »Streben des einzelnen« geben werde, wenn die Liebe das Medium der Kommunikation ist, ist allerdings deutlich vom frühromantischen Liebeskonzept und seiner teleologischen Absicht getrennt. Es geht um den vegetativen Zusammenhang des Ichs, den die Naturmetaphern in den Liebes-

1 Schellberg/Fuchs (Hrsg.), a. a. O., S. 157 f.

briefen an Sophie kommentieren. Hieße das, in Brentanos Reduktion von Zeit und Telos auf einen solchen elementaren Ich-Begriff zeichne sich ein polemisch-regressives »Es«-Modell ab, das in den lebensphilosophischen Entwürfen der zwanziger und frühen dreißiger Jahre des 20. Jahrhunderts *(Der Geist als Widersacher der Seele)* schließlich zur Basis einer konservativen Kulturkritik wurde? Vor solch einer Deutung ist Brentano gerade durch seine methodisch zu nennende Distanz zu jeder Theorie geschützt. Er fühlt sich selbst als Teil der Natur, er stützt dieses Fühlen jedoch nicht etwa ab in Anleihen aus den gerade zu diesem Zeitpunkt den romantischen Diskurs dominierenden Motiven der romantischen Naturphilosophie, namentlich Schellings, die auf Karoline von Günderrode, aber auch Caroline Schlegel, die spätere Frau Schellings, identitätsbegründenden Einfluß gewann. Das in Liebe und Naturmetaphern resubstantialisierte Subjekt Brentanos bleibt Subjekt und geht nicht in das Allgemeine der Natur über.

Identitätsstiftend bleibt der Schmerz der radikalen ästhetischen Subjektivität, die sich allerdings in subjekttranszendierenden Maskeraden genießt. Wogegen polemisiert wird, ist der idealistische Bildungsbegriff, wie ihn Humboldt in den *Ideen zu einem Versuch, die Grenzen der Wirksamkeit des Staats zu bestimmen* (in Teilen 1792) formuliert hatte, also »die höchste und proportionierlichste Bildung seiner Kräfte zu einem Ganzen«. Dieser Verlegung des Subjekts in die Objektivität des generellen Bildungsprozesses hatte am Ende auch Kleist abgesagt, dabei ähnlich wie Brentano im Liebesaugenblick einer lebensekstatischen Stimmung die Alternative entdeckend. Das kann eine Reduktion der Geschichte auf subjektive Momente bedeuten. Bei Brentano tritt dies ein. Sein Zeitbegriff ist auf das Präsens der empfindenden Stunde angelegt, für die er seine »ganze Zukunft«, und sein »bisher vernünftiges Leben« geben will. Es gibt für Brentano nur ein inneres Futur, eine erotische Eschatologie – den Beginn eines neuen Zeitalters im Zeichen des subjektiven Gefühls: »die alte Zeit ist vorüber und aller Schmerz, es gibt nur eine Zukunft, ich liebe Sie, ich liebe Dich, o sei eins mit dieser Zukunft, störe den neuen Frühling nicht in mir« (Februar 1803)[1]. Wenn Friedrich Schlegel und Novalis die Begriffe der »alten Zeit« und des »neuen Frühlings« zur Bestimmung ihrer eschatolo-

1 Amelung (Hrsg.), a. a. O., S. 98.

gischen Geschichtsphilosophie unter Einschluß ästhetischer und erotischer Motive berufen haben, so internalisiert Brentano diese Wörter hier. Der geschichtsphilosophische Kontext wird dabei aufgegeben und übrig bleibt das *nunc stans* des »tiefsten Moments« als Goldenes Zeitalter. Dieses Vergessen der Geschichte zugunsten einer »heiligeren Geschichte meines Innern« (1810 an Runge) bekommt die Struktur einer eschatologischen Zeit. Im Juli 1803 an Sophie Mereau:

»Ach, ich kenne mich nicht mehr, mein ganzes Leben ist verwandelt, eine Menge Flammen, die ich eingekerkert in der Tiefe, schlagen über meinem Haupte zusammen, nächstens sollst Du mich mit glühenden Locken sehen, eine Menge Quellen die mein Innres fesselte, brachen ihre Bande, und strömen durch meine Adern, mein Blut wird ein kastalischer Quell und mein Herz taumelt, es pocht nicht mehr, bald, bald werde ich singen wie keiner vorher, es ist eine goldne Zeit entstanden, o münze diese Zeit, Sophie, dann sind wir unendlich reich, o mache Dir ein Halsband und Ringe und einen Gürtel daraus, denn alles Irdische werde ich einst an Dir zerbrechen, lege solchen ewigen Schmuck an, einen Talisman gegen alle Zerstörung.«[1]

Mit dieser Auflösung der kontinuierlichen historischen Zeit in eine erotische Eschatologie ist der Kern von Brentanos Identität und ästhetischem Subjektivismus berührt. Das Verhältnis der Motive »Liebe« und »Tod« sowie der ästhetische Status der Sprache im Entwurf eines imaginierten Ichs werden diesen Kern am Ende öffnen.

3. Günderrode: Augenblicke ohne Idee

Savigny hatte Karoline von Günderrode überspannte Empfindung vorgeworfen und diesen Vorwurf kategorial bestimmt durch den Hinweis auf den Reiz des Augenblicklichen und der daraus kommenden »künstlichen« Phantasiearbeit. Am Beispiel von Kleists

1 Ebd., S. 124 f.

und Brentanos differenten momentanistischen Zuständen wurde deutlich, inwiefern der Vorwurf Savignys ein Problem betraf, das er in der Betonung auf dem moralisch-psychologischen Aspekt nicht genau faßte. Während Kleist die momentanistische Struktur des Bewußtseins im Erinnerungsverlust entdeckte und zugleich betrauerte, daraus aber auch den glücklichen Augenblick des natur- und literaturidentischen Ichs gewann, hat Brentano den Widerspruch von Kontinuität und Augenblicksverfallenheit in diesen Jahren nicht reflektiert, sondern wurde von letzterer ganz bestimmt. Karoline von Günderrode hat anders als Kleist und anders als Brentano in der Beobachtung ihrer gewöhnlichen Tageszeit das Diskontinuitätsproblem fast schon »modern« gefaßt. So bemerkt sie innerhalb ihrer delikaten Korrespondenz mit Brentano:

»Auch die wahrsten Briefe sind meiner Ansicht nach nur Leichen, sie bezeichnen ein ihnen einwohnend gewesenes Leben und ob sie gleich dem Lebendigen ähnlich sehen, so ist doch der Moment ihres Lebens schon dahin: deswegen kömmt es mir aber vor (wenn ich lese, was ich vor einiger Zeit geschrieben habe), als sähe ich mich im Sarg liegen und meine beiden Ichs starrten sich ganz verwundert an.«[1]

Das Argument des Zerfalls von Kontinuität ist das gleiche wie in Kleists Brief vom 28./29. Juli an Adolfine von Werdeck: Der ehemalig gelebte Moment wird vom neuen überholt und so in seiner Wertigkeit aufgehoben. Das betrifft die idealistische Anthropologie, die auf der Einheit der Person besteht, radikal. Karoline zieht auch diese Konsequenz der Identitätsspaltung: zwei verschiedene Ichs starren einander verwundert an. Kleist hatte dieses Zurückfallen aus der Kontinuität der Erinnerung auf den einzelnen Moment sozusagen als anthropologisches Gesetz wahrgenommen. Karoline vollzieht diesen Gedanken konkret am eigenen Leibe. Das Bild der »Leiche« bzw. des »Sarges« und der Einfall der »beiden Ichs«, die sich anstarren, ohne sich zu verstehen, bedeutet einen bewußten Zerstörungsversuch gegenüber dem konventionellen Personenverständnis, das nicht Brentano hatte, aber gerade ihre übrigen Briefpartner, namentlich Gunda und natürlich Savigny selbst.

Der langsame Prozeß dieses alltäglichen Diskontinuitätsbe-

1 Wolf (Hrsg.), a. a. O., S. 184.

wußtseins ist seit den frühen Briefen belegt. So heißt es im Brief vom 11. August 1801 an Gunda Brentano:

»Wie sonderbar sind doch die ersten Tage des Aufenthalts an einem fremden Orte, die Bande die uns an den vohrigen Aufenthalt knüpften, sind aufgelöst für die Gegenwart, sie tretten gleichsam in den Hintergrund der Empfindung, und der Zustand bis man sich wieder an seine neue Umgebung angeknüpft hat ist durchaus unangenehm; er ist eine Leere die man aus sich verdrängen möchte«[1].

Karoline vertieft die jedermann geläufige Erfahrung eines spezifisch verwirrenden, oft traurig machenden Stimmungswechsels angesichts neuer Orte, indem sie nicht beim psychologischen Fakt verharrt. Sie erkennt, daß hier die Identität betroffen ist: Was vorher galt, gilt nicht für die »Gegenwart«, eine »Leere« entsteht. So kann nur der empfinden und denken, für den Schillers Unterscheidung zwischen empirischer und transzendentaler Person[2] keine Gültigkeit mehr hat. Die empirische Person, das heißt in Schillers Terminologie *»außer sich sein«* oder der *»Zustand«*, erscheint in der Günderrode Brief als die dominierende Konstante menschlicher Existenz: Gegenwart hat sich von Vergangenheit abgekoppelt. Das Ich, das vor einiger Zeit einen Brief geschrieben hat, ist nicht mehr identisch mit dem Ich, das ihn wiederliest. Daß es sich hier nicht um eine Depression aufgrund der Situation oder der Lebensumstände handelt, begünstigt durch ihre heimliche Liebe zu Savigny, belegt eine identische Reflexion aus ganz anderem Anlaß im »Todes«-Brief an Creuzer vom 22. März 1806: »Ihr Brief, den ich kürzlich erhielt, hat nachmittags mich so fremd angesehen, und ich konnte weder seine Sprache noch seine Blicke recht verstehen.«[3] Hier wird sogar die Differenz von vergangener und gegenwärtiger Zeit in Zeitmomente kürzester Aufeinanderfolge dramatisiert. Das bedeutet, daß die »intuitive Stimmung« eines rezeptiven Augenblicks als identitätsbildend empfunden wird, also der Vorwurf Savignys sachlich bestätigt ist. Im Falle der Lektüre von Creuzers Brief kommt hinzu, daß dessen Vernünftigkeit und Handlungsbezogenheit im Augenblick der Wiederlektüre dem System des Günderrodeschen Momentanismus gänzlich entfällt.

1 Preitz (Hrsg.), in: *Jb. FDH 1964*, a. a. O., S. 167.

2 Vgl. S. 99f. dieses Buchs.

3 Paul Pattloch (Hrsg.), *Unbekannte Briefe der Karoline von Günderode an Friedrich Creuzer*, in: *Hochland*, Oktober 1937-März 1938, Bd. 1, S. 56.

Dagegen hat Karoline von Günderrode konventionelle Labilitätssymptome, die sogenannte »Stimmung des Augenblicks«, am Beispiel der ungleichen, ihr intellektuell nicht gewachsenen Freundin Gunda Brentano ironisch kritisiert und von Gundas »sogenanntem Ich« herablassend gesprochen (Briefe vom 4. und 5. September 1801). Ihren eigenen Stimmungswechsel hatte sie auch dadurch zu erklären versucht, daß sie eine »Idee« brauche, allerdings eine »neue«, an die sie sich anschließen könne, um nicht in den »Zustand des Nichtempfindens« (Brief an Gunda, 29. August 1801) zu verfallen. Es hat sich zeigen lassen, daß damit nicht nur die Faszination an einem im Bildungserlebnis vorgegebenen Thema, Motiv gemeint war, sondern sehr bald die Faszination an dem eigenen Zustand produktiver Phantasie, die das alltägliche Ich, die moralische Person der sozialen Erwartungskonvention aufhob.

Allerdings versucht die Günderrode, den Momentanismus der eigenen Stimmung dem »Universalen« immer wieder zu vermitteln. Das zeigen nicht nur ihre Liebesbriefe an Creuzer und ihr schließlicher Selbstmord, das belegt indirekt auch die von Bettina von Arnim herausgegebene, redigierte, als Briefroman fingierte Korrespondenz mit der Günderrode. Hier ist der Widerspruch des einzelnen zu dem Menschen als der Modus, in dem die Seele überhaupt empfindet, charakterisiert: Die Wirklichkeit zeigt sich als »verzerrtes Ungeheuer«. Der Gedanke, mit der Wirklichkeit auch nur »einen Augenblick« eins sein zu können, d. h. die Subjektivität als Momentanismus überführen zu können in eine größere objektive Einheit, ist ein vergeblicher, aber ersehnter. Diese Einheitssehnsucht wird selbst aber wiederum als Moment gedacht: »jeder Mensch, der einen Moment in der Zeit wahr macht, ist ein großer Mensch«. Diesen Ausnahmecharakter des offenbarten »Wahren«, den Karoline in dem panreligiösen Ereigniswerden der »Seele« sieht, erfährt sie in den biographisch entscheidenden Szenen ihres Lebens: Es sind »Augenblicke«, in denen die Heftigkeit des Gefühls für Creuzer hervorbricht, wie sie im Brief an Savigny am 6. November 1804 schreibt. Es ist nicht so, daß Karoline den Augenblick des Gefühls abtrennt vom sozialen Kontext wie es Brentano tut, sondern sie erfährt ihn im Unterschied zu ihrer eigenen »Ordentlichkeit« und »Vernünftigkeit« als die seltene Voraussetzung des wahren Gefühls. Man ist selten allein: »Ich schrieb ihm oft, und wie ich es noch fast keinem Menschen gethan habe, denn ich sprach ihm mein ganzes Gemüth aus, und ganz rücksichtslos die Empfindung jedes Augenbliks« (an Savigny, 6. November 1804)[1].

Die Einzigkeit der Empfindung korrespondiert mit der Einzigkeit, diese dem Geliebten gegenüber auszudrücken, und der Einzigartigkeit des Gemütsaugenblicks überhaupt, dessen temporäre Labilität Karoline von Günderrode thematisiert hat. Indem sie einem Dritten gegenüber davon spricht, ist nur scheinbar die soziale Kontinuität wieder hergestellt: Sowohl der beschreibende Brief an Creuzer wie der beschreibende Brief an Savigny können auf keinen Widerhall rechnen. Es sind beides heftige Selbstdefinitionsversuche, bei welchen der Adressat – ähnlich wie im Falle der Liebesbriefe Brentanos oder der Einsamkeits- und Todesbriefe Kleists – als Bühne und Echoraum fungiert. Daß dieses Echo selten eintritt, weiß Karoline von Günderrode auch, bevor sie dies an der Art der Reaktion Creuzers (und Savignys) erfährt. Immer wieder fällt sie auf die Augenblicksstruktur ihrer Selbstvergewisserung zurück. Jener Brief, der Savignys Grundsatzerklärung mit provozierte, stattet diese Augenblicklichkeit mit dem Anflug von Offenbarungsdignität aus:

»Noch zwei Tage nachdem Du weg warst lieber Savigny war mir so traurig und fürchterlich zu Muth daß ich gar nicht begreifen konnte, wie ich leben könne, und welches Verhältniß zu Creuzer mir möglich wäre, es ward mir ganz dunkel vor der Seele wenn ich an die Zukunft dachte . . . da wurde mir plötzlich durch ein einzig Wort alles klar, in diesem Augenblick schwand aller Trübsinn, der Friede hat mich seitdem nicht wieder verlassen« (an Savigny, 18. November 1805)[1].

Die säkularisierte Sprache verweist hier auf die Herkunft der Augenblickserfahrung. Daß jemand »plötzlich durch ein einzig Wort« einen solchen Wandel des »Zustands« erlebt, kann Savigny nur als »gekünstelte« Empfindung verstehen, die er mit der wahren Offenbarung des Göttlichen konfrontiert. Mochte er an einem frühen Brief der Siebzehnjährigen, in dem sie ihm sagt, sie hätte sich den Wirkungen seiner »zauberischen Gegenwart« entziehen müssen, Labilität im rein psychologischen Sinne kritisiert haben kön-

1 Preitz (Hrsg.), in *Jb. FDH 1964*, a. a. O., S. 205 f.
2 Ebd., S. 209.

nen, so steht jetzt die kategoriale Diagnostik der Diskontinuität ihrer Empfindungen an, die schon erörtert worden ist. Savigny hatte in einer »Nachschrift« des Briefs zwar Karolines durch einen plötzlichen Augenblick geschenkter Ruhe Sympathie gezeigt, aber gleichzeitig anläßlich ihrer Begründung eingeschränkt:

»Gott gebe dieser Ruhe Dauer! und wenn sie auch nicht ganz ununterbrochen sollte fortwähren können, so ist es schon sehr glücklich, daß Du sie schon jetzt hast haben können . . . Vor allem aber sei gegen Dich selbst auf Deiner Hut, daß nicht falsche Götter Dich abwendig machen vom wahren Gottesdienst.«[1]

Die »falschen Götter« sind Karolines ästhetische Empfindung, die sich auch in der Säkularisation der Offenbarungsepoche zeigt (die Savigny allerdings nicht anspricht), der wahre Gottesdienst ist das natürliche Gefühl. Savigny hat den eigentlichen Text des Briefes mit dem Zugeständnis abgeschlossen, daß Karoline »über gewisse Grenzen hinaus kein Vertrauen« zu ihm habe, weil sie glaube, er »könnte Naturen wie die (ihrige) . . . nicht verstehen«[2]. Ohne die Möglichkeit dieses Nichtverständnisses wirklich zu befragen, d. h. ohne die Möglichkeit einer prästabilisierten Inkommensurabilität des einzelnen, wie sie Kleist dramatisiert hatte, theoretisch zu erwägen, sondern diese nur als Gedanken der Günderrode thematisierend, bittet er sie, dennoch ein solches Vertrauen, nicht aber den »Schein eines Vertrauens« zu gewähren. Savigny ahnt also, was sich schon als Konsequenz der frühen Briefe Karolines an Gunda ergeben hatte: daß die nicht vermittelbare Identität des kreativen Augenblicks eine täuschende Kommunikation mit dem anderen impliziert. Und die Günderrode bestätigt diesen Verdacht; sie hebt aber nicht, wie Savigny, auf den moralischen Aspekt eines solchen Vertrauensbruchs ab, sondern thematisiert wiederum die Diskontinuität solcher intersubjektiven Einstellungen:

»um Dir ganz wahr zu sein muß ich sagen, daß ich zu verschiedenen Zeiten ein sehr verschiedenes Vertrauen zu Dir gehabt habe, oft hätte ich dir beinahe alles sagen können, dann wieder viel wehniger; im Ganzen bin ich eigentlich geneigt in Dir eine gewisse Ungerechtigkeit gegen meine innerste Natur vorauszusetzen und in so fern habe ich eine deutliche Gränze in meinem Vertrauen; wenn ich Dich aber sehe und du bist so gut und theilnehmend gegen mich,

1 Ebd., S. 211.
2 Ebd.

dann rührt mich das so sehr daß ich mich der vorigen Gränze nur noch sehr undeutlich bewußt bin.« (Dezember 1805)[1]

Es zeigt sich, daß Karoline also auf den kategorialen Einwand der Augenblickshaftigkeit nicht eingeht. Sie wiederholt vielmehr, sich im Hinweis auf den augenblickhaft-temporären Modus ihrer Gefühle und ihrer Kommunikationsfähigkeit darzustellen.

Der schon erwähnte Versuch, dennoch Universalien in das Selbstverständnis hineinzunehmen, wird sich anläßlich der Liebes- und Todesbriefe zeigen. In Bettina von Arnims Briefroman *Die Günderode* zeigt sich dies als Integration des einzelnen Einfalls im Kontext der Zeit: »Wär' der Gedanke bloß der Moment, in uns geboren? – Dies ist nicht«[2]. Vielmehr ist er eingebettet in die Bewegung zwischen Vergangenheit und Zukunft: »das ist Gegenwart, das eigentliche Leben; jeder Moment der nicht von ihr (Vergangenheit) durchdrungen in die Zukunft hineinwächst, ist verlorne Zeit«[3]. Die Günderrode verwirft hier – an der Authentizität des Gedankens in Bettinas Vermittlung ist kein Anlaß zu zweifeln – theoretisch den Momentanismus. Die Dialektik von Augenblick und Ewigkeit, von Ich und Natur, ist bei der Schülerin Schellings als Anstrengung des Bewußtseins ebenso zu unterstellen, wie sie als erlebte Identität nicht möglich ist. Und dieser Widerspruch von einerseits theoretischer Anstrengung, die Dialektik von Moment und Kontinuität zu wahren und andererseits nicht konkret erleben zu können, belegt, inwiefern der Günderrode gefährlicher Momentanismus im Sinne eines romantischen Existentials zu unterscheiden ist vom naiven Jubel des momentanen Gefühls, das sich gegen die Zumutungen der Bildung wehrt, wie im Falle der Freundin Bettine.[4] Karoline von Günderrode problematisiert solche Augenblicksverfallenheit[5], wie schon früher im Falle Gunda Brentanos. Während Bettina die momentanistische »Wahrheit« sogar gegen den philosophischen Wahrheitsbegriff polemisch-gereizt ausspielt[6], sieht Karoline in jedem »Geistesmoment« die »Allheit Gottes« wirken. Wenn die Günderrode sich selbst den »Winden«

1 Ebd.

2 Bettina von Arnim, *Sämtliche Werke*. Hrsg. v. Waldemar Oehlke. Berlin 1920, Bd. 2, S. 155.

3 Ebd.

4 Ebd., S. 243.

5 Ebd., S. 245 f.

6 Ebd., S. 272.

der Richtungslosigkeit überlassen fühlt[1], dann leidet sie an einem Zwiespalt, Schillers transzendentales Ich nicht mehr konkret herstellen zu können. Sie ist dem Augenblick der Empfindung ausgesetzt, sie erfährt ihn als konstitutive Ausnahme von der Regel der Vernunft und kontinuierlichen Existenz, die ihre bewußte Existenz gefährdet:

»Ich habe neulich einen fürchterlichen Augenblick gehabt. Es war mir, ich sei viele Jahre wahnsinnig gewesen und erwachte eben zur Besinnung und frage nach Dir und erfahre, Du seist längst tot. Dieser Gedanke war Wahnsinn, und hätte er länger als einen Augenblick gedauert, er hätte mein Gehirn zerrissen« (an Creuzer, April 1806)[2].

Die Wahnsinnsmetapher repräsentiert hier im negativ wertenden Sinne den diskontinuierlichen Augenblick, das diskontinuierliche Bewußtsein. Brentano feierte den »Wahnsinn« als Medium der eigenen Subjektivität, aber im Rückgriff auf seine poetische Bedeutung. Die Günderrode hingegen benutzt das Wort ausschließlich, um ihre diskontinuierliche Existenz kritisch auf den Begriff zu bringen. Dieser kritische Gebrauch wird noch signifikanter im Vergleich mit der romantisierenden Fassung, die Bettina dem Wahnsinnsthema anläßlich von Hölderlins Zustand gibt: »mir kommt dieser Wahnsinn so mild und so groß vor.«[3] Für Bettina ist der »Wahnsinn« ähnlich wie für ihren Bruder die Bedingung für den Dichter: »Und glauben Sie, daß *Hölderlins* ganzer Wahnsinn aus einer zu feinen Organisation entstanden, wie der indische Vogel in einer Blume ausgebrütet, so ist seine Seele, und nun ist es die härteste rauhe Kalkwand, die ihn umgibt, wo man ihn mit den Uhus zusammensperrt, wie soll er da wieder gesund werden.«[4]

Das ist die Deutung des Freundes St. Clair, den Bettina zitiert. Aus Hölderlins »Wahnsinn« entwickelt Bettina bzw. der Gewährsmann St. Clair die Sprachtiefe von Hölderlins Nachdichtung des Ödipus: »man könne ihn so wenig verstehen oder wolle ihn so übel verstehen, daß man die Sprache für Spuren von Verrücktheit erklärt«[5]. Bettina fügt dieser Umdeutung des Wahnsinnsvorwurfs ins

1 Ebd., S. 282.
2 Pattloch (Hrsg.), a. a. O., S. 57.
3 Arnim, a. a. O., S. 189.
4 Ebd., S. 190.
5 Ebd., S. 192.

Dichterisch-Geniale den Hinweis auf das Unbewußte des kreativen Prozesses hinzu: »Was wären doch die Dichter, wären sie es nicht, die das Schauervolle ins Göttliche verwandeln – Wo der Gesang doch allein aus meinen Sinnen hervordringt, nicht aus dem Bewußtsein«[1]. Die Identifikation Hölderlins als »Priester des Gottes im Wahnsinn«[2] läßt Bettina die prinzipielle Differenz zwischen dichterischem Zustand und »Geist der andern« ziehen: »Wahnsinn, merk' ich, nennt man das, was keinen Widerhall hat im Geist der andern«[3]. Es läßt sich hier, wie im Falle von Brentanos Wortspielen mit dem Begriff »Wahnsinn«, die Genesis eines modernen Kulturtheorems erkennen, wodurch die Ausdifferenzierung der poetischen Sphäre schon ideologisch betrieben wird. Bettina selbst ist im Unterschied zu ihrem Bruder und zu Karoline keine Künstlerin. Sie wendet die »Wahnsinns«-Metapher bloß gesellschaftlich an. Sie will die Freundin unter dieser Kategorie enthusiastisch identifizieren, dabei den Momentanismus ihrer »träumen-tappenden« Lieder hervorhebend.[4]

Es ist für der Günderrode leidvollen Umgang mit ihrer, wie wir sahen, allzu bewußten Zwiespältigkeit zwischen »Moment« und Universalem charakteristisch, daß sie die allererste naiv romantisierte »Wahnsinns«-Deutung der Freundin distanziert beantwortet und nicht auf das Unbewußte, sondern das Bewußte poetischer Produktion abhebt.[5] Gerade weil Bettina nicht selbst produktiv ist, so die Günderrode, verfällt sie angesichts des Wahnsinnsthemas in Enthusiasmus. Und ebenso setzt sie sich ab von Bettinas ekstatischer Existenz der Seele, gerade weil ihr eigener Zustand der gefährdete ist[6]: »so zittert und erbebt doch alles rings umher furchtsam in mir vor Menschensatzung und Ordnung bestehender Dinge, und noch mehr erbebe ich vor Deiner eignen Natur«[7]. Sie setzt dem naiven Enthusiasmus der Freundin die Ausgesetztheit ihres eigenen Bewußtseins gegenüber dem Unbewußten und Katastrophalen entgegen: »Du lachst mich aus, und kannst es auch, weil eine elektrische Kraft Dich so durchdringt, daß Du im Feuer ohne

1 Ebd., S. 196.
2 Ebd., S. 346.
3 Ebd.
4 Ebd., S. 347.
5 Ebd., S. 200.
6 Ebd.
7 Ebd., S. 200 f.

Rauch keine Ahnung vom Ersticken hast. – Aber ich habe nichts, was mich von jenem lebenerdrückenden Vorläufer des Feuers rette, ich fühle mich ohnmächtig in meinem Willen«[1].

Die Abgrenzung des gefährdeten momentanistischen Bewußtseins gegenüber dessen unangemessener Integration in den romantischen Dichtungsbegriff Bettinas und seiner Wahnsinnsapplikation geschieht als poetologische Reflexion: der lebensbedrohliche Vorläufer des »Feuers« ist die Qual des produzierenden Zustands vor dem Stadium der poetischen Identität, vor der Vereinigung mit dem anderen Ich, das keine Beziehung mehr zur sozialen Person hat, wie Karoline an Savigny am 26. Februar 1804 unschuldig-aggressiv geschrieben hatte. Wenn die Günderrode »zittert« und »bebt« – dies sind schon selbst Merkmale ihrer Entfremdung im Momentanen –, dann gerade weil sie die Übermacht der Realität und der Institutionen verstanden hat. Sie erbebt vor der »Natur« Bettinas, da sie den Zusammenstoß zwischen deren elementarer Existenz und der sittlich-vernünftigen Ordnung fürchtet. Der »andere« Zustand der Günderrode schließt ihren Reflex eines Wertekanons nicht aus. Die Intensität des vereinzelten Bewußtseins empfindet seine Vereinzelung (von der Philosophie, von der Welt, von früheren Erlebnissen). Karolines Dichtung kann als Gegenstrategie zu dieser Vereinzelung gelesen werden. So wie sie dem Enthusiasmus Bettinas im Hinweis auf die Bedingungen der produktiven Existenz widerspricht, so begründet Karoline ihren Entschluß, Gedichte zu veröffentlichen, gegenüber Brentano wie folgt:

»leicht und unwissend was ich that, habe ich so die Schranke zerbrochen, die mein innerstes Gemüt von der Welt schied; und noch hab' ich es nicht bereut, denn immer neu und lebendig ist die Sehnsucht in mir, mein Leben in einer bleibenden Form auszusprechen, in einer Gestalt, die würdig sei zu den Vortrefflichsten hinzu zu treten, sie zu grüßen und Gemeinschaft mit ihnen zu haben. – Ja, nach dieser Gemeinschaft hat mir stets gelüstet, dies ist die Kirche, nach der mein Geist stets wallfahrtet auf Erden.« (10. Juni 1804)[2]

Brentano suchte diese Gemeinschaft nicht, er erfuhr sich zu sehr in der Isolation. Wenn die Günderrode nach einer Gemeinschaft im Sinne einer »Kirche« strebt, dann zitiert sie die Idee jener exklusiven Dichtergemeinschaft, wie sie von Friedrich Schlegel und Nova-

1 Ebd., S. 201.
2 Geiger (Hrsg.), a. a. O., S. 115 f.

lis unter dem Begriff einer »neuen Kirche« gefaßt worden ist. Mit seiner Hilfe hofft die Günderrode, die Zustände ihrer auf sich selbst zurückgeworfenen Innerlichkeit – und das sind gerade die Diskontinuitätserlebnisse – zu überwinden. »Innerstes Gemüt« und »Welt« sollen nicht mehr im Widerspruch stehen. Ganz im Unterschied zu Brentano sucht die Günderrode in der dichterischen Existenz also auch eine Kategorie der Öffentlichkeit, nicht eine politische oder gesellschaftliche Öffentlichkeit, aber doch die einer geistigen Repräsentanz. Deshalb will sie ihrem Leben in einer solchen Repräsentation der »bleibenden Form« begegnen, d. h. dieses als Dichtung teilhaben lassen an universalen Strukturen. Ein solches Konzept von geistiger Gemeinschaft und geistigen Symbolen (»bleibende Form«, »Gestalt«) des idealismusvermittelten Ich-Begriffs ist weit entfernt von Brentanos Einsamkeitseinverständnis und seinen impliziten Defiziten an Wissenskategorien, welche von der Günderrode anfangs gerade als Hilfe gegen ihre Augenblicksgefährdung in Anspruch genommen wurden, wie ihr erwähnter Hinweis auf die Lektüre von Herders Geschichtsphilosophie beweist (im Brief an Karoline von Barkhaus vom 17. Juli 1799).

Nie hätte Brentano in philosophischer Lektüre Trost finden können. Allerdings vermag dies die Günderrode wiederum nur für Augenblicke: die Augenblicke transzendierende Sicherheit im Anblick »bleibender Formen« bzw. geschichtsphilosophischer Ideen hat selbst die Struktur des Augenblickshaften. Aber dieses Augenblickshafte ist lebenspraktisch und theoretisch reflexiv strukturiert, was Brentano schon kritisch bemerkt hatte (im Brief vom 2. Juni 1804) anläßlich des von der Günderrode veröffentlichten Gedichtbandes *Tian*. Brentano hatte eingewandt, die »graue Reflexion« stehe der »bunten, lebendigen Darstellung« im Wege.[1] Beispielhaft ist ihm hierfür die Verwendung »gelehrter« Worte, wie »Adept« oder »apokalyptisch«, wodurch der Charakter des Poetischen gegenüber dem der Abhandlung verlöre. Brentano konnte auch auf Prosastücke wie das *Apokaliptische Fragment* anspielen, in dem die Günderrode ihre naturphilosophische Lektüre (Schelling) verarbeitet hat: poetische Texte dürfen nach Ansicht Brentanos keine theoretischen Begriffe benutzen, d. h. sich nicht auf die Sicherheiten intersubjektiver Vorverständnisse begründen. Während Brentanos

1 Ebd., S. 95.

hermetisch-allegorisierender Briefstil ein solches Vorverständnis verhindert, sucht die Günderrode im philosophischen Stil bewußt den Ausweg aus der vereinsamenden Augenblicksverfaßtheit, von deren präziser Beobachtung die Briefe zeugen. Sie hat sich die Vermitteltheit des Momentanen, von dem die Briefe durchaus wissen, in ihren Prosatexten noch bewußter gemacht: »Die positive Gegenwart ist der kleinste und flüchtigste Punkt; indem du die Gegenwart gewahr wirst, ist sie schon vorüber, das Bewußtseyn des Genusses liegt immer in der Erinnerung. Das Vergangene kann in diesem Sinn nur betrachtet werden, ob es nun längst oder so eben vergangen, gleichviel.«[1]

Diese zeitanalytische Gewißheit vom retardierenden Element der Augenblicks- bzw. Gegenwartserfahrung nährt sich bei der Günderrode – das deutete sich in dem durch Bettina überlieferten Gedankenaustausch schon an – durch den Bezug zur Vergangenheit: das historische Bewußtsein von »Vorwelt«, aber auch durch den Bezug zur »Natur«. Natur und Tiefe der Zeit sind der Günderrode heimlich identisch. Im Unterschied zu Brentanos elementarpoetischer Identifikation mit der Natur bedarf Karoline dabei der philosophischen Vorstellung des »Unendlichen«: »Die Vergangenheit war mir dahin! ich gehörte nur der Gegenwart. Aber eine Sehnsucht war in mir, die ihren Gegenstand nicht kannte, ich suchte immer, aber jedes Gefundene war nicht das Gesuchte, und sehnend trieb ich mich umher im Unendlichen.«[2] Wenn es bei der Günderrode etwas gibt wie eine *unio-mystica*-Sehnsucht als Alternative zur Augenblicksverfallenheit und diese Alternative sich vornehmlich in ihrer Dichtung äußert, dann bekommt Dichtung hier die Funktion einer regulativen Idee gegenüber dem Existential des Brief-Augenblicks.

Man wird der Günderrode Briefe als Textsorte grundsätzlich von ihrem poetischen Textkorpus unterscheiden müssen, eine Differenz, die so für Kleist und Brentano nicht gilt. Hier liegt der Aspekt von Brentanos Kritik an »gelehrten« Wörtern: sie verstoßen gegen das neue Originalitätspostulat des Poetischen, das keine direkten Referenzen an die kulturelle Norm zulassen will, die mit der Reflexion des »Ewigen« gegeben ist. Deshalb handelt es sich

1 Karoline von Günderrode, *Gesammelte Werke*. Hrsg. v. Leopold Hirschberg. Nachdruck Bern 1970, Bd. 1, S. 28 f. *(Die Manen)*.

2 Ebd., S. 51 *(Ein apokaliptisches Fragment)*.

bei Brentanos Naturidentifikation und ihrer metaphorischen Form einerseits und der Günderrode *unio mystica* andererseits um zwei verschiedene Formen der Ich-Transzendierung: Brentanos Form der poetischen Autonomie bestätigt die Aufhebung des konventionellen Personenbegriffs, der Günderrode Form des ideengeleiteten literarischen Motivs ist umgekehrt ein Balanceakt gegen die Gefährdung der Person im Augenblick, wie ihn auch Savigny diagnostizierte. Insofern leistet Karoline in ihrem Werk etwas, was Savigny forderte und Brentano kritisierte: die ideengeleitete Identifikation. Mehr aber als Brentano hat Karoline gleichzeitig das Problem des nicht mehr von Ideen gestützten Moments in ihren Briefen dargestellt. Insofern sind ihre Briefe origineller als ihre Literatur. Sie hat in ihnen den modernen Momentanismus, wie ihn Kafka in seinen frühen Tagebüchern, wie ihn theoretisch schon die Wiener Bewußtseins- und Empfindungsanalyse (Ernst Mach, Franz von Brentano) formulierte, sozusagen geahnt. Damit ist auch erwiesen, daß diese Erfahrung von Diskontinuität der Person, wie sie sich in Karolines Briefen und denen Kleists und Brentanos sprachlich darstellt, nicht die Variation einer schon stattgehabten Säkularisation des Ichs ist, sondern eine Entdeckung unter bestimmten semantischen und phantasiegesetzten Voraussetzungen. Die Analyse des ästhetischen, nicht »authentischen« Charakters der Diskontinuität wird dies genauer erklären.

Wie weit die Diskontinuitätserfahrung von Kleist, Brentano und der Günderrode gekommen ist, zeigt sich im Vergleich von Ansätzen der gleichen Skepsis in einem Briefe Hölderlins an den Freund Neuffer vom März 1796:

»man möchte gerne dem Freunde etwas sagen, was man nicht gerade eine Woche später zurücknehmen muß, und doch wiegt uns die ewige Ebb und Flut hin und her, und was in der einen Stunde wahr ist, können wir ehrlicherweise in der nächsten Stunde nicht mehr von uns sagen . . . Die Augenblicke, wo wir Unvergängliches in uns finden, sind so bald zerstört, der Unvergängliche wird selbst zum Schatten und kehrt nur zu seiner Zeit, wie Frühling und Herbst, lebendig in uns zurück. Das ist's, warum ich wenigstens nicht gerne schreibe.«[1]

In diesen Sätzen findet sich sowohl die von der Günderrode

1 Hölderlin, a. a. O., Bd. 2, S. 691.

formulierte Erfahrung von der Hinfälligkeit der im Brief festgehaltenen Augenblicke als auch Kleists Entdeckung, daß dem für unvergänglich Gehaltenen die Zerstörung droht. Charakteristischerweise aber zieht Hölderlin eine andere Schlußfolgerung als Kleist: Das Unvergängliche erneuert sich im naturhaft begnadeten Wechsel, es verfällt nicht wie bei Kleist dem endgültigen Vergessen, das dann wiederum die Destruktion des Erlebnisses überhaupt zur Folge hat, weil dessen Verschwinden aus der Erinnerung antizipiert wird. Es bleibt bei Hölderlin also nur bei einer Ahnung der Diskontinuität. Das Bewußtsein seiner Briefe zeigt vielmehr, wie es sich gegen die Ahnung der Diskontinuität, des zerstörerischen Moments, aus dem Arsenal geschichtsphilosophischer Argumentation bewaffnet.[1]

Wie wir sahen, funktionierte dieser Schutz gegen das Einfallen des zerstörerischen Moments bei Kleist wenige Jahre später nicht mehr, der ja zu Beginn (1799/1800) sein Selbstverständnis aus demselben Arsenal speiste, aus dem die für immer von der Philosophie Geleiteten, Hölderlin und Novalis, unabhängig voneinander schöpften. Es überrascht hingegen nach dem früher zu Keats Festgestellten nun nicht mehr zu sehen, wie dessen Theorem vom schöpferischen Verlust der Identität in eben einen solchen Momentanismus mündet, wie Viebrock gezeigt hat[2]. Es handelt sich um das Aussetzen des ichbezogenen Bewußtseins angesichts von Wahrnehmungssensationen: »Nichts erstaunt mich über den gegenwärtigen Augenblick hinaus«[3]. Das Absehen von »beyond the moment« heißt eine radikale Einengung auf das »Nun« einer »absoluten Gegenwart«[4]. Bei Keats steht dieses Augenblicksbewußtsein im argumentativen Zusammenhang einer poetologischen Kreativitätstheorie. Das ist bei Kleist, Brentano und der Günderrode explizit nicht der Fall. Zunächst handelte es sich bei diesen gar nicht um Beglaubigung einer Kreativitätstheorie durch den »Augenblick«. Es hat sich sogar erwiesen, daß das Zurückgedrängtwerden auf Augenblicke, die keinen Zusammenhang mehr herstellen, nihilisti-

1 Die im Brief vom 10. Januar 1797 an Johann Gottfried Ebel beispielhaft formulierte geschichtsphilosophische Gewißheit steigert sich noch bis zur Jahrhundertwende und dem Jahr danach, wie die Briefe an den Bruder vom Neujahr 1801, an die Schwester vom 23. Februar 1801 beweisen.

2 Vgl. Viebrock, a. a. O., S. 200.

3 Zit. nach ebd.

4 Vgl. ebd.

sche Schlußfolgerungen impliziert. Dennoch zeigt sich in allen drei Beispielen, wie der Momentanismus positiv bezogen wird auf das poetische Bewußtsein. Wenn Hölderlin von einem Widerspruch zwischen philosophischer Bildung und poetischer Neigung sprach[1], dann ist dieser Widerspruch bei Kleist und Brentano zur fruchtbaren Krisis fortgeschritten. Paradigmatisch bei Kleist: Kleist wurde zum Dichter, als das katastrophische Bewußtsein von Diskontinuität die bis dahin geglaubten Kategorien des geschichtsphilosophischen Diskurses aufzulösen begann. Insofern ist die Theorie von der Augenblicksverfassung des poetisch-produktiven Menschen, die John Keats zehn Jahre später in seinen Briefen formulierte, durchaus beziehbar auf die Diskontinuitätserfahrung der deutschen Romantiker und verweist durch ihr Paradigma hindurch auf den modernen Modus des poetischen »Augenblicks«.[2]

1 Vgl. S. 55, Anm. 4 dieses Buchs.
2 Vgl. hierzu: Bohrer, *Plötzlichkeit,* a. a. O., S. 180ff.

IV
Ich-Entgrenzung: Tod, Liebe, Natur

Wenn man die Ich-Entgrenzung als eine spezifische Antwort auf die Identitätsbedrohung definiert und die drei Medien solcher Entgrenzung im Thema der Liebe, der Natur und des Todes identifiziert, dann ist man zunächst wieder zurückverwiesen auf das frühromantische Beispiel, vornehmlich auf Novalis, aber auch Hölderlin. Der Zusammenhang der drei Medien der Ich-Entgrenzung ist namentlich in Hölderlins Tragödienfragment *Empedokles* (1797–99) und in Novalis' *Hymnen an die Nacht* (1799/1800) gegeben: Die »Sehnsucht nach dem Tode« der *Hymnen* ist Sehnsucht nach der Natur und nach der erotischen Sphäre, der Sterbewille des *Empedokles* ist Sehnsucht nach dem All der Natur. Damit ist schon die subjekttranszendierende objektive Qualität dieser Medien für eine jeweilige Subjektkrise angedeutet. Anläßlich der Frage nach Existenzsicherung durch das emphatische Ich-Projekt bei Novalis[1] ist schon auf die reflexive Methode, das empirische Ich zu transzendieren, aufmerksam gemacht worden und die Rolle, die das Thema des Todes hier spielt.

Dieses Thema hat seine Vorgeschichte in zwei Formen der Unendlichkeitsphantasie des 18. Jahrhunderts gehabt: dem literarischen Leitmotiv des Todes, das Youngs *Night-Thoughts* (1742) in vielen Ausgestaltungen, namentlich in der Klopstocks folgte, und der theoretischen Diskussion, die von pietistischen oder orthodox aufklärerischen Positionen aus im Anschluß an Leibniz' Auffassung von der Unsterblichkeit der Seele vorgetragen worden ist. Lessings Schrift *Wie die Alten den Tod gebildet* (1769) und Herders gleichbetitelter Kommentar hierzu (1774) sowie seine weiteren Texte zur Palingenesie und Unsterblichkeit der Seele sind als Erben dieses theoretischen Diskurses über den Tod die unmittelbaren Vermittler zu jener Thematik, die in den genannten frühromantischen Texten auftaucht. Ihre »Geistes«-Bezogenheit erklärt sich von hier aus. Für Novalis ist das Sterben, die Selbsttötung, ein »philosophischer Act«[2] und zwar im Sinne jener schon zitierten Bemächtigung des »transzendentalen Selbst«. Was im Prozeß der reflexiven Vergewisserung des Ichs gewonnen wird, die Rückkehr »in sich«, die

1 Vgl. S. 45 dieses Buchs.
2 Novalis, a. a. O., Bd. 2, S. 223.

Abstraktion »von der Außenwelt«, eben dies wird im Tode gewonnen.

Daß der »Tod« bei dieser intellektuellen Operation eher eine Allegorie des Transzendentalen Idealismus darstellt, so wie Friedrich Schlegel in einem *Athenäum*-Fragment einmal fast frivol von der Französischen Revolution in diesem allegorischen Sinne sprach, ist zumindest insoweit richtig, als damit die Distanz zu einem religiösen, theologisch abgesicherten Todesbegriff hergestellt ist. Wie der Begriff der »Religion« von Friedrich Schlegel und auch von Schleiermacher im Sinne des frühromantischen poetologischen »Unendlichkeits«-Konzepts gedacht wurde, verstärkt die Annahme, daß die philosophische Todesanschauung Hardenbergs nicht mit religiöser Gläubigkeit identifiziert werden sollte. Und die *Hymnen an die Nacht* bestätigen dies. Obwohl hier christologische und geschichtsphilosophische Motive sich verbinden, vornehmlich in der fünften *Hymne*, kann die hochgradige Verfremdung solcher Diskurselemente durch eine ästhetisch-esoterische Rede nicht übersehen werden. Auch wenn der Projektcharakter dieser »Sehnsucht nach dem Tode«, der in Novalis' Briefen an Caroline von Just vom 28. März 1797 noch diskursimmanent, d. h. auch religiös affirmativ begründet wurde, erkennbar ist, so tritt in den *Hymnen* eine teleologische Absicht zurück. Die »Sehnsucht nach dem Tode« der *Hymnen* verwirft die geschichtsphilosophische, d. h. an endlicher Zeit orientierte Sinnstiftung. Und ebensowenig tritt eschatologisch der Zeitpunkt der »Wiederauferstehung von den Toten« ein, sondern es bleibt bei der semantischen Inszenierung ästhetisch vermittelter Symbole der »Nacht« und des »Todes«. Insofern ist die biographische Ebene (Briefe, Tagebücher), die theoretische Ebene (Fragmente und Studien) und die poetisch-imaginative Ebene (Hymnen) das Todeskonzept betreffend zu unterscheiden. Eine Unterscheidung, die auch weiterführend im Falle von Kleists Todes- und Selbstmordprojekt sein wird. Die esoterische Formulierung des Todesmotivs in Novalis' *Hymnen an die Nacht* warnt jedenfalls vor einer voreiligen expressiven, sei es biographisch-authentischen oder christlich-theologischen Sinnstiftung.

1. Kleist: Der Tod als teleologisches Projekt

Im Unterschied zu Novalis und Hölderlin, deren Tod zwar etwas Spektakuläres anhaftet, sei es, daß er so früh eintrat und auch gesucht wurde, sei es, daß er durch eine lange ominöse Krankheit sich ankündigte, sind zwei der hier erörterten Briefautoren Selbstmörder gewesen: die Günderrode und Kleist.

Kleist hat sich am 21. November 1811 gegen vier Uhr mittags am Wannsee bei Berlin erschossen. Er erschoß zunächst die ihm nicht erotisch, sondern sentimental-empfindsam befreundete Henriette Vogel, die todkranke Frau des Berliner Landrentmeisters Vogel, sodann sich selbst. Hätten wir nicht die Briefe, so würde der ungewöhnlich kaltblütige Hergang dieses Doppelsterbens allein schon auf einen sorgsam durchdachten Plan hinweisen: Nach Darstellung des Polizeiberichts fand man die beiden Leichen in einer auffällig arrangierten Stellung. Während Kleist vor Henriette Vogel in einer knienden Haltung lag, war ihm sein Haupt an ihre Schulter gesunken. Er hatte sie zunächst mit einer Pistole sofort tödlich ins Herz geschossen, darauf sich selbst in den Mund, ohne daß dabei Verwüstungen des Kopfes entstanden sind. Der ehemalige Offizier hat – offensichtlich ohne die geringste Irritation oder Nervosität – mit pistolengeübter Hand die Tat gegen die Vogel und sich selbst vollzogen.

Die fast geschäftsmäßige Sachlichkeit, mit der er in dem allerletzten Schreiben, das wir von seiner Hand besitzen, dem Berliner Freund Ernst Friedrich Peguilhen Details an die Hand gibt, »damit Sie uns bestatten können«, hat denn auch Eingeweihte schockiert: »Ich habe die fürchterlichen Briefe gelesen! Fürchterlich durch die Eiseskälte, die daraus dem zitternden, betränten Blick des Lesers schneidend entgegen fährt!« So Caroline Fouqué am 12. Dezember 1811 an Julian Eduard Hitzig, den Verleger der ersten Phase der *Berliner Abendblätter,* um deren Erhalt Kleist bis in das Frühjahr 1811 unter überaus demütigenden Umständen mit den preußischen Behörden vergeblich gekämpft hatte, so daß wir natürlich zwischen Selbstmord und dieser letzten ökonomisch und gesellschaftlich für ihn verheerenden Phase einen objektiv verursachenden Zusammenhang zu konstatieren haben. Sein Selbstmord ist denn auch von der Kaste, aus der er stammte, zumal eigenen Familienangehörigen – allerdings nicht den beiden ihm am nächsten stehenden Frauen Maria und Ulrike von Kleist – als peinliche, unsoldatisch-unadlige Verzweiflungstat gewertet worden, die das Ansehen des Namens von Kleist beflecke. Adam Müller sprach davon, daß beide Verstorbene das Andenken »an uns in das frevelhafte Spiel ihrer letzten Gedanken verwickelt« hätten. Von daher auch – wie im Falle der Günderrode – die Wahrscheinlichkeit, daß es Briefe gegeben hat, die von ihren Adressaten vernichtet worden sind!

Wir lassen uns im Kontext unserer bisherigen bewußtseinsanalytischen Kategorien nicht auf psychologisierende Mutmaßungen ein, vor allem auf keine aktualisierende Motivforschung, sondern stellen vorab fest: Kleists Selbstmord, von diesem am 10. November 1811 im Brief an Marie von Kleist erstmalig buchstäblich angekündigt, dann am 19. November, am 20. November und am 21. November 1811 in Briefen an Marie und Ulrike von Kleist sowie an Sophie Müller, die Frau Adam Müllers, begründet und interpretiert, ist schon zehn Jahre vor seinem Vollzug in dem Brief vom 26. Oktober 1803 an die Halbschwester Ulrike unter gewiß noch ganz anderen Umständen angekündigt worden. Das Motiv der Todessehnsucht taucht noch früher auf und kehrt, abgesehen von den Jahren seiner außengeleiteten Aktivität zwischen 1806 und 1810, immer wieder; insofern kann von einer plötzlichen Verzweiflungstat ohnehin keine Rede sein, sondern nur von etwas, das Kleist ein Jahrzehnt lang als ein Leitmotiv bearbeitete und reflektierte, also als ein Projekt vorweggenommen hat.

Die Frage, die sich uns hier stellt, ist nicht eine nach dem psychischen Zustand Kleists, sondern nach dem Zustand seiner intellektuell-reflexiven Selbstvermittlung hinsichtlich des Todesmotivs: War es am Ende eine letzte Antwort auf die katastrophalen Selbsterfahrungen nach Auflösung seiner wissens- und zielorientierten Identität im Jahre 1801? Dann wären Tod und Selbstmord der letzte, noch ausstehende katastrophale Vorgang. Oder aber: Ist der Tod Kleists – ohne Batailles Begriff hier zu beanspruchen – nach Bewußtsein und Sprache dem Bereich des Heterogenen zugehörig? Die Sprache der sterbenden Penthesilea verwiese auf eine solche Möglichkeit. (Der Bereich des Rationalen, Weltidentischen ist der des Homogenen.) Und wäre der Selbstmord, wenn dem so wäre, also als ein kulturrevolutionärer Akt interpretierbar: als eine nicht übersteigbare Absage an die rationale und teleologische Sphäre der Mittel und Zwecke? War dieser Selbstmord also ein Akt doppelter Diskontinuität, sei es aus Verzweiflung über das Absterben der teleologisch-geistigen Kriterien, sei es aus emphatischer Entdeckung des Todes als dem Heterogenen? Oder aber gehört gerade der Selbstmord vielleicht zur zielorientierten Sphäre der Kontinuität, wodurch Kleist am Ende sein Leben konzeptualisierte? War der Selbstmord sozusagen das einzige auf die Kategorie Zukunft noch beziehbare Projekt unter anderen Projekten, das wirklich erfolgversprechend schien und erfolgreich wurde?

Die Antwort hierauf soll in zwei Etappen gegeben werden: Erstens in einer Analyse der eigentlichen Selbstmordbriefe und zweitens in einer Analyse des in dem über die Jahre vorher aufgetretenen Selbstmordthemas bzw. des Motivs der Todessehnsucht.

Zum ersten: Die früheste Ankündigung des Selbstmords ist der Brief vom 10. November 1811 an Marie von Kleist, eine durch Heirat in die Kleist-Familie gekommene späte Vertraute Heinrichs. Dieser Brief enthält das sogenannte Motiv. Zunächst spricht dieser Brief von einer generellen, nicht überkommbaren Zerfallenheit mit dem Leben: »ich würde den Entschluß zu sterben, den ich gefaßt habe, wieder aufgegeben haben. Aber ich schwöre Dir, es ist mir ganz unmöglich länger zu leben; meine Seele ist so wund, daß mir, ich möchte fast sagen, wenn ich die Nase aus dem Fenster stecke, das Tageslicht wehe tut, das mir darauf schimmert«[1]. Kleist differenziert diesen Zustand sofort von der Unterstellung, er sei krank und »überspannt«. Vielmehr begründet er seine schmerzhafte Ausgesetztheit – er nennt zunächst kleine Angriffe gegen das Gefühl jedes Menschen – in der Tatsache, daß er unaufhörlich mit »Schönheit und Sitte« umgegangen sei; zwischen der imaginativen inneren Welt seiner literarischen Kriterien – Schönheit, Sitte – einerseits und der vulgären Außenwelt von gegen ihn gerichteten Angriffen bzw. Kränkungen andererseits kann er offensichtlich nicht mehr vermitteln: »So versichere ich Dich, wollte ich doch lieber zehnmal den Tod erleiden, als noch einmal wieder erleben, was ich das letztemal in Frankfurt an der Mittagstafel zwischen meinen beiden Schwestern . . . empfunden habe«[2].

1 Kleist, a. a. O., S. 883.
2 Ebd.

Kleist unterscheidet zwei spezifische Gründe seines »Entschlusses zu sterben«; einmal ist es die Nichtachtung von seiten der eigenen Familie, zum andern die gesellschaftliche und politische Situation: Preußens demütigende Allianz mit dem napoleonischen Frankreich. Die zentrale Passage dieses Briefes lautet:

»aber der Gedanke, das Verdienst, das ich doch zuletzt, es sei nun groß oder klein, habe, gar nicht anerkannt zu sehn, und mich von ihnen als ein ganz nichtsnutziges Glied der menschlichen Gesellschaft, das keiner Teilnahme mehr wert sei, betrachtet zu sehn, ist mir überaus schmerzhaft, wahrhaftig, es raubt mir nicht nur die Freuden, die ich von der Zukunft hoffte, sondern es vergiftet mir auch die Vergangenheit. – Die Allianz, die der König jetzt mit den Franzosen schließt, ist auch nicht eben gemacht mich im Leben festzuhalten. Mir waren die Gesichter der Menschen schon jetzt, wenn ich ihnen begegnete, zuwider, nun würde mich gar, wenn sie mir auf der Straße begegneten, eine körperliche Empfindung anwandeln, die ich hier nicht nennen mag. Es ist zwar wahr, es fehlte mir sowohl als ihnen an Kraft, die Zeit wieder einzurücken; ich fühle aber zu wohl, daß der Wille, der in meiner Brust lebt, etwas anderes ist, als der Wille derer, die diese witzige Bemerkung machen: dergestalt, daß ich mit ihnen nichts mehr zu schaffen haben mag. Was soll man doch, wenn der König diese Allianz abschließt, länger bei ihm machen? Die Zeit ist ja vor der Tür, wo man wegen der Treue gegen ihn, der Aufopferung und Standhaftigkeit und aller andern bürgerlichen Tugenden, von ihm selbst gerichtet, an den Galgen kommen kann.«[1]

Diese doppelte Motivation, gesellschaftliche und nationale Ehrlosigkeit, ist zunächst einmal ein kodexgebundenes Argument. Kleist zitiert die gesellschaftlichen und politischen Standards der eigenen Klasse mit der äußerst möglichen Rigorosität, so wie ein adliger Offizier dem Selbstmordgebot unter genau definierten Bedingungen von Entehrung Folge leistet. Und dies nach Jahren der gesellschaftlichen Entfremdung und inkommensurablen Ich-Erfahrung! Noch im Sommer hatte er an dieselbe Adressatin geschrieben, daß er angesichts einer Lektüre oder im Theater oder im Anlauf eines eigenen »phantastischen« literarischen Projekts Kräfte, die erstorben schienen, in sich fühle: »Alsdann will ich mei-

1 Ebd., S. 883f.

nem Herzen ganz und gar, wo es mich hinführt, folgen und schlechterdings auf nichts Rücksicht nehmen, als auf meine eigne innerliche Befriedigung. Das Urteil der Menschen hat mich bisher viel zu sehr beherrscht«[1].

Kleist widerspricht mit dem zunächst angegebenen Motiv zum Selbstmord also direkt dieser Erkenntnis und Maxime, wonach nur das eigene »Herz« Kriterium des Handelns sein darf. Er bestätigt allerdings seine von ihm selbst kritisierte Schwäche, auf das Urteil der Menschen zu sehr zu hören. Es erhebt sich also die Frage, inwiefern wir das gesellschaftskonforme Argument tatsächlich als Sterbemotiv annehmen müssen oder ob nicht der von Kleist Eingang dieses Briefes beschriebene »Zustand« – »meine Seele ist wund« – »das Tageslicht wehe tut« – die Todesursache genauer angibt, obwohl die Metapher von der »wunden Seele« aus dem Arsenal empfindsam-pietistischer Sprache stammt und auch bei anderen Briefautoren der Epoche auftaucht. Zu bedenken ist gewiß, daß Selbstzweifel und das Gefühl seiner »Würde« konstitutiv bleiben für sein Selbstverständnis.[2] Die Entfremdung von der Konvention wird nunmehr aber angenommen. Ist es nicht – geurteilt nach allem, was bisher über Kleists Identitätsproblematik zu sagen war – einleuchtender festzustellen: er suchte den Tod, weil dieser ihm etwas zu versprechen schien, das er im Leben nicht erreichen konnte, als auf diese oder jene spezielle Ursache hinzuweisen, auch wenn Kleist sie selbst angibt? Der Tod also als ein finales Projekt des teleologischen Diskurses.

Wie sich nun zeigen läßt, verweisen die beiden zentralen Motive der letzten vier Briefe auf eine solche Interpretation: Es sind die Motive Erhabenheit, Glück und das Motiv des Eros/Thanatos, der Wollust im Tode. In der ersten Andeutung möglicher Entwicklungen, am 17. September 1811, also zwei Monate vor der eigentlichen Ankündigung, schreibt Kleist wiederum an Marie von Kleist: »erst, wenn ich tot sein werde, kann ich mir denken, daß Sie mit dem vollen Gefühl der Freundschaft zu mir zurückkehren werden«[3]. Und: »Ich würde Ihnen den Tod wünschen, wenn Sie zu sterben brauchten, um glücklich zu werden«[4]. Das Leben als

1 Ebd., S. 874.
2 Hierzu: Schrader, a. a. O., S. 140.
3 Kleist, a. a. O., S. 877.
4 Ebd.

schmerzvoll, gewisse Erlebnisse als unerträglich schmerzvoll zu empfinden, diese Kleistsche Erfahrung ist gewiß. Aber genauer würde man dieses Motiv fassen, wenn man in seinem Todesentschluß die »Glücks«-Absicht erkennt, wie das der Brief vom 17. September 1811 im eben zitierten Satz ausdrückt. Man kann sogar fragen: Wäre die Erfahrung von Schmerz so groß gewesen, hätte er nicht damals schon bewußt, seit langem unbewußt, die Alternative des letzten Projektes, das Projekt des Todes gehabt? Er schrieb in besagtem Brief vom 17. September über seinen desaströsen Zustand: »es ist mir ganz stumpf und dumpf vor der Seele, und es ist auch nicht ein einziger Lichtpunkt in der Zukunft, auf den ich mit einiger Freudigkeit und Hoffnung hinaussähe.«[1] Er fährt fort: »Wirklich, es ist sonderbar, wie mir in dieser Zeit alles, was ich unternehme, zugrunde geht; wie sich mir immer, wenn ich mich einmal entschließen kann, einen festen Schritt zu tun, der Boden unter meinen Füßen entzieht.« Und: »Ich gestehe, daß ich mit ebenso viel Lust bei Regen und Schneegestöber, in eine ganz finstere Nacht hinaus gehen würde, als nach dieser Stadt. Nicht, als ob sie mir an und für sich, widerwärtig wäre; aber es scheint mir trostlos, daß ich es nicht beschreiben kann, immer an einem anderen Orte zu suchen, was ich noch an keinem, meiner eigentümlichen Beschaffenheit wegen, gefunden habe.«[2]

Wir sehen: positiv oder negativ bleibt ein teleologisches, zukunftsbezogenes Kriterium im Gedankenspiel, obgleich dessen wissenschaftlich-theoretischer Fassung längst aufgesagt ist. Es reicht nicht aus, Kleists gesellschaftliche und politische Motive, die der »Ehre«, einfach zu übernehmen. Rein psychologisch-biographischem Interesse bieten die wenigen Briefe ab 17. September bis 10. November 1811 das Bild einer fortschreitend psychisch-physischen Desorientierung. Der psychologisierende Biograph Kleists kann sagen: Hier haben wir die Wurzel des Entschlusses, hier deutet sich die Entwicklung an, die schließlich im Selbstmordentschluß und dann im vollzogenen Selbstmord endete. Damit verfiele Kleists Selbstmord entweder dem katastrophalen Modus der reinen Subjektidentität, wäre als Verzweiflungs- und Ermüdungsakt aufzufassen. Aber die Sprechweise des Entschlußbriefs vom 10. November und die folgenden Briefe und Verhaltensweisen deuten auf

1 Ebd., S. 878.
2 Ebd., S. 878f.

eine andere Lösung hin: solange Kleist sich in schierer »Dumpfheit« befand, in schierer Selbstbeobachtung des Scheiterns befangen, solange konnte er nur krank werden oder entschlußlos reagieren, was beides auch geschah. Der Entschluß zum Selbstmord aber bedurfte seines Charakters wegen einer ganz anderen Form von Definition. Er mußte den eigenen Schmerz am Leben nicht bloß als Schmerz bzw. Lebensentzug oder gar Demütigung erfahren, sondern ihn kategorial neu fassen: zunächst in einer Form von Stigmatisierung, dann Auszeichnung zum Tode hin. Schließlich aber konnte der Tod als Ziel verstanden, sozusagen aufs innigste zu wünschen, den Charakter eines teleologischen Projekts annehmen, das ähnlich wie die zuvor betriebenen Projekte noch einmal Kleists zukunftsbezogene Energie und sein Sprachbewußtsein anspannten. Schon der Brief vom 10. November zeigt Sprachgesten des Einverständnisses mit der ästhetischen Kategorie des Erhabenen – »meine Seele ist so wund« – und mit einer neuen negativen Pathosformel von der eigenen Gefährlichkeit für andere Menschen.

Ordnen wir also die angegebenen Gründe – Nicht-Anerkennung seiner schriftstellerischen Leistung und Ehrlosigkeit der preußischen Politik – als relativ konventionelle, wenn auch ausdrucksvolle Benennungen der adligen Adressatin gegenüber, einer anderen Kategorie, nämlich der der telosbezogenen Reflexion, unter. Diese teleologische Perspektive ist denn auch in der Zeit zwischen dem 10. und 19. November sprachlich vollzogen worden. Der zweite Brief an Marie von Kleist – datiert vom 19. November – gibt keinen Hinweis mehr auf die Schmerzen des verweigerten Lebens als vielmehr auf die komplexe Wonne des bevorstehenden Todes:

»Meine liebste Marie, mitten in dem Triumphgesang, den meine Seele in diesem Augenblick des Todes anstimmt, muß ich noch einmal Deiner gedenken und mich Dir, so gut wie ich kann, offenbaren: Dir, der einzigen, an deren Gefühl und Meinung mir etwas gelegen ist; alles andere auf Erden, das Ganze und Einzelne, habe ich völlig in meinem Herzen überwunden. Ja, es ist wahr, ich habe Dich hintergangen, oder vielmehr ich habe mich selbst hintergangen; wie ich Dir aber tausendmal gesagt habe, daß ich dies nicht überleben würde, so gebe ich Dir jetzt, indem ich von Dir Abschied nehme, davon den Beweis. Ich habe Dich während Deiner Anwesenheit in Berlin gegen eine andere Freundin vertauscht; aber wenn Dich das trösten kann, nicht gegen eine, die mit mir leben, sondern, die im Gefühl, daß ich ihr ebenso wenig treu sein würde, wie Dir, mit mir sterben will. Mehr Dir zu sagen, läßt mein Verhältnis zu dieser Frau nicht zu. Nur so viel wisse, daß meine Seele, durch die Berührung mit der ihrigen, zum Tode ganz reif geworden ist; daß ich die ganze Herrlichkeit des menschlichen Gemüts an dem ihrigen ermessen habe, und daß ich sterbe, weil mir auf Erden nichts mehr zu lernen und zu erwerben übrig bleibt. Lebe wohl! Du bist die allereinzige auf Erden, die ich jenseits wieder zu sehen wünsche. Etwa Ulriken? – ja, nein, nein, ja: es soll von ihrem eignen Gefühl abhangen. Sie hat, dünkt mich, die Kunst nicht verstanden sich aufzuopfern, ganz für das, was man liebt, in Grund und Boden zu gehn: das Seligste, was sich auf Erden erdenken läßt, ja worin der Himmel bestehen muß, wenn es wahr ist, daß man darin vergnügt und glücklich ist. Adieu! – Rechne hinzu, daß ich eine Freundin gefunden habe, deren Seele wie ein junger Adler fliegt, wie ich noch in meinem Leben nichts Ähnliches gefunden habe; die meine Traurigkeit als eine höhere, festgewurzelte und unheilbare begreift, und deshalb, obschon sie Mittel genug in Händen hätte mich hier zu beglücken, mit mir sterben will; die mir die unerhörte Lust gewährt, sich, um dieses Zweckes willen, so leicht aus einer ganz wunschlosen Lage, wie ein Veilchen aus einer Wiese, heraus heben zu lassen; die einen Vater, der sie anbetet, einen Mann, der großmütig genug war sie mir abtreten zu wollen, ein Kind, so schön und schöner als die Morgensonne, um meinetwillen verläßt: und Du wirst begreifen, daß meine ganze jauchzende Sorge nur sein kann, einen Abgrund tief genug zu finden, um mit ihr hinab zu stürzen. – Adieu noch einmal! –«[1]

Die Wonne des Todes oder die teleologische Struktur des Selbstmordprojektes ist komplex. Grundton ist die erhabene Sprache, eine emphatisch-heroische Selbstdarstellung: »Triumphgesang, den meine Seele in diesem Augenblick des Todes« – »meine Seele . . . zum Tode ganz reif geworden« – »die ganze Herrlichkeit des menschlichen Gemüts« – »deren Seele wie ein junger Adler fliegt« – »die mir die unerhörte Lust gewährt« – »meine ganze jauchzende Sorge« – »einen Abgrund tief genug zu finden, um mit ihr hinab zu stürzen«. Man kann diesen Text selbst als den von Kleist zitierten, von ihm dann sprachlich umgesetzten »Triumphgesang«

1 Ebd., S. 884f.

im Stile der romantischen Erhabenheitsforderung lesen, in welcher der Tod dann die zentrale Erfüllung darstellt. Am Beispiel der frühen Briefe der Günderrode werden wir diesem heroischen Topos der nachrevolutionär-klassizistischen Kunst und Literatur wiederbegegnen. Wenn diese davon schreibt, sie habe den Wunsch gehabt, sich »in ein wildes Schlachtengetümmel zu werfen, zu sterben«, dann ist dieser Topos zitiert. Bei Kleist wiederholt sich mehrfach auch die Vorstellung von der »Reife« zum Tode, von der die Günderrode am Beispiel ihrer Schwester spricht. Der Tod als Vollendung der zu sich selbst kommenden Seele – dieses spiritualistische Motiv der neuplatonisch-pietistisch angeregten Empfindsamkeit ist also von Kleist einer Rhetorik des Sterbens entlehnt, aber individuell emphatisch anverwandelt. Das gilt ebenfalls für den Gestus, »daß ich sterbe, weil mir auf Erden nichts mehr zu lernen und zu erwerben übrig bleibt«[1]. Auch hier liefert die Günderrode die Parallele, wenn sie davon spricht: »Recht viel wissen, recht viel lernen und nur die Jugend nicht überleben«[2].

Der griechische Mythos vom frühen Tod der Götterlieblinge klingt in ästhetischer Bearbeitung durch. Die Französische Revolution und die napoleonische Ära haben dem pietistisch-spirituellen Element das eigentlich heroische hinzugefügt: Die Adaption der römischen Republik in heroischen Situationen, die Wiederholung ihrer ästhetisch-kulturellen Muster sowohl in den Reden der französischen Abgeordneten, namentlich den letzten überlieferten Worten Dantons und Saint-Justs, aber auch der zum Tode verurteilten Girondisten zum einen, die Adaption ähnlicher Vorlagen in der zeitgenössischen Kunst (David) und Dramatik (Schiller) zum anderen – diese komplexe Semantik des heroischen Todes ist in die Textstellen Kleists miteinzusetzen. Begriffe wie »Triumphgesang« und »junger Adler« sind unmittelbar dieser Sprache entlehnt. Kleist hat diese Bilderreihen und Vorstellungsketten, die im letzten Kapitel noch zu erörtern sein werden, verbunden mit dem zentralen Begriff seines teleologischen Systems: dem »Glück«, »worin der Himmel bestehen muß«. Im kurzen Brief an Sophie Müller (20. November 1811) tritt ein weiteres Motiv der klassizistischen Todesemphatik hinzu: das der »Flügel an den Schultern«. Es ist eingeleitet durch das Bild der »Seelen« als »zwei fröhliche Luftschiffer«, die sich

1 Ebd., S. 885.
2 Vgl. S. 184 dieses Buchs.

»über die Welt erheben«, und dann fortgeführt: »Wir, unsererseits, wollen nichts von den Freuden dieser Welt wissen und träumen lauter himmlische Fluren und Sonnen, in deren Schimmer wir, mit langen Flügeln an den Schultern, umherwandeln werden. Adieu!«[1]

In der Todessymbolik der römischen Sarkophage stellt der Schmetterling die Psyche dar – ein Symbol der befreiten Seele. Die theoretische Verarbeitung aller spiritualistischen Aktualisierungen des römisch-griechischen Todeskults hatte Lessings Aufsatz *Wie die Alten den Tod gebildet* geliefert. Die Wirkung dieses Aufsatzes auf die Zeitgenossen und auch die nachfolgende Generation ist noch an der widersprüchlichen Debatte, die Schillers Elegie *Die Götter Griechenlands* und Novalis' fünfte *Hymne an die Nacht* mit ihm führen, ablesbar. Insofern schließt sich Kleist in der Flügelmetapher – im Unterschied zu Novalis' Kritik – affirmativ an den klassizistischen »heiteren« Todesdiskurs an. Allerdings ist eine weitere Vermittlungsinstanz zu erwägen: Jean Pauls Konzept vom »hohen Menschen«, wie es in der Todesseligkeit des Romans *Die unsichtbare Loge* (1793) dargestellt ist; der hohe Mensch hat besondere esoterische Vorzüge: »die Erhebung über die Erde, das Gefühl der Geringfügigkeit alles irdischen Tuns . . . den Wunsch des Todes und den Blick über die Wolken«[2]. Der »hohe Mensch« ist ein potentieller Engel. Der Held des Romans stellt sich vor, »seine Seele flöge auf der breiten, durch alle Sonnen gehenden Lichtstraße der vorausgeeilten nach«[3]. In Anbetracht des Faktums, daß Jean Pauls Roman die romantische Generation beeindruckte – die Novalis-Forschung hat das am Detail dargetan –, ist es nicht gewagt zu sagen, daß in den Briefen Kleists vom 19. und 20. November 1811 die Sprache der Erhabenheit grundsätzlich durch zwei Konzepte vermittelt wurde: das heroische Konzept der Revolutionsepoche und das schon literarisierte Empfindsamkeitsmotiv des »hohen Menschen«. Es bleibt die Metapher des »Abgrunds«, in die sich der Briefautor Kleist zu »stürzen« sehnt. Auch hier gibt es die heroisch-erhabene Vorlage, die Kleist allerdings nicht kannte: Hölderlins *Empedokles.* Seine Todessehnsucht konkretisiert sich im Sturz in den Ätna, der metaphorisch auch als »Abgrund« vorgestellt ist. Die Abgrundmetapher wurde in der Frühromantik emphatisiert,

1 Kleist, a. a. O., S. 886.
2 Jean Paul, *Werke.* Hrsg. v. Norbert Miller. München 1975, Bd. 1, S. 221.
3 Ebd., S. 283.

vornehmlich durch Novalis sowohl in den *Hymnen an die Nacht* als auch schon in einem berühmt gewordenen Brief an Friedrich Schlegel vom 20. August 1793, wo er von der »schwindelnden Tiefe« spricht, in die dieser hinabsehe, und ihn als »aus der Familie des Untergangs«[1] stammend charakterisiert.

Der euphorische Gestus des Glücks und der »Heiterkeit« beherrscht auch den vielzitierten Brief an die Schwester Ulrike, datiert am Morgen seines Todes, aus dem immer nur der Satz zitiert ist: »Die Wahrheit ist, daß mir auf Erden nicht zu helfen war.« Damit aber ist Kleists Todessprache auf ein pessimistisches Existential verkürzt, das zu sehr moderne Assoziationen (Leben zum Tode, Absurditätsmotiv) erwecken könnte. Entscheidend ist die Fortsetzung: »Und nun lebe wohl; Möge Dir der Himmel einen Tod schenken, nur halb an Freude und unaussprechlicher Heiterkeit, dem meinigen gleich«.

Mit dem Begriff »Heiterkeit« ist eine komplexe und tiefe Bedeutungsdimension genannt. Der Begriff der »Heiterkeit«, der auch im »Triumphgesang«-Brief auftaucht, ist nicht als Beschreibung eines psychischen Zustands, sondern als eine literarisch vermittelte Kondition des »hohen Menschen« zu lesen. »Heiterkeit« überhaupt und angesichts des Todes besonders ist eine Haltung, die die Popularphilosophie des 18. Jahrhunderts der stoischen Tradition verdankt: Novalis' erste Tagebucheintragung (18. April 1797) nach dem Tode der Verlobten Sophie enthält, im Zusammenhang der »Mancherley Gedanken über Sie« und dem Hinweis auf einen »Zielgedanken«, der »ziemlich fest« steht, auch den Begriff »heiter«. Er ist an dieser Stelle einem teleologischen Projektmotiv angeschlossen, das in den folgenden Eintragungen, vor allem den Datierungen vom 13., 17./18. und 19. Mai, entfaltet wird und schon bei Novalis einen Enthusiasmus der Todes-Rede enthält, der die Bedingungen der Kleistschen Emphatik erkennen läßt: den zur reinen Teleologie verwandelten Unsterblichkeitsdiskurs. Der Begriff »heiter«, aber auch »selig«, »freudig« taucht in den der Tagebuchnotiz vom 18. April 1797 folgenden Eintragungen immer im Kontext von Sophies Tod auf.[2] Während seiner beginnenden Krankheit schreibt Novalis an Friedrich Schlegel am 5. April 1800: »Mit mir nimmt's hoffentlich bald ein fröhliches Ende. Zu Johannis denke ich im Pa-

1 Novalis, a. a. O., Bd. 1, S. 541 f.

2 Vgl. Eintragung vom 19., 20., 24. April, 4., 5., 21. Mai.

radiese zu sein.« Es ist indessen auch daran zu erinnern, daß »Heiterkeit« der moralisch-ästhetische Status war, den die klassisch-idealistische Ästhetik der neunziger Jahre, namentlich Schillers und diesem konventionell noch folgend Hölderlins *(Hymne an die Heiterkeit)*, dem griechischen Ideal zuerkannte: *Die Götter Griechenlands* repräsentieren die »heitere Sphäre«, die der Moderne verloren gegangen ist und nur qua geschichtsphilosophischer Reflexion (*Über naive und sentimentalische Dichtung*, 1795) wiedergewonnen wird[1].

»Heiterkeit« ist somit auch eine utopische Dimension des ästhetisch-anthropologischen Diskurses des Jahrhundertendes: der »heitere« Mensch hat den Zustand des Göttlichen in sich hergestellt. Schiller hatte dem Begriff des »Heiteren« eine doppelte Dignität verliehen, eine geschichtsphilosophische und eine ästhetische: »heiter« war die verlorene Welt der olympischen Götter und »heiter« wurde wieder die Kunst idealer Formen. In diesem von ihm spärlich benutzten Wort kommen die häufiger benutzten, verwandten Wörter – es sind vornehmlich »selig«, »freudig« – zu ihrem Begriff. Dieser polarisiert den »ernsten« Bereich des unidealischen modernen »Lebens«. Bei Schiller ist der Begriff »heiter« zu einem Terminus seiner Kunstphilosophie hypostasiert worden. Kleist hat in seinem Aufsatz *Über das Marionettentheater* die Utopie naiver oder wiedergewonnener »Heiterkeit« neu gedacht. Darüber ist nicht zu vergessen, daß es sich um ein geläufiges Wort der gebildeten Umgangssprache handelt, wie die Briefliteratur der Epoche generell belegt. Aber auch dort, wo es quasi pragmatisch benutzt wird, kann ein idealisches Moment es begleiten. So in den Briefen Hölderlins[2], dessen Empfänglichkeit vornehmlich für Schillers philosophische Gedichte ja ein zentraler Impuls für das eigene Werk gewesen ist.

Kleists zentrale Metaphorik der Selbstmordbriefe gehört also zum geläufigen Arsenal der gebildeten Kommunikationssprache, was der Beobachtung entspricht, daß Kleists Sprache eine Neigung zu konventionellen Bildern hat.[3] Das gilt auch für das Unsterblich-

1 Im Gedicht *Die Götter Griechenlands* selbst tritt der Begriff »heiter« in der zweiten Fassung auf, die ihm folgenden philosophischen Gedichte enthalten ihn: So *Die Künstler, Klage der Ceres, Die Ideale, Das Eleusische Fest, Das Ideal und das Leben* und *Das verschleierte Bild zu Sais.*

2 Vgl. die Briefe an die Mutter, 10. Juni 1788, Ende April 1789, zweite Hälfte November 1792.

3 Vgl. Hans Joachim Kreutzer, *Die dichterische Entwicklung Heinrich von Kleists.* Berlin 1968, S. 122f.

keitsmotiv selbst, das längst in der popularphilosophischen Diskussion zu einem Topos gemacht worden war, so daß der junge Hölderlin in einem Brief an den Freund Immanuel Nast anläßlich der geschilderten Abschiedsszene von der todkranken Tante schreiben kann: »Es ist des Menschen seligster Gedanke, der Gedanke an die Ewigkeit –. Wenn ich oft so düster zu meiner Louise komme und über die Menschen klage – und mir für die Zukunft bange wird – da mahnt sie mich an die Ewigkeit – und das sind selige Stunden.«[1]

Es zeigt sich, wie komplex die semantische Determination von Kleists Selbstmordsprache zu veranschlagen ist. Die individualisierende Innovation liegt hier nicht im Wortmaterial selbst, sondern in seiner Applikation, dem Stil der Satzbildung, in seiner spezifisch emphatischen Rhetorik. Im Blick auf die Thematik von Novalis' Tagebüchern nach dem Tode Sophies ist zumal zu fragen, inwieweit Kleist radikalisiert hat, was ihm generell vorgegeben war, auch wenn er dessen spezifische Form nicht immer kannte: In Novalis' Eintragung vom 13. Mai 1797 heißt es über den Besuch an Sophies Grab: »Abends gieng ich zu Sophieen. Dort war ich unbeschreiblich freudig – aufblitzende Enthusiasmus Momente – Das Grab blies ich wie Staub, vor mir hin – Jahrhunderte waren wie Momente – ihre Nähe war fühlbar«[2]. Hier ist strukturell die Todesemphatik von Kleists »Triumphgesang«-Brief vorgebildet: Angesichts des Grabes treten Momente des »Enthusiasmus« auf, in einer Kleist ähnlichen Wendung ist von einem »unbeschreiblich freudigen« Zustand die Rede. Warum? Novalis begründet hier keine Selbstmordabsicht. So wäre der Anblick des Grabes nur eine Allegorie der Unsterblichkeit, deren sich der Betrachter »freudig« innewird? Die Tagebucheintragung vom 13. Mai ist partiell auch in die Metaphorik der dritten *Hymne an die Nacht* eingegangen, was die lange Zeit vorherrschende autobiographische Deutung der *Hymnen* mitbestimmt hat. Von dort her ist aber kein weiterer Aufschluß für die Tagebuchstelle zu gewinnen, wenn man die imaginativ-ästhetische Form der Hymne richtig liest. Indes helfen Novalis zwei Briefe vom 28. März 1797 an Rahel Just, den »Enthusiasmus« des Tagebuchs über die Freude der Unsterblichkeitsgewißheit hinaus genauer zu erkennen und ihn auf den ursprünglichen, schon zitierten

1 Brief an Immanuel Nast, kurz nach dem 18. April 1788.
2 Novalis, a. a. O., Bd. 1, S. 463.

»Zielgedanken«, also ein teleologisches Projekt, zu beziehen. Im ersten Brief vom 28. März spricht Novalis davon, daß »die guten Augenblicke auflodernder Heiterkeit«[1] ganz ausgeblieben seien, die offensichtlich der Trauer um Sophies Tod sofort beigemischt waren. Dieser gefährliche Zustand wird indes konterkariert durch eine gedankliche Anstrengung, nämlich das Projekt für eine »wahre Zukunft«[2], das ist das »Jenseitige«, sowie die Identifikation mit der schon erläuterten Idee des »hohen Menschen« von Jean Paul. Die Begründung, die Novalis gibt, legt die teleologische Basis des »Enthusiasmus« frei:

»Wenn ich ein wahrhaft hoher Mensch seyn wollte, sollte nicht jetzt eine ewige Heiterkeit meine Augen und meine Stirn beseelen – und himmlischer Enthusiasmus meine Brust erfüllen. Wer bin ich, daß ich so irdisch klage? Sollt ich nicht Gott danken, daß er mir so früh meinen Beruf zur Ewigkeit kund machte? Ist es nicht Beruf zur apostolischen Würde? Kann ich im Ernst Sofieens Schicksal beklagen – Ist es nicht ein Vorzug für Sie – Ist nicht ihr Tod und mein Nachsterben eine Verlobung im höhern Sinn? Gott hat mich und Sie für die schleichende Ansteckung der Gemeinheit bewahren – er hat Sie in eine höhere Erziehungsanstalt bringen, diese zarte Blume unter einen bessern Himmel verpflanzen und mich den stärkern, den rohern Mann noch in der Erdenluft zeitigen wollen.«[3]

Novalis schließt aus dieser teleologischen Sinndeutung die Frage an, ob Gott nicht von ihm den »unverwandten Blick auf den Himmel« und ein »ewiges Gelübde der Tugend und des Glaubens an die Samenideen der innersten Menschheit«[4] fordere. Im zweiten Brief vom 28. März spricht Novalis die Gewißheit aus, daß er seine »ganze vorige Existenz vergessen«[5] müsse und spricht von dem »Beruf zur unsichtbaren Welt, diese liebevolle Annäherung zu Gott und dem Erhabensten, was die Menschheit hat«[6].

Zieht man diese Versuche, den Tod Sophies mit dem Unsterblichkeitsdiskurs der Epoche zu vermitteln – namentlich sind Zentralgedanken Jean Pauls (»hoher Mensch«) und Herders (»Samenideen der innersten Menschheit«) zitiert – zur Erklärung der »Enthusias-

1 Ebd., S. 623.
2 Ebd., S. 624.
3 Ebd., S. 624f.
4 Ebd., S. 725.
5 Ebd., S. 626.
6 Ebd.

mus«-Stelle des Tagebuchs heran, dann wird deutlich, wie weit sich hier schon ein Motivbündel der Unsterblichkeitsphilosophie zu einem privaten teleologischen System entwickelt hat. Von hier aus zum Projekt, den eigenen Tod bald herbeizusehnen, Sophie nachzusterben – nicht aus Trauer, sondern aus Sehnsucht nach dem »bessern Himmel« und der »apostolischen Würde«, dies ist implizit schon angelegt. Am 6. Juli 1797 notiert Novalis in das Tagebuch: »Heute früh ein ernsthaftes Gespräch über den Selbstmord mit Langermann.«[1] Diese als Möglichkeit auftauchende Konsequenz des Projekts der »ewigen Heiterkeit« und des »hohen Menschen« belegt nachdrücklich, daß Kleists »Triumphgesang«-Brief in der emphatischen Metaphorik, in der teleologischen Begründung und in der esoterischen Anverwandlung des Unsterblichkeitsdiskurses durch Novalis strukturell vorgebildet worden ist. Sofern davon etwas in der dritten *Hymne an die Nacht* zur Sprache kommt, kann es Kleists eigene esoterische Phantasie beeinflußt haben.

Es gibt außer Novalis' Text keinen, in dem der Kleistsche »Triumphgesang« präfiguriert worden wäre, was besonders am Todeswunsch Werthers und Anton Reisers zu exemplifizieren wäre: Diese beiden bedeutenden vorromantischen Beispiele kennen noch keinen Enthusiasmus des Todes, sondern sind an anderen Elementen der melancholischen literarischen Tradition (Hamlet, Ossian, Christologie) orientiert. Und hieraus kann hinsichtlich des formal innovatorischen und gehaltlich reflexiven Status von Kleists »Triumphgesang«-Brief zusammenfassend gesagt werden: In der Entscheidungsphase zum tatsächlich gesuchten Selbstmord inszeniert der romantische Schriftsteller eine neue Identität der Erhabenheit, in der sich Sprachelemente der heroischen Tradition mit dem esoterischen Motiv des »hohen Menschen« erkennbar vereinen. Und diese im Selbstmord gewonnene neue Identität ist gleichzeitig ein teleologisches Projekt. Die zehn Jahre früher zerstörte Hoffnung auf ein »Ziel« und die den Dichter allerdings erst begründende Erfahrung von Diskontinuität wird nunmehr überholt von einem neuen Kontinuitätsbewußtsein.

Hier wird vor allem deutlich, inwiefern das psychologisierende Absehen von den sprachlichen Voraussetzungen des Briefes, von seinem literarischen Konstruktionscharakter, auf den noch zurück-

1 Ebd., S. 477.

zukommen ist bei der Frage nach der ästhetischen Verfremdung des Subjekts, das Problem verfehlten. Man kann, dieses Problem zuspitzend, sagen: Ohne dieses semantische Potential der Erhabenheit und der Teleologie hätte Kleist keinen Selbstmord begangen. Genauer: Er hätte ihn nicht begehen können. Gleichzeitig wird deutlich, daß – abgesehen von der Präfiguration durch Novalis im konzeptualisierenden Umgang mit dem Tode Sophies, den Kleist nicht kannte – der Kleistsche »Triumphgesang« ein Novum im Selbstbezug darstellt. Hier wird – durch eine komplexe, ästhetisch-literarische Imagination vermittelt – der Selbstmord als letzte Steigerung dieser Imagination erlebt, als Einholung des letzten Ziels: der schönen Vorstellung von sich selbst (nicht also Tod als Objektivierung einer geistigen Haltung). Denn daß Teleologie hier nicht mehr einfach anknüpft an das ursprüngliche teleologische Konzept des gebildeten Selbst bzw. der Perfektibilität von Ich und Geschichtsprozeß und auch nicht an eine christliche Unsterblichkeit bzw. die philosophische oder heroische, das wird durch das Faktum des Selbstmords selbst deutlich, der sowohl endliche Bearbeitungen des Ichs auf ein Ziel hin, das geschichtsphilosophisch begründbar wäre, als auch christlich gedachte Unendlichkeit zerstört.

Somit hätte sich von den eingangs aufgestellten Alternativen die letzte als die sinnvollste herausgestellt: Der Selbstmord war nicht die Folge der verzweifelten Diskontinuitätserfahrung und des Verlusts von »Ziel«-Kategorien. Er war auch nicht der Enthusiasmus am Heterogenen, sozusagen dessen romantische Vorform, obgleich die »Abgrund«-Metapher schon auf eine solche Differenz hin denkt. Der Selbstmord war vielmehr als teleologisches Projekt im Entscheidungsakt sich kreuzender semantischer Potentiale zunächst wiederentdeckt und daraufhin realisiert worden. Die spezifische Fassung dieser geschichtsphilosophisch neutralisierten Teleologie wird schließlich im Motiv der Lust, der »Lust im Tode« erläutert.

Darin wendet Kleist den tradierten Doppelaspekt von Liebe und Tod hintersinnig an. Er spricht diesen Bereich schon an im »Triumphgesang«-Brief (19. November) an Marie von Kleist. Die Tatsache, daß sich eine Freundin findet, die mit ihm zusammen sterben will, verschafft Kleist die »unerhörte Lust«, an der er sprachlich-imaginativ weiter arbeitet, indem er die Vorstellung entwickelt, sie habe sich »um dieses Zweckes willen, so leicht aus einer ganz wunschlosen Lage, wie ein Veilchen aus einer Wiese, heraus heben« lassen. Nicht genug damit. Die Vorstellung, daß sie einen Vater, einen Mann, ja ein Kind, die sie alle liebten und schmerzlich entbehrten, um seinetwillen verlasse – diese Vorstellung kostet Kleist bis zur Grausamkeit aus. Dieses grausame Element ist festzuhalten. Im Brief an die Schwester kann sich Kleist eines Tons der Genugtuung nicht enthalten, und selbst im dritten Brief an Marie von Kleist – geschrieben am gleichen, nämlich letzten Lebenstag vom Gasthaus der die Tat vorbereitenden Stunden (21. November 1811) aus, scheint ihm der Gedanke wohlzutun, daß er ihr einen »herben Schmerz« verursachen werde. Die Sprache des »Triumphs« entbehrt also von Anfang an nicht der Strategie einer auskostenden Rache am Leben und an den Lebenden bzw. der Vorstellung eines ihn betreffenden Schmerzgefühls der anderen, das auch schon in einem von Werthers Abschiedsbriefen an Lotte angedeutet ist[1].

Zur »Wollust«-Metapher selbst: Sie ist angedeutet im zweiten Brief an Marie von Kleist, aber erst vollends entfaltet im dritten Brief vom 21. November. Hier ist das Motiv vom Eros/Thanatos sofort im ersten Satz thematisiert: »Meine liebste Marie, wenn Du wüßtest, wie der Tod und die Liebe sich abwechseln«[2]. Dann wird das Wort des vorangegangenen Briefes von der »unerhörten Lust« variiert und intensiviert in der Wendung von dem »herrlichsten und wollüstigsten aller Tode«[3]. Der Gedanke, daß Henriette Vogel mit ihm sterben wolle, »zog mich, ich kann Dir nicht sagen, mit welcher unaussprechlichen und unwiderstehlichen Gewalt, an ihre Brust«[4]. Das Motiv vom Eros/Thanatos, das Kleist hier in einer Strategie der »Glücks«-Zuschreibung und Glücks-Auszeichnung rhetorisch aufbietet, bekommt schließlich auch die sexuelle Konnotation: »Ein Strudel von nie empfundner Seligkeit hat mich ergriffen, und ich kann Dir nicht leugnen, daß mir ihr Grab lieber ist als die Betten aller Kaiserinnen der Welt«[5]. Daß besonders dieser Aspekt der Selbstmordbriefe für das psychologische Interesse, nicht zuletzt an Kleists Erotik, äußerst ergiebig ist, ist ersichtlich:

1 Goethe, a. a. O., Bd. 6, S. 104.
2 Kleist, a. a. O., S. 887.
3 Ebd.
4 Ebd., S. 888.
5 Ebd.

nicht zuletzt auch als ein Schlüssel zu Kleists tiefenpsychologisch brisanten Dichtungen. In unserem Kontext ist darauf nicht weiter einzugehen. Es sei nur hinzugefügt, daß Kleist offensichtlich in den letzten Wochen vor dem Selbstmord einer Reihe von Frauen – darunter eben auch Marie von Kleist – einen Selbstmordpakt vorgeschlagen hat. Insofern gehört zur psychologischen Seite des »Lust«-Syndroms natürlich die Einsicht, daß Kleist in den fünf zentralen Briefen der letzten Lebenszeit, wohlverstanden nur an Frauen – dreimal an Marie von Kleist, je einmal an die Schwester und an Sophie Müller – das Gefühl auskostet, daß *eine* schließlich auf den Selbstmordpakt eingegangen ist. In der Mitteilung an die Schwester und an Marie von Kleist steckt deshalb sowohl die Genugtuung des zurückgewiesenen Liebhabers als auch die nur leicht versteckt ausgekostete Revanche für diese Zurückweisung: Keine von ihnen wird an seinem endgültigen esoterischen Glück einer überirdischen Lust teilnehmen!

Das Motiv der Lust und seine sadistische Implikation hat wichtige Analogien in Kleists literarischen Texten. Hingewiesen sei stellvertretend auf den *Michael Kohlhaas,* dessen Geschichte man lange Zeit zu einseitig als ein metaphysisch begründetes Rechtsdrama interpretiert hat, ohne zu sehen, inwiefern hier der Tod als lustvoll gesuchtes teleologisches Projekt vollstreckt ist[1]. Die metaphorische Inszenierung von Penthesileas Liebessehnen als Todeslust und ihre schließliche Existenz als die Achill zerreißende Mänade ist ein weiteres Beispiel. Insofern wird auch erkennbar, daß hier eine neue Erfahrung subversiv formuliert ist und es sich nicht nur um die Verlängerung des Topos vom Eros/Thanatos handelt. In der spezifischen Verknüpfung von Todessphäre und Lust berührt sich Kleist – abgesehen von der vom englischen Schauerroman bekannt gemachten stereotypen Motivik – abermals mit Novalis. Dessen Tagebücher stellen neben den *Hymnen an die Nacht* die besondere Verbindung von »Lust« und »Tod« her. Abgesehen von der leitmotivisch wiederkehrenden Selbstbeobachtung in »lüsternen« Momenten, durchweg bezogen auf den Vorstellungsbereich der toten Sophie, in der eindeutig sexuelle Gefühle, auf die Tote bezogen oder allgemein, auftauchen, reflektiert Novalis das Denken an die Tote als Genuß: »Nachmittags giengs mit dem Schreiben und Den-

1 Vgl. hierzu: Bohrer, *Plötzlichkeit,* a. a. O., S. 161 ff.

ken besser – auch war die Begierde weg. Abends, wie ich zur geliebten Ruhestatt gieng – war das Denken drückend geworden. Dis zerstreute mich auch und verhinderte mich am stillen, traurigen Genuß ihres Todes.«[1] Novalis denkt Lust im Kontext der toten Braut in der sexuellen und in der esoterischen Variante.

Es ist erkennbar geworden, daß die Niederschrift der fünf Briefe selbst ganz unabhängig von den spezifischen Topoi des »Triumphgesangs« als eine Kodifizierung des Todes in Form eines Projekts gelesen werden muß: es ist auch buchstäblich der Triumphgesang nach so vielen Niederlagen. Auch dieses Wort enthüllt seinen reflexiven, nicht bloß expressiven Verweisungscharakter in einem Versuch, das Leben im Tode nach Maßgabe der erörterten esoterischen Sprache des »hohen Menschen« zu konzeptualisieren. Die heroisch-erhabene Sprache ist nicht mehr an die Gesellschaft angeschlossen; der Triumph ist selbstbezogen.

Zum zweiten Aspekt, der Antizipation des Selbstmords: Diese Aussicht auf Kleists Ende wird durch den Status des Selbstmord- und Todesmotivs in den zehn Jahre lang vorangegangenen Briefen unterstützt. Kleist hat – das ist eingangs erwähnt worden – am 26. Oktober 1803 an die Schwester Ulrike die Selbstmordabsicht schon in einem emphatischen Brief bekundet. Neben diesem ersten Selbstmordbrief – offenbar herausgefordert durch das von ihm selbst nicht als gelungen angesehene *Guiskard*-Drama, das er in Paris verbrannte, also das sekundäre Motiv des Versagens gegenüber dem Projekt, ein großer Schriftsteller zu werden, das noch im ersten Selbstmordbrief an Marie von Kleist vom 10. November 1811 wiederholt wird – existieren im ganzen acht Briefe, in denen Kleist das Thema Tod euphemistisch behandelt, entweder indem sie eine Sehnsucht nach dem Tod ausdrücken, oder aber indem sie den Tod im Sinne eines esoterisch-ästhetischen Motivs darstellen. Fünf dieser Briefe stammen aus der Zeit vor dem ersten Selbstmordbrief: es sind die Briefe vom 1. Juli 1801 an Wilhelmine von Zenge, vom 23./29. Dezember 1801 an Lohse, vom 1. Mai 1802 an Ulrike, vom August 1802 an von Pannwitz, vom 5. Oktober 1803 an Ulrike. Vier Briefe sind aus der Zeit nach dem frühen Selbstmordbrief, nämlich vom 4. August 1806 an den Freiherrn von Stein zum Altenstein, vom 31. August 1806 an Rühle, vom Juni 1807 an Marie von Kleist

1 Novalis, a. a. O., Bd. 1, S. 469.

und Spätherbst 1807, abermals an Marie von Kleist. Bei diesen Daten sind jene Briefe, in denen die Sehnsucht nach Ruhe ausgedrückt ist, oder aber die »Abgrund«-Metapher, nicht mit enthalten. Ruhesehnsucht und »Abgrund«-Metapher stellen thematische Ausdifferenzierungen des Leitmotivs Tod dar.

Die für das biographische Interesse wichtige psychologische Entwicklung sei abermals übergangen und dafür die Typologie des Motivs festgestellt und die Beziehung der Bilder und Begriffe zu den eigentlichen Selbstmordbriefen. Die Briefe, die der ersten Selbstmordabsicht vorangehen, betonen die Sterbe- und Ruhesehnsucht, die Briefe nach dem Selbstmordtext enthalten die ästhetische Manier eines Motivs, was dem Faktum entspricht, daß Kleists psychischer Zustand seit der preußischen Niederlage bei Jena im Herbst 1806 infolge vielfältigen politischen und literarischen Engagements auffallend ausbalancierter erscheint als während der frühen Krisenzeit zwischen 1801 und 1803. Wir gehen von dem ersten Selbstmordbrief aus. Es heißt dort:

»Ich habe in Paris mein Werk, so weit es fertig war, durchlesen, verworfen, und verbrannt: und nun ist es aus. Der Himmel versagt mir den Ruhm, das größte der Güter der Erde; ich werfe ihm, wie ein eigensinniges Kind, alle übrigen hin. Ich *kann* mich Deiner Freundschaft nicht würdig zeigen, ich kann ohne diese Freundschaft doch nicht *leben:* ich stürze mich in den Tod. Sei ruhig, Du Erhabene, ich werde den schönen Tod der Schlachten sterben. Ich habe die Hauptstadt dieses Landes verlassen, ich bin an seine Nordküste gewandert, ich werde französische Kriegsdienste nehmen, das Heer wird bald nach England hinüber rudern, unser aller Verderben lauert über den Meeren, ich frohlocke bei der Aussicht auf das unendlich-prächtige Grab. O Du Geliebte, Du wirst mein letzter Gedanke sein!«[1]

Es ist sofort erkennbar, daß schon dieser Selbstmordbrief – ähnlich wie die erste kritische Eröffnung an Marie von Kleist vom 10. November 1811 – die Verzweiflung, die Apathie, den verletzten Stolz, den nicht gewonnenen Ruhm umdenkt – wie im zweiten Brief an Marie von Kleist vom 19. November 1811 – in die Selbstzuerkennung der wahren heroischen Erhabenheit: Wenn nicht im Leben, so dann im Tode will sich Kleist das Ewigkeitsdenkmal des

1 Kleist, a. a. O., S. 737.

klassizistisch empfundenen Ruhmes setzen. »Ruhm« heißt ihm »das größte der Güter der Erde«. Er hat ihn, wie ein vorangegangener Brief vom 5. Oktober 1803 an Ulrike sagt, gesucht, indem er an den »Versuch gesetzt, zu so vielen Kränzen noch einen auf unsere Familie herabzuringen«[1]. (Kleist spielt dabei nicht nur auf die militärische Tradition des Hauses Kleist an, sondern auf seinen berühmten Dichter-Onkel und Freund Lessings, auf Ewald Christian von Kleist, der bei Kunersdorf 1759 im Siebenjährigen Krieg umgekommen war.) In diesem Briefe vom Vortage kapituliert Kleist vor seiner eigenen literarischen Phantasie – sie auszuführen sei ihm zu schwer. Aber er versteht seine Idee als etwas so Großes, das einer erfahren werde, der vielleicht ein Jahrtausend später komme. Extreme Selbststilisierung in der »Ruhe menschlicher Empfindungen« einerseits und extreme Resignation andererseits: »Ich kann Dir nicht sagen, wie groß mein Schmerz ist. Ich würde von Herzen gern hingehen, wo ewig kein Mensch hinkommt.«[2] Danach folgt die Bemerkung, er wolle in Paris zugreifen, »wo sich etwas finden wird«. Innerhalb von drei Wochen wird die Stimmung tiefer Depression – der Brief endet mit dem Satz: »Ich kann nicht mehr« – umgedacht und neu formuliert zum Stil des Triumphators: »ich stürze mich in den Tod« – »Du Erhabene« – »schöner Tod der Schlachten« – »unendlich-prächtiges Grab« – »mein letzter Gedanke sein« – das sind die zentralen Sätze der eindeutig und ausschließlich heroisch begründeten Selbstmordabsicht. Die beherrschende heroische Metaphorik hat die ursprüngliche Mentalität der Katastrophe ersetzt. Wir erkennen hier schon während des längeren Zeitraums das gleiche Verfahren wie im kurzen Zeitraum zwischen 10. und 11. November 1811: die Umschreibung eines als entwürdigend aufgefaßten Zustands als Würde. Hier ist der Erhabenheits- und Ruhmtopos noch nicht durch das emphatische »Glücks«- und »Heiterkeits«-Motiv begleitet, die teleologische Struktur ist erst angedeutet.

Kleist hat die »Ruhm«-Idee im soldatischen Sinne und den Tod erstmalig am 21. Juli 1801 in einem Brief an Wilhelmine von Zenge formuliert, in dem er die »Abgrund«-Metapher verwendet und eine lebensgefährliche Situation auf dem Rhein schildert: »Ach, es ist nichts ekelhafter als diese Furcht vor dem Tode. Das Leben ist das

1 Ebd., S. 735.
2 Ebd., S. 736.

einzige Eigentum, das nur dann etwas wert ist, wenn wir es nicht achten. Verächtlich ist es, wenn wir es nicht leicht fallen lassen können, und nur der kann es zu großen Zwecken nutzen, der es leicht und freudig wegwerfen könnte.«[1]

Hier, im ersten Brief mit dem Todesmotiv, ist das spätere Ensemble schon andeutungsweise und noch topisch veräußerlicht versammelt: ein mutiger Tod und der »Heiterkeits«-Anspruch. Man wird bei diesem ersten Auftauchen des Motivs eines heroischen Todes, abgesehen von dem schon ausgeführten heroischen Diskurs der Revolutionsepoche und ihrer Adaption antiker Heroenleben, Kleists spezifischen aristokratischen Kodex zu veranschlagen haben, der durch seine polemische Absage an die Offizierslaufbahn nicht aufgehoben war. Unterstützt wurde dieser mit ständischer »Ehre« verknüpfte Heroismus durch eine Lyrik, die den kriegerischen Heroismus vor dem Hintergrund der Kriege Friedrichs II. thematisierte und die Kleist genau kannte: Der »schöne Tod der Schlachten« ist schon der literarischen Generation eines Gleim oder Ewald von Kleist ein zu aktualisierendes antikes Vermächtnis.

Im Brief vom 23./29. Dezember 1801 an den Freund und Maler Heinrich Lohse sind die Farben der späteren Todeseuphorie schon stärker ausgebildet, wobei die »Glücks«-Umschreibung nun ebenfalls auftaucht. Kleist verfaßt einen Abschiedsbrief – so, als ob es sich um einen letzten Abschied handle: er fühle sich »krankhaft ermattet an Leib und Seele«. Dann aber: »Ich will Abschied von Dir nehmen auf ewig, und dabei fühle ich mich so friedliebend, so liebreich, wie in der Nähe einer Todesstunde«[2]. Kleist wiederholt das Sterbemotiv noch einmal: »Unsere Lebenswege scheiden sich, lebe wohl – Und wir sollten uns nicht wiedersehen –? O wenn Gott diesmal mein krankhaftes Gefühl nicht betrügen wollte, wenn er mich sterben ließe! Denn niemals, niemals hier werde ich glücklich sein«[3]. Wohl aber im Tode –, so wäre der noch unausgesprochene Gedanke fortzusetzen. Im emotionellen Duktus und Argumentationsgang des Briefs ließe sich ebenfalls schon jene spätere »Wollust« entdecken, die aus der absichtsvoll-strategisch konstruierten Situation des Abschiednehmens das Äquivalent für das im Leben Entbehrte gewinnt.

1 Ebd., S. 670.
2 Ebd., S. 709.
3 Ebd., S. 710.

Im Brief vom 1. Mai 1802 an Ulrike schließlich, dem ersten der an sie gerichteten Briefe mit Sterbemotivik, ist der Todeswunsch schon mit heroischem Gestus konnotiert: »ich habe keinen andern Wunsch, als zu sterben, wenn mir drei Dinge gelungen sind: ein Kind, ein schön Gedicht und eine große Tat. Denn das Leben hat doch immer nichts Erhabeneres, als nur dieses, daß man es erhaben wegwerfen kann.«[1] In Briefen an Wilhelmine von Zenge vom 20. Mai 1802 und an Wilhelm von Pannwitz (April 1802) ist der Todeswunsch schmerzlicher, lakonischer, dringlicher ausgedrückt, wobei die Berechnung des Adressaten eine Rolle spielt. Mehrfach erscheint dann aber doch die Verbindung von höchster Ruhmeserwartung als Dichter und Todeserwartung.

Mag also die Kleistsche Existenz, seine ziel- und glücksorientierte Identität zu diesem Zeitpunkt durch die Diskontinuitätserfahrung des Jahres 1801 erschüttert sein, und mag gerade auch die Affinität zum Tode rein psychologisch mit dieser katastrophalen Erfahrung begründet werden können, so hat Kleist das Todesmotiv doch sprachlich dergestalt stilisiert, daß man schon in dieser frühen Phase die spätere teleologische Rhetorik des Todes erkennen kann. Der erste wirkliche Selbstmordbrief – so sahen wir – ist in heroischer Topik schon diesem Schema entsprechend geschrieben. Die Briefe, die danach das Todesmotiv enthalten, sind stärker dem ästhetisch-spirituellen Programm der »Erhabenheit« bzw. der »Unendlichkeit« unterworfen, in dem nicht so sehr die Flucht aus Erniedrigungen oder der Ruhmersatz, sondern die Sehnsucht nach Transzendierung des Gewöhnlichen auffällt, die auch den späten Selbstmordbriefen eignet. Erstmalig taucht diese finale Perspektive in einem überschwenglich gehaltenen Dankesbrief an den preußischen Finanzminister, den Freiherrn von Stein zum Altenstein, vom 4. August 1806 auf. Kleist stellt die rhetorische Frage, wie ein empfindendes Wesen überhaupt hier (auf Erden) glücklich sein könne, »wo alles mit dem Tode endigt«[2]. Es war die Möglichkeit einer nihilistischen Konsequenz, die aus der Irrelevanz hiesiger Erkenntnis für eine Wahrheit nach dem Tode erwächst, die Kleist im März 1801 alle bis dahin verinnerlichten Kategorien der Perfektibilität zerstörte, wie die Briefe an Ulrike und Wilhelmine gezeigt haben. Nunmehr wird die nihilistische Konsequenz, die

1 Ebd., S. 725.
2 Ebd., S. 766.

Frage nach einer Existenz nach dem Tode, neu aufgeworfen und neu beantwortet. Als Alternative zum begrenzten Hier werden Wörter genannt, die man alle der Begriffssphäre »Unsterblichkeit«–»Unendlichkeit« zuordnen könnte, die den »Triumphgesang«-Brief und auch den Todesmonolog des Prinzen von Homburg – »Nun, o Unsterblichkeit, bist Du ganz mein« – kennzeichnen wird: »Ewigkeit« – »Traum unserer Seelen« – »Millionen von Zeiträumen« – »ungeheures Firmament« – »unendlicher Raum« – »Traum«.

Was diesen Brief für die Frage nach der Rückgewinnung des 1801 zerstörten »Ziel«-Gedankens besonders wichtig erscheinen läßt, ist die Tatsache, daß Kleist nunmehr expressis verbis den drei Jahre vorher verworfenen teleologischen Gedanken wieder aufnimmt. Er beschwört diesen Gedanken im Sinne des kosmologischen Gottesbeweises: »Nur darum ist dieses Gewimmel von Erscheinungen angeordnet, damit der Mensch an *keiner* hafte. Es kann kein böser Geist sein, der an der Spitze der Welt steht: er ist ein bloß unbegriffener!«[1] Damit hat Kleist erstmalig eine Antwort auf jene die Teleologie zerstörende Wirkung der Kant-Lektüre gegeben: Gott als Prinzip mag wohl unbegriffen, unbegreifbar sein, die Evidenz seiner Existenz ergibt sich aber aus der kosmologischen Erhabenheit des Weltalls. Das ist nicht Pascals Unendlichkeitsmotiv: »Das ewige Schweigen dieser unendlichen Räume erschreckt mich.«[2] Es ist das popularphilosophische Argument des sogenannten »Sternenglaubens«, das auch in Schillers Ode *An die Freude* genannt wird (»Brüder, über'm Sternenzelt muß ein guter Vater wohnen«) und als eine Form des säkularisierten Theismus (einschließlich der popularwissenschaftlichen Version) übereinstimmt mit dem neuen naturwissenschaftlich-naturphilosophischen Enthusiasmus seit 1800: Kleist arbeitet offensichtlich seit Sommer 1806 wieder an einer Rückgewinnung seiner ursprünglichen teleologischen Überzeugung, deren Erschütterung ihn in die Krise des diskontinuierlichen Bewußtseins stürzte, aus dem allerdings auch das dichterische Vermögen entstand. Er sieht die Begründung der Teleologie nun nicht mehr im aufklärerischen Perfektibilitäts- und Erziehungsgedanken als vielmehr in einer Unsterblichkeits- und Jenseitsidee, die nicht mehr der pietistischen Empfindsamkeitssprache entspringt, sondern

1 Ebd.
2 Blaise Pascal, *Gedanken*. Bremen o. J., S. 150.

einer eigenen, ästhetisch gewordenen Rhetorik der erhabenen Transzendenz.

Im Brief vom 31. August 1806 an den Freund Rühle von Lilienstern ist der teleologisch wiedergewonnene, aber transzendental bezogene Enthusiasmus dem emphatischen Todesgedanken direkt angeschlossen: Zunächst wird die Vorstellung von der Endlichkeit der Welt wiederholt und daraus noch erkennbarer die neue Teleologie der Unendlichkeit abgeleitet, nämlich die Übertragung des Telos vom Diesseits auf ein Jenseits: »Wer wollte auf dieser Welt glücklich sein ... Welch eine Kurzsichtigkeit, o Du edler Mensch, gehört dazu, wo alles mit dem Tode endigt, nach etwas zu streben.«[1] Kleist revidiert also nicht die Sinnlosigkeitsvermutung alles Diesseitigen, d. h. also auch die Sinnlosigkeit eines säkularen »Ziel«-Gedankens. Er zieht daraus vielmehr eine neue Folgerung: Wenn nicht im Diesseits, sodann im Jenseits oder im Kosmos, lautet das Argument: diese »unendliche Fortdauer! Myriaden von Zeiträumen«[2], die Vorstellung von der kosmischen »Unendlichkeit«. Kleist fragt, ob diese Vorstellung ein »Traum« sei, qualifiziert also die erhabene Dimensionierung von Zeit als Unendlichkeit mit einem poetologischen Schlüsselwort der Frühromantik, das noch seine eigene Literatursprache – aber auch die Sprache der Günderrode und Brentanos – charakterisiert. Und daran schließt sich die Aufforderung an den Freund:

»Komm, laß uns etwas Gutes tun, und dabei sterben! Einen der Millionen Tode, die wir schon gestorben sind und noch sterben werden. Es ist, als ob wir aus einem Zimmer in das andere gehen. Sieh, die Welt kommt mir vor, wie eingeschachtelt; das kleine ist dem großen ähnlich. So wie der Schlaf, in dem wir uns erholen, etwa ein Viertel oder Drittel der Zeit dauert, da wir uns, im Wachen, ermüden, so wird, denke ich, der Tod, und aus einem ähnlichen Grunde, ein Viertel oder Drittel des Lebens dauern. Und grade so lange braucht ein menschlicher Körper, zu verwesen. Und vielleicht gibt es für eine ganze Gruppe von Leben noch einen eignen Tod, wie hier für einen Gruppe von Durchwachungen (Tagen) einen.«[3]

1 Kleist, a. a. O., S. 768.
2 Ebd.
3 Ebd., S. 768f.

Erkennbar ist hier als Sonderfall von Transzendenzbegründung das Thema der Seelenwanderung. Es beleuchtet den mystischen Status des neuen teleologischen Arguments: Die Seelenwanderung war nämlich in dem 1796 anonym erschienenen Roman *Der Kettenträger* von Friedrich Maximilian Klinger eben mit einer teleologisch-tröstlichen Botschaft ausgedrückt, die Kleist drei Jahre vorher ablehnte, als Rühle ihn während der Krise auf diesen Roman hinwies: das sei keine Hilfe und zudem längst von ihm selbst durchdacht. Nunmehr erscheint sie in dem neuen Licht der Transzendenzsehnsucht.

Dieser Aufforderung zum Tod für eine neu empfundene Unendlichkeit schließt sich eine der wenigen Äußerungen an, die Kleist über seine Literatur gemacht hat. Und wie im Anschlußargument an die Differenzierung von Diesseits und Jenseits heißt es, daß er das, was er sich »vorstelle, schön finde, nicht das, was« er leiste[1]. Es ist die Zeit seiner Arbeit an *Penthesilea,* die er, wenn auch nicht buchstäblich, erwähnt; er fährt fort im Bekenntnis an die Kunst, ihren Wirklichkeit transzendierenden Charakter: »Es gibt nichts Göttlicheres, als sie! Und nichts Leichteres zugleich.« Sie erscheint somit der Sphäre der Transzendenz zugeordnet, wie dies ja sich auch andeutet in der Differenz zwischen Vorstellung und Realität seiner Kunst hinsichtlich des Schönen. Dieses definiert er: »Jede erste Bewegung, alles Unwillkürliche, ist schön; und schief und verschroben alles, sobald es sich selbst begreift.«[2] (Der Grundgedanke des Aufsatzes *Über das Marionettentheater.*) Hieraus wäre die neue Teleologie noch genauer zu situieren: die alte war kompatibel mit dem Wissenschafts- und Wissensbegriff. Die neue Teleologie, weil nunmehr transzendent fundiert im Unendlichkeitsbegriff, ist kompatibel auch mit einer innovatorisch-intuitiv verstandenen Kunst, verlängert um das utopische Motiv des Marionettentheater-Aufsatzes. Wie ästhetisch das Todesmotiv denn auch gefaßt werden kann in diesen Jahren, beweisen die beiden vorhandenen Äußerungen aus dem Jahre 1807, den letzten manifesten Darstellungen des Themas vor den eigentlichen Selbstmordbriefen des Jahres 1811.

Im Spätherbst 1807 beschreibt Kleist nämlich in einem Brief an Marie von Kleist die Wirkung, die seine Mitteilung, nunmehr habe er Penthesilea sterben lassen, auf den alten Regimentskameraden

1 Ebd., S. 769.
2 Ebd.

Pfuel gehabt habe: »Als ich aus meiner Stube mit der Pfeife in der Hand in seine trat, und ihm sagte: jetzt ist sie tot, traten ihm zwei große Tränen in die Augen. Sie kennen seine antike Miene: wenn er die letzten Szenen liest, so sieht man den Tod auf seinem Antlitz. Er ist mir so lieb dadurch geworden«[1]. Inwiefern die Todesästhetik, also das ästhetische Programm des erhabenen Todes, nicht mehr vereinbar ist mit dem frühen Erziehungsgedanken zur Sittlichkeit und nicht mit den pietistischen Normen, die die Beziehung zu der einstigen Verlobten stützten, das zeigt die sich anschließende Polemik gegen zeitgenössische moralisierende Theatererwartungen, die er vornehmlich den Frauen der höheren Stände anlastet: »Ihre Anforderungen an Sittlichkeit und Moral vernichten das ganze Wesen des Drama, und niemals hätte sich das Wesen des griechischen Theaters entwickelt, wenn sie nicht ganz davon ausgeschlossen gewesen wären.«[2] Kleists Attacke gegen die Moralerwartung ist unmittelbar auf die Grausamkeit des tödlichen Penthesilea-Themas zu beziehen, sozusagen auf dessen mänadischen Charakter – zumal er ja gerade die griechische Tragödie als Beispiel erwähnt. In diesem Satz steckt, ein halbes Jahrhundert bevor Nietzsche seine dionysische Tragödientheorie entwickeln konnte, eine Vorahnung vom ästhetischen Potential des Mythos, die außer Kleist zu diesem Zeitpunkt nur Friedrich Schlegel in seinem *Gespräch über die Poesie* (1800) formuliert hatte. Die tief gewordene Distanz, die auch die neu erworbene Teleologie der Unendlichkeit und der Todestranszendenz gegenüber der rational-aufklärerischen Version von Kontinuität enthielt, ist hier radikal ausgedrückt. Die neue Kontinuität ist nicht mehr pädagogisch-wissenschaftlich, sondern ästhetisch-spiritualistisch ausgefüllt. Sie bleibt damit auch Kategorien der Praxis und Gesellschaft kategorial entzogen, denen Kleist schon während der Phase des emphatischen Selbstbezugs vor März 1801 aufgesagt hatte.

Der andere Tod und Kunst unmittelbar aufeinander beziehende Brief vom Juni 1807 – aus der französischen Gefangenschaft geschrieben – ließe sich als das unmittelbare Propädeutikum für die ästhetisch-spirituelle Teleologie des Selbstmordprojekts lesen. Jedenfalls gewinnen die Umstände des vollzogenen Selbstmords am 21. November 1811 von diesem Brief aus eine besondere Bedeu-

1 Ebd., S. 796.
2 Ebd.

tung. Kleist schreibt an Marie von Kleist über ein Gemälde, das ihm in der Kirche besonders auffiel, folgendes:

»In einer der hiesigen Kirchen ist ein Gemälde, schlecht gezeichnet zwar, doch von der schönsten Erfindung, die man sich denken kann, und Erfindung ist es überall, was ein Werk der Kunst ausmacht. Denn nicht das, was dem Sinn dargestellt ist, sondern das, was das Gemüt, durch diese Wahrnehmung erregt, sich denkt, ist das Kunstwerk. Es sind ein paar geflügelte Engel, die aus den Wohnungen himmlischer Freude niederschweben, um eine Seele zu empfangen. Sie liegt, mit Blässe des Todes übergossen, auf den Knien, der Leib sterbend in die Arme der Engel zurückgesunken. Wie zart sie das zarte berühren; mit den äußersten Spitzen ihrer rosenroten Finger nur das liebliche Wesen, das der Hand des Schicksals jetzt entflohen ist. Und einen Blick aus sterbenden Augen wirft sie auf sie, als ob sie in Gefilde unendlicher Seligkeit hinaussähe: Ich habe nie etwas Rührenderes und Erhebenderes gesehen.«[1]

Diese frühe kunsttheoretisch-ästhetische Distanzierung klassischer Inhaltsästhetik und die Definition einer romantischen Erregungskunst leitet die eigentliche Todesmotivik ein. Dabei sind folgende Einsichten von Belang. Erstens: Kunstwerk und Todesmotiv werden identisch erfahren. Zweitens: Das den Selbstmordbrief vom 20. November 1811 an Sophie Müller charakterisierende Motiv »geflügelter« Wesen, die der »himmlischen« Heiterkeit zugeordnet sind, taucht hier erstmals auf. Drittens: Die ästhetisch-spiritualistische Stilisierung des Sterbenden als »Seele« ist hier vorgeprägt – »Sie liegt, mit Blässe des Todes übergossen, auf den Knien, der Leib sterbend in die Arme der Engel zurückgesunken.« Es wird deutlich, wie Kleist das Sterben als eine Wunschvorstellung gefaßt hat. Der Gedanke, daß er sich selbst als Sterbenden in Gestalt einer »Seele« dachte, ist nicht abzuweisen. Die Ikonographie des Bildes verhilft ihm zu einer genußvollen Sterberhetorik, die noch jenseits des Ernstfalls rein ästhetisch entfaltet wird. Es ist daran zu erinnern, wie man den toten Kleist gefunden hat: auf den Knien liegend, den Kopf auf die Schultern der Gefährtin gesunken. Daß er sich selbst als »geflügelte« Seele zur Transzendenz aufsteigend gedacht hat, das belegen die Selbstmordbriefe ohnehin. Daß er in der Gefährtin den hilfreichen Arm eines »Engels« hat entdecken kön-

1 Ebd., S. 783.

nen, liegt nach der uns nun bekannten Bilderwelt seiner Phantasie sehr nahe.

Es soll nicht behauptet werden, daß Kleist bewußt eine dem vier Jahre vorher gesehenen und genossenen Gemälde ästhetisch nachgeahmte Selbstmordszene arrangiert hat. Unübersehbar aber sind die unbewußt wirkenden motivischen Präfigurationen einer neuen ästhetischen Teleologie durch alle frühen Briefe hindurch bis zum Höhepunkt dieser Bildbeschreibung. Sie nähert sich einem Sinnbild, einer Allegorie des Sterbevorgangs, die diesen im Sinne der Lessingschen Deutung des antiken Todes als Bruder des Schlafes ästhetisch vermittelt: Sie entfernt sich gleichzeitig, als nunmehr das von Lessing polemisch ausgegrenzte christliche Motiv gerade durch das neue Konzept einer romantischen Erregungskunst und nicht, wie bei Lessing, die klassizistische Kunstlehre der Ruhe betont wird. Daß der Sterbevorgang selbst als ästhetisch schön und gleichzeitig erregend thematisiert ist und es sich nicht etwa bloß um die Darstellung eines Sinnbilds des Todes handelt, dies zeigt den Abstand zwischen Kleists Ästhetisierung des Themas und jener Lessings[1].

Die Befragung der frühen Briefe bestätigte die Analyse der Selbstmordbriefe: die Interpretation des Selbstmords als teleologisches Projekt war seit Jahren vorbereitet. Der Selbstmord Kleists gehört nicht zum diskontinuierlich-katastrophischen Diskurs, wie er sich zwischen 1801 und 1803 als Möglichkeit andeutet und wie man ihn seiner zerstörerischen Natur wegen zunächst auch deuten könnte. Vielmehr gehört er zum Kontinuitätsprogramm. Allerdings – und hier ist ein innerer Widerspruch Kleists formuliert – enthält dieses Kontinuitätsprogramm keine Kategorie des Wissens und der sittlichen Perfektibilität mehr, sondern ist ausgelegt auf ästhetische und spirituelle Erfahrungen des die Normalität transzendierenden Bewußtseins. Hier ergeben sich enge Beziehungen zu der Günderrode Todes- und Liebesgedanken und zu Brentanos Poesie- und Naturverständnis.

Die den jüngeren Frühromantikern folgende Generation hat an vielen Stellen das Halteseil zur stabilisierenden Institution des »Wissens« und der »Sittlichkeit« zerschlagen. Auch Kleists Politik-

1 Zur Bedeutung der Lessingschen »Sinngebung des Todes« für die Ästhetik vgl. Peter Horst Neumann, *Die Sinngebung des Todes als Problem der Ästhetik*, in: *Merkur*, Nr. 390, November 1980, S. 1071–1080.

verständnis bleibt der Kategorie des »Erhabenen«, nicht etwa der gesellschaftlichen Reform unterworfen, selbst wenn er die Unterdrückungspraxis der preußischen Zensur und ihre Schikanen später so thematisierte[1] wie im Anfang den inhumanen Drill des Militärs[2]. Die Vorstellung vom Dichter als katastrophischer Existenz, wie sie spätestens seit Baudelaire der modernen Rede über die Literatur eignet, ist zwar hier entworfen, aber nicht ausgeführt worden. Kleist selbst stand noch in der Spannung zwischen Kontinuität und Diskontinuität, um sich im Tod einem Kontinuitätsprojekt anzuvertrauen, das gleichzeitig poetisch und mystisch – nicht perfektibel – genannt werden konnte.

2. Brentano: Liebe und Tod als transitorische Zustände

Für Brentano konnte es nie einen Konflikt zwischen Teleologie und Subjektivität geben. Wenn die Kategorie Zukunft für ihn wichtig wurde, dann nur als erotische Eschatologie.[3] Bilder vom plötzlichen Ausbruch einer Zeitenwende, einer »neuen« Zeit, eines Epochenfrühlings, wie sie in den frühromantischen Texten um 1800 zu finden sind, sind bei ihm auf die innerste Geschichte seiner selbst angewendet. Und diese ist identisch mit seiner erotischen Verfaßtheit. So wie Brentano von Beginn an nur und ausschließlich Dichter gewesen ist, so ist er auch ausschließlich ein Liebender gewesen. Und die poetische Existenz bestimmt die liebende. Die Erotik war ihm nicht eine Lebenserfüllung neben anderen, die Frau (der Freund) nicht eine Möglichkeit neben anderen Möglichkeiten der intellektuellen und beruflichen Selbstvollendung. Die Vorstellung von sich selbst, die Selbstbeziehung konnte sich im Unterschied zu Kleist nur in einer doppelten Sphäre: der literarischen Phantasie, dem phantastischen Eros begreifen. Der Briefkorpus an Sophie

1 Vgl. Kleists Briefe an Christian Freiherrn von Ompteda vom 24. November 1810, an Georg Andreas Reimer vom 12. Dezember 1810, an August Graf von der Goltz vom 15. Dezember 1810, an den Prinzen Wilhelm von Preußen vom 20. Mai 1811 und Friedrich Wilhelm III. vom 17. Juni 1811.

2 Brief an Christian Ernst Martini vom 19. März 1799.

3 Vgl. S. 105 und 114f. dieses Buchs.

Mereau, die jahrelange Traumgeliebte und nur für wenige Jahre Frau, aber auch die Briefe an die geliebte, früh gestorbene Schwester Sophie und schließlich die erotisch-frivolen Briefe an Karoline von Günderrode belegen das. Zwei Frauen, Sophie Mereau und Karoline von Günderrode, sind während des Briefwechsels katastrophisch zu Tode gekommen: die eine bei Geburt eines Kindes, die andere durch Selbstmord. Es ist also zu Beginn zu konstatieren: des jungen Brentano favorisierte Briefpartner haben durch ihren Tod und die Art ihres Todes Brentano in eine Lage gebracht, als ob sich bei ihm die frühromantische Konstellation des Eros/Thanatos (Prototyp: Novalis) wiederholen müsse. Dabei fällt eine entscheidende Differenz zum frühromantisch-empfindsamen Todeskonzept ins Gewicht: Brentano hatte keine spirituell-idealistische Deutungsmöglichkeit gegenüber diesen Todesfällen aus den schon erörterten Gründen. Deshalb konnte er mit der Todesidee auch nicht mittels Philosophie, sondern nur mittels Imagination und Erfahrung konfrontiert werden. Sie wirkte als Schock, der ihn ungeschützt traf, auch wenn er sich bald in neue erotische Phantasien verstrickte. Im Brief an Savigny vom November 1806 heißt es: »Ach, Savigny, ich habe alles verloren, alle Geschichte meines Lebens, alles was mich liebte, trieb und erhielt, ich habe keinen Wunsch als zu sterben.«[1] Man erkennt hier auch die konventionelle Formel der Generation.

Der Todeswunsch, die sprachliche Fassung eines solchen Wunsches tritt ein, wenn Identität immer wieder über die Vorstellung von Liebesgemeinschaft formuliert wird. Der archetypische Liebesbrief Brentanos läßt das Ich im Sinne der Gottesliebe des Mystikers transzendieren, der die *unio mystica* sucht. Beispielhaft hierfür ist der Brief vom Juli 1803 an Sophie Mereau:

»über den Tränen und der ewigen heftigen Begierde nach Dir, Dir in allem Verstande, nach Deiner Seele, Deinem Jammer, Deiner Freude, nach Deinem Leichtsinn, Deiner Schwermut, ach nach Dir ... Ach Sophie! wenn Du wüßtest, wie ich nach Dir dürste. Sieh, ich wünsche Du wärest ein Quell, ich würde mich Dir in den Weg legen, und würdest über mich hinschwellen, da würde ich in der Kühlung ertrinken, und Du würdest nicht vermindert durch mich, und kenntest mich nicht, und flössest Dei-

1 Schellberg/Fuchs (Hrsg.), a. a. O., S. 364.

ner Wege, mir, mir, dem armen glühenden Herzen wäre dann geholfen.«[1]

Die der Mystik analoge Metaphorik ist der höchste Ausdruck einer künstlichen Liebessprache, die auch alle Varianten des reflexiven Genusses, der Reflexivität auf Sexualität enthält. Dieser Bruch ist entscheidend. Der Brief geht unverhüllt auf die Dramatisierung der von Sophie Mereau noch anhaltenden Verweigerung hinaus, der Brentano wiederum Worte masochistisch-sadistischer Reaktion abgewinnt: »meine Marter hast Du Dir schon frühe zum höchsten Reiz erwählt«[2] – »jedes Wort zersprengt mein Herz, verbrennt meine Zunge«[3]. Ist die ausgesprochene Begierde hier in der biblischen Tradition der esoterischen Sublimierung umgesetzt in die Sprache sich selbst als ohnmächtig erklärender Leidenschaft, so zeigen andere Briefe Varianten der erotischen Reflexion: das Auskosten erotischer Einsamkeit, autonomer Egozentrik, Todessehnsucht, Sakralisierung des Erotischen und schließlich die sado-erotische, frivole Behandlung (in Briefen an die Günderrode). Die Art dieser unterschiedlichen Thematisierung der Liebe verweist auf eine Funktion, die mit autobiographischen Antworten nicht zu erklären ist: Hier spricht nämlich keine eindeutig faßbare Figur, sondern eine, die in jeweils anderer Liebesrede das emotionelle Medium von Identitätsherstellung sucht. Und dieser transitorische, andauernde Zustand zwischen Zuständen macht den Autor dieser Zustände besonders geeignet für das Todesmotiv.

Dieses erscheint gleich zu Beginn von Brentanos Briefphantasien an Sophie Mereau am 18./21. August 1799, wobei der literarische Einfluß der Jenaer Romantik und ihres Ingeniums für die esoterische Phantasie erkennbar ist:

»Ich habe wieder recht sehnlich gewünscht, daß Du tot sein mögest, und ich auch, denn es ist mir so leid, daß Du manches erfuhrst, und (es) schmerzt mich so sehr, daß Du nicht weißt und vielleicht nie wissen wirst, wie es dem Menschen so süß an der Wiege gesungen ist, den ich liebe und für den ich lebe. Wenn ich denke, daß wir füreinander und miteinander leben könnten, da ist das andre Leben all vorbei, und wir müßten es wahrlich im geheimen tun, sonst wär es nicht recht, denn die andern alle würden

1 Amelung (Hrsg.), a. a. O., S. 118.
2 Ebd., S. 119.
3 Ebd.

sonst sehen, wie sie von Gott mißhandelt sind ... ach, und doch kann ich so weinen, daß Du elend bist, Dein Lächeln sieht aus wie die weiße Rose im Totenkranz, und Deine Träne wie die im wütenden Hochzeittanze herabfallende zertretne Perle des Brautkranzes ... Es war mir als ginge ich mit meiner Schwester in einen Garten, der mir gehörte, und sei ein ruhiger ansässiger Mann, in einem Busche stand Dein Bild von Marmor, und ich weinte, es war Dein Denkmal, Du warst Gott sei Dank tot, und ich glaubte drum wieder an einen Himmel, denn Du hattest nicht mit mir Dich vereinigen können, weil Du zu schwach warst, ich kniete vor das Bild nieder und weinte heftig.«[1]

Sophie Mereau hatte in einem Brief vom Sommer 1799 einen vorangegangenen Brief Brentanos u. a. mit dem Satz kommentiert: »es ist eine Art von Tod darinnen.«[2] In jenem Briefe hatte Brentano über seine Liebe geschrieben: »Ich weiß nicht warum mir es in jenem Augenblicke so zumute war, ich weiß nur, daß es mir jetzt eben so ist, und daß es mir gestern nachmittag auch so war, ich zittere dann am ganzen Körper, und kann nicht weiterdenken, wenn Sie in solchen Augenblicken freundlich oder kalt gegen mich wären, ich würde sterben.«[3]

Sophie Mereau, die Schriftstellerin, kann die Sprache des Dichters Brentano deshalb nicht genau fassen, weil sie die Differenz von semantischer Identität und von ihr angenommener Identität ahnt. Denn der »Tod«, von dem Sophie spricht, liegt in dem Sich-Verflüchtigen des Brentanoschen Ichs in reine literarische Phantasie. Das belegt der Brief vom 18./21. August 1799 vor allem: Schon der Wunsch, Sophie möge doch tot sein, hat zwar eine psychologische Basis in der absehbaren Unerreichbarkeit Sophie Mereaus, zumal sie in einer Ehe gefesselt ist, aber die nachgeahmte Naivität und verworrene Kindlichkeit von Grammatik und Tonfall verweisen auf den Stil künstlicher Aufhebung der realen Sphäre und ihre Transformierung in literarische Vorstellungen, wobei die Formen des Kunstmärchens, der Ballade, die Brentano wenige Jahre später so absichtsvoll entwickelt, schon erkennbar sind. Diese literarische Prägung wird manifest im Motiv der »weißen Rose im Totenkranz«, der »Träne«, die zur »Perle« wird, und schließlich im »Bild

1 Ebd., S. 45f.
2 Ebd., S. 44.
3 Ebd., S. 42.

von Marmor«. Im letzten Motiv nimmt Brentano spielerisch Eichendorffs Erzählung *Das Marmorbild* vorweg, in der das von Brentano repräsentierte dämonische Moment romantischer Identität und ihre Beziehung zum Tod problematisiert worden ist. Die beiden anderen literarischen Motive der »weißen Rose« und der »Träne« verweisen auf die romantische Rezeption Shakespeares und der Volkspoesie.

Brentano hat die apriorische literarische Vermitteltheit seiner Todesmotivik selbst von der Identitätsproblematik her reflektiert. Im Brief, den Sophie als eine »Art Tod darinnen« qualifizierte, heißt es: »Ach ich bin des seligen Selbstgefühls nicht wert, Augenblicke Sie so zu lieben, daß mir es ahndet, ich könnte Sie und Ihre Liebe ganz erfüllen, ich könnte Ihnen genug werden, wenn ich den nämlichen Augenblick so unwahr in der Erscheinung sein kann«[1]. Brentano erkennt die Augenblicks-Qualität seiner erotischen Intensität, und die Vorstellung zu sterben, falls die Geliebte dieser Augenblicks-Qualität nicht entspricht, ist nach dem imaginativen Vorstellungsfeld, in dem Brentano sich aufhält, keine rhetorische Übertreibung, sondern die angemessene Konsequenz. Das Todesmotiv ist hier das Zeichen des nicht konkurrierbaren, unübertragbaren Gefühlsaugenblicks. Die Sozialität von Sophies gelebter Vergangenheit, die Sozialität der übrigen Gesellschaft wird mit diesem Augenblick negativ konfrontiert.

Es sind immer »Augenblicke«, die Brentano als wiederkehrende Metapher[2] für die Inkommensurabilität seines »Gefühls« in Anspruch nimmt. Diesem temporär reduzierten Modus entspricht die jeweilige Literarizität der Darstellung. Das hindert ihn nicht, Sophie eine Zerrüttung in »Augenblicklichkeit« vorzuhalten.[3] Die Vorstellung, dieser Augenblick könnte in seiner absoluten Einzigartigkeit relativiert werden, drängt als transitorischer und verewigender Zustand den Tod auf.

Daß die romantische Metaphorik des Todes – psychologisch gesprochen – als radikale Sublimierungsarbeit, als Antwort auf sexuelle Frustration erkennbar ist, ändert nichts an ihrem poetischen Zeichencharakter. Sie mit dem psychoanalytischen oder sozialpsy-

1 Ebd.

2 Vgl. die Briefe: Jena vom Sommer 1799, 1. Januar 1802, 1./2. Oktober 1803, Weimar vom Juli 1803.

3 Amelung (Hrsg.), a. a. O., S. 49.

chologischen Hinweis relativieren zu wollen, sie also als etwas Sekundäres einem Primären nachzuordnen, bedeutete die Problematik der ästhetischen Subjektivität gänzlich zu verkennen. Vielleicht teilte Brentano auf der materiellen Basis von Psyche und Sozietät Symptome mit Zeitgenossen der Jahrhundertschwelle. Diese Zeitgenossen haben solche Symptome nicht in solche Briefe, solche Sprache, solche Metaphorik verwandelt. Dies heißt: nicht die Annahme einer Verwandlung ist hier weiterführend, sondern Brentano wird analytisch nur faßbar im sprachlichen System selbst, nicht in Spekulationen über eine neurotische Biographie.

Das Todesmotiv taucht auch in weiteren Briefen an Sophie Mereau auf: im Brief vom Dezember 1801, 1. Januar 1802, Juni 1802, 8. Juni 1803, 4.–7. September 1803, 1./2. Oktober 1803, 22. Oktober 1803, 24. Oktober 1803. Seit dem 3. November 1803 weiß Brentano, daß Sophie bereit ist, seinem Werben nachzugeben. Im Briefwechsel der Verheirateten der Jahre 1804 und 1805, geprägt von Leidenschaft, Trennungsschmerz, Begierde, verschwindet das Todesmotiv. Erst in Brentanos Brief vom 20. November 1804 taucht es vehement wieder auf, um danach wieder zu verschwinden, zumal die Briefe um 1805 erstmalig sachliche Informationen des Reisenden an seine Frau enthalten. Seltsam prophetisch heißt es in Sophies Brief, der ihre Heiratsabsicht enthält (28. Oktober 1803): »was geht mich die Zukunft an? – Kann ich nicht sterben, eh' ich unglücklich werde?«[1] Und in ihrem Brief vom 20. Juli 1806 wenige Monate vor ihrem Tod:

»Ich weiß nicht, wie ich das nennen soll, was zuweilen aus Dir spricht, mit wunderbarer Stimme aus Dir heraus schreit, aber es mag wohl etwas Göttliches sein, weil es so viel Gewalt hat und man so viele Schmerzen darum vergessen kann. Und wenn es auch in der Erscheinung vorübergehend ist, so weiß ich doch so gewiß, daß es wahr und eigentlich unvergänglich ist, daß ich darauf sterben wollte.«[2]

Gerade der Mereau Behandlung des Todesmotivs aber zeigt die Andersartigkeit desselben in Brentanos Briefen dieses Zeitraums: es handelt sich um den letztmöglichen Ausdruck von Steigerung des Ichs in einem Anderen. Brentanos Ich bedarf ständig der Verwandlungen in ein anderes Sein. Dabei wird die Geliebte eine Art

1 Ebd., S. 301.
2 Ebd., S. 410.

Katalysator der realitätstranszendierenden Phantasie. Die Todeserotik ist bei Brentano kein potentielles Selbstmordsyndrom, sondern das manchmal konventionelle, manchmal radikale Zeichen einer Phantasieautonomie, die nicht auf Identität im Sinne einer gefährdeten Dichterbiographie hin gelesen werden kann. Hier wechseln sich Gesten der Frivolität, des Pathos, der Selbstironie und der Aggressivität im Abstand von wenigen Sätzen ab, d. h. die Umschlägigkeit von Vorstellungsmomenten unterbricht jede Lesart von Kontinuität gerade auch im erhabenen Motiv des Todes. Die psychologisch-autobiographische Situation ist immer vornehmlich eine solche des poetischen Okkasionalismus. Aus dieser Einsicht entstand und entsteht für die bildungsbürgerliche Lesart – lange auch für deren literaturwissenschaftliche Version, hätte sie denn diese Einsicht überhaupt gehabt – durchweg die Gegenstrategie des moralischen Relativierens, Disziplinierens und Disqualifizierens. Sophie, die die Gewalt von Brentanos Phantasiesprache sehr wohl verstand, hat unter der Differenz zum Leben gelitten: »Seien Sie ehrlich gegen sich und mich! Sagen Sie einmal einfach, wahr und ohne Witz: weshalb beklagen Sie sich über mich?«[1] Denn poetischer Okkasionalismus kann nicht mehr auf Bewußtseins- und Gefühlsinhalte des sozialen Subjekts zurückgelesen werden.[2] Die Frage nach ihrer Glaubwürdigkeit führt zu nichts. Poetischer Okkasionalismus stellt die eindeutige Form ästhetischer Subjektivität dar. Und so fährt Brentano fort – daran wird auch die Ehe mit Sophie Mereau nichts ändern –, die poetische *occasio* des Todesmotivs zu verfolgen:

»In dem Augenblick, daß Du mich verstoßen wirst, breche ich mein Zelt auf Erden ab und mache ein Segel draus, im Himmel zu landen, ich schwöre Dir, meine schwache Geliebte, den Boden, auf dem Du mir den Stab brichst, will ich keiner Träne meines Leides würdigen, ich will dann forteilen und mich Geschöpfen der Natur und der Kunst gegenüberstellen, vor denen die Seele des Empfindenden verstummt, ihr hohen Eisgebirge werden meine Stufen, auf denen ich zum Lebensbrunnen steige, ihr unabsehbar tiefen Täler, in deren Schoß sich Meere betten, ihr sollt die Brunnen werden, zu denen rasselnd nieder am Feuerseil der Blitze geht der Lebenseimer, und wenn er wieder aufsteigt gleich der Seele einer Erde, die

1 Ebd., S. 72.
2 Vgl. Helene M. Kastinger Riley, *Clemens Brentano*. Stuttgart 1985, S. 155.

in die Hand des Schöpfers sich empfehlend starb, dann will ich trinken aus dem Eimer dieser Seele, als tränke ich ein Ei aus mit dem Küchlein, und liebes Weib, stehst Du dann einsam und verlassen an Deines Sarges Kammerfenster sinnend, und blickst zur Erde, die Dich deckt, empor und nennst die Wurzeln Sterne, die Dich trösten, so sollst Du einen Stern wohl unter allen lieben, des Wurzel selbst Dir eine Sonne scheint, o freue Dich, es ist die Wurzel meiner Lebensblume, die einsam, ohne daß sie Liebe brach, verblüht.« (1./2. Oktober 1803)[1]

Die Sukzession der Sätze, die keine hypotaktische Gliederung zeigen, ist nur auf eines aus: den vorgestellten Augenblick der Selbstauflösung in ein Ensemble symbolischer Bilder zu entfächern. Der »Realitäts«-Gehalt der Sterbeabsicht ist völlig opalen. Das Zeltabbrechen auf Erden und Forteilen könnte ebenso als metaphorische Umschreibung der poetischen Existenz gelesen werden. Diese Phantasie, zu der sich Brentanos Vorstellung vom Liebesende Gelegenheit nahm, überführt das »heiterste« Bild vom Sterben – »ein Segel« aus dem »Zelt auf Erden« machen – sofort in eine manieristische Zeichenwelt der Natur. Brentanos Auflösung des Ichs in die Kosmogonie der »Eisgebirge«, »Lebensbrunnen«, »Wurzeln« und »Sterne« könnte ein Entwurf zu einem Gemälde von Philipp Otto Runge sein, dem Künstler, der seit 1801 naturmystische Allegorien zeichnete und Bücher von Ludwig Tieck eben zu diesem Zeitpunkt mit der Symbolik von Natur- und Jahreszeiten illustrierte. Diese Literarisierung hat ihre eigene »Authentizität«. Im Todesmotiv Brentanos fallen die beiden polaren »Erlebnis«-Formen, die in den Briefen an Sophie dargestellt sind, zusammen: Sakralisierung des Eros und Sexualisierung des Sakralen.

Zur Sakralisierung: Brentano vergleicht seine Liebesleiden mit dem »ewigen Jesus am Ölberge« (10. Januar 1803). Die Gestalt Christi ist schon von Werther als Allegorie seiner Leiden in Anspruch genommen worden.[2] Wie wir sahen, hat Kleist zum fast gleichen Zeitpunkt wie Brentano eine auf seine eigene Person bezogene ästhetische Potenzierung der Leiden Christi vorgenommen. Nunmehr zeichnet sich in dieser Identifikation ein Paradigmenwechsel von der mystisch-pietistischen zur vollends säkularisierten Fassung ab: Eine pathetische Selbstidentifikation des Dichters im

1 Amelung (Hrsg.), a. a. O., S. 229f.
2 Goethe, a. a. O., Bd. 6, S. 86.

19. Jahrhundert beginnt, die im Brief Oscar Wildes an Lord Douglas der romantischen Tradition den repräsentativen späten Ausdruck gibt.[1] Brentano wiederholt auch den Gestus des »Niederkniens und Anbetens« (Jena vom Sommer bzw. 18./21. August 1799) im Sinne der Muttergottes-Minne. Das Liebeserlebnis wird in sakramentalen Szenen und in Vorstellungen von göttlicher Epiphanie definiert: Gott ist anwesend, seine Anwesenheit hat sich dem Liebesereignis mitgeteilt, das in der Metapher der »Flammen« ambivalent konzentriert ist (Juli 1803)[2]. Ambivalent, denn auch im Gedicht von der *Lore Ley* steht die Flamme als erotisches Zeichen, aber nicht als Zeichen Gottes, sondern des Dämonischen. Das Zeichen der Liebesflamme, »die sich selbst verbrennt«, hebt Vergangenheit und Zukunft als Zeitvorstellung in einer »ewigen Gegenwart« auf (22. Oktober 1803).[3]

Zur Sexualisierung: Die sakralisierende Metaphorik hat das sexuelle Moment weder verfälscht noch abgedrängt. Brentano hat aus ihm nie ein Hehl gemacht und es in vielen Briefen direkt ausgedrückt: »Vom Morgen bis in die Nacht, das ist eine unsägliche Begierde nach Dir« (24. November 1804) – »Sophie, mein Weib, die mir ihren Leib hinreicht« (31. August 1805) – »so bist Du mir doch und wirst mir ewig bleiben die höchste Annäherung an jenes Weib, das ich in Dir gesehen, wie (um in der Ferne meine Begierde wenigstens wörtlich zu erfüllen) eine gewisse Narbe in Deinem Leib alle seine Anmut umschränkt, welche mir ist und ewig sein wird die süßeste Annäherung an jenes Weib, das ich in Dir geküßt« (14. November 1804)[4]. Auch die sexuelle Verbindung wird als Realisation einer schon vorab gegebenen ästhetisch-erotischen Vorstellung gedacht. Enthalten die erotischen Briefe vor der Ehe durchweg mystische Konnotationen (»trinke mich aus, so lange ich schäume, dann kannst Du Dich im reinen Kelche mit Freuden spieglen . . . o Sophie trinke, trinke, werde gesund, mache mich gesund« – Weimar, Juli 1803)[5], deren sexueller Sinn gar nicht verdeckt, sondern umgekehrt ausgestellt werden soll, so ist der sexuelle Sinn in den späteren Briefen nicht mehr verstellt. In der Metapher vom Austrinken,

1 Vgl. hierzu: Rainer Gruenter, *Versuch über Oscar Wilde,* in: Oscar Wilde, *Werke in zwei Bänden*. Hrsg. v. Rainer Gruenter. München 1970, Bd. 2, S. 596.

2 Amelung (Hrsg.), a. a. O., S. 128.

3 Ebd., S. 283.

4 Ebd., S. 342.

5 Ebd., S. 117.

passiv und aktiv verwendet, ist der Hinweis gegeben auf das masochistische und sadistische Lustmotiv, das, wie wir bereits sahen, in Novalis' Tagebüchern und Kleists Selbstmordbriefen in anderer Weise sich formuliert findet. Brentano hat das *Lore-Ley*-Symptom auf sich selbst angewandt: »Es liegt eine Hexerei in Ihnen und mir ... Sie schneiden kalt die grünen Zweige nieder, die Wunden weinen ... nur dort war mir Schmerz so lieb wie Lust ... oh, sollte ich Ihr Leid nicht lieben, da Ihr Leid mich nur erquickte« (Dezember 1801)[1]. Oder: »ist mir doch selbst das Gefühl eine Wollust, daß ich Sie noch beleidigen kann ... o liebe Sophie ... lasse mich wieder büßen, lasse mich wieder die süßen Schmerzen leiden, mit unendlichem Durst unerquickt vergebens Linderung von Dir zu erflehen« – »Sie haben mir oft mitten in der Lust ein bischen ins Herz gestochen« (Februar 1803)[2]. Auch die sexuelle Begierde wird ästhetisiert: Sie wird auf den archaischen Mythos von des Tantalus Qualen überschrieben oder auf die Leidensgeschichte Christi.

Das eigentliche Manifest von Brentanos sado-erotischer Ästhetisierung des Todesmotivs stellt ein Brief an Karoline von Günderrode dar, wobei sich die ironische Redeform, die auch einige der frühen Briefe an Sophie Mereau kennzeichnet, sozusagen als Lizenz der phantastischen Freiheiten selbst versteht. Der Brief hat folgenden Wortlaut:

»Gute Nacht! Du lieber Engel! Ach, bist Du es, bist Du es nicht, so öffne alle Adern Deines weißen Leibes, daß das heiße, schäumende Blut aus tausend wonnigen Springbrunnen spritze, *so* will ich Dich sehen und trinken aus den tausend Quellen, trinken, bis ich berauscht bin, und Deinen Tod mit jauchzender Raserei beweinen kann, weinen wieder in Dich all Dein Blut und das meine in Thränen, bis sich Dein Herz wieder hebt und Du mir vertraust, weil das meinige in Deinem Puls lebt. – O, wenn Du mich kenntest, Du würdest den Mut verlieren, mich zu lieben, den Du nicht fassen kannst, da Du mich nicht kennst. – Ich weiß so unendlich viel, daß es mir das Herz zersprengt, es zu sagen, aber sprechen ist ein langsames Totmartern und lägst Du nur eine Nacht in meinen Armen, so solltest Du Dir meine Liebe an Deinen warmen Brüsten ausbrühen, und Du wüßtest alles, was ich weiß, und brauchtest nicht mehr zu erschrecken, über alles, was ich sagen darf, weil ich

1 Ebd., S. 62.
2 Ebd., S. 95f.

will. Wahrhaftig liebes Kind, die Tugend ist zart und man kann nicht mit ihr sprechen, die Jugend soll vom Leben lernen, o Du liebe Jugend, warum darf ich Dich nicht lehren, nicht wahr, Du liebst mich nicht? Ja, das thun die Leute, thue es auch, denn Du glaubst wohl auch, was die Leute wissen ist bös und das Geheime gut. Es mag Dir wohl wunderlich werden bei diesen Worten, denn Du magst allerhand, was man nicht soll, o ihr armen lieben zweibeinigen Engel in der Hölle und Du, Günderödchen, im Fräuleinstift, was habe ich euch so lieb, ihr Teufel und ihr Engel, mein Herz ist keine arme Seele. Alles das schreibe ich in einem süßen, drehenden Rausch, die Mondnacht und der Frühling haben sich nicht gescheut, vor meinen Augen das süße heilige Liebeswerk zu vollbringen und damit das Bewußtsein solcher Wollust nicht verloren gehe, haben sie das Seufzen ihrer Liebe an dem Echo meines Busens gebrochen, und wie sie sich umarmten, verwandelten sie sich in eine goldene, süße, bittere, wollüstige Schlange, die mich mit den lebendigen, drückenden, zuckenden Fesseln ihres Leibes umwand. So saß ich am Berge und sah ins weite Thal, das sich wie ein leichter Berg auf mein Herz warf und da riß ich die Kleider von mir, daß die Umarmung keuscher sei, wie der Blitz schnell und elektrisch, biß mir die goldene Schlange ins Herz, und ringelte wie in gewundener Lust an mir herauf, sie vergiftete mich mit göttlichem Leben und in mir war ein anderes Leben, es zieht mir mit ergebendem Widerstand durch Adern und Mark, und die Schlange zog durch die Wunde nach, und ringelt sich jetzt freudig und liebend um mein Herz, es ist zu viel, was ich habe. Drum beiße ich mir die Adern auf und will Dir es geben, aber Du hättest es thun sollen und saugen müssen. Oeffne Deine Adern nicht, Günderödchen, ich will Dir sie aufbeißen. O ich bin ein arabisches Roß, warum nicht, wenn ich Dich hier hätte und Du solche Hochzeiten feiern sähest neben mir, so sollte Mondnacht und Frühling uns das Echo sein, das ich ihnen war. (Wenn Du mich nicht verstehst, so schreibe mir es, damit ich nicht mehr schreibe.) Schreibe mir recht vernünftige Briefe, lieber Engel, und wenn Du mich lieben kannst, so thue es, kein Tropfen solchen süßen Weins soll verloren gehen. Ich trinke Deine Gesundheit mit jedem Blick, den ich in den Frühling thue und jeder meiner Gedanken an Dich ist eine Gesundheit, die ich dem Frühling zutrinke. Wenn Du lieb bist, muß ich Dich ja lieben, das ist der Liebe Wesen, mein Wesen und Dein Wesen. Lebe wohl, und habe den

Mut, nur darum zu weinen, daß Du nicht bei mir bist im Fleische, sondern nur in Gedanken, denn beide sind eins und nur im Abendmahl genießen wir den Gott, denn alles Wort muß Fleisch werden, auch dies Wort der Liebe.«[1]

Das sowohl mänadische wie auch christologisch-sakramentale Motiv des »Trinkens«, »Austrinkens«, in diesem Fall Blut-Trinkens, das auch in zwei Briefen an die Mereau emphatisch benutzt wurde, ist nunmehr zu einer manierierten Allegorie wollüstig-sadistischer Begierde verwandt[2], deren Emphatik jedoch unübersehbar parodistische Elemente enthält. Der ersten Konstruktion der Metapher vom »Blut« aus »tausend wonnigen Springbrunnen« folgt das erotische Wunschbild, das wiederum kommentiert ist durch die folgende reflexiv-ironische Hamlet-Warnung »O, wenn Du mich kenntest«. Die ironische Distanzierung der sado-erotischen Anrede ist wiederholt im späteren relativierenden Hinweis auf die Entstehungsbedingungen des Briefes: in einem »süßen, drehenden Rausch«. Wenn Brentano, der Schüler des älteren Jenaer Frivolikers Friedrich Schlegel, hier sozusagen die Probe darauf ablegt, daß er das Konzept der frühromantischen Ironie begriffen hat, nämlich die Souveränität des Künstlers über sein Produkt, das er jederzeit annullieren kann, dann heißt dies andererseits noch keine reale Aufhebung des Gesagten. Der scheinbare Verführer setzt bloß mit der Geste des Wissens um die Vergeblichkeit des verführerischen Sprechakts ein. Indem er die mänadisch-eucharistische Szene aufhebt ins Hypothetische, nimmt er ihr zwar die unmittelbar zudringliche Adresse[3], gibt ihr aber gleichzeitig um so mehr die Kühnheit der frei schwebenden erotischen Phantasie: sozusagen die Unerreichbare für den Moment der Lektüre die Dimension erotisch-sexueller Phantasie fühlen zu lassen, ein Raffinement, das verdoppelt ist durch die Rücknahme gewagtester Metaphorik des Verführers in die liebenswürdige Nachtphantasie des romantischen Liebhabers. Indem Brentano diesen Hinweis auf das phantastische

1 Geiger (Hrsg.), a. a. O., S. 108ff.

2 Als Brentano die Günderrode im Frühjahr 1802 kennenlernte, hat sie ihn sogleich fasziniert, vgl. Brief an die Schwester Bettine vom Januar 1803. Karoline hingegen blieb gegenüber Brentano immer distanziert, stach seine Existenz doch als eine »Cabale« von der Lebensform des Männertyps, den sie lieben konnte (Savigny, Creuzer), ab.

3 Zum sadistischen Motiv und der »Epiphanie der offenen Wunde« im Werk Brentanos vgl. Marlies Janz, *Marmorbilder. Weiblichkeit und Tod bei Clemens Brentano und Hugo von Hofmannsthal.* Königstein 1986, S. 43f., 48.

Nächtliche übergehen läßt in ein wunderbares Parabelmärchen von der »goldenen, süßen, bitteren wollüstigen Schlange«, das naturphilosophische und alttestamentarische Elemente enthält, die aber wiederum ganz im Dienst von Brentanos zweideutiger Rede stehen, vergrößert er den artifiziellen Charakter der erotischen Rede. Der Schluß aber nimmt den mänadisch-eucharistischen Anfang in frivoler Variation wieder auf: »Oeffne Deine Adern nicht, Günderödchen, ich will Dir sie aufbeißen.« Die Frivolität wird verlängert in ein zweideutiges Wortspiel mit dem Abendmahl als Liebesakt und dem testamentarischen Satz vom Wort, das Fleisch wurde. Der erotisch skandalöse Brief gibt sich also am Ende so sehr als Kabinettstückchen einer gewagten Konstruktion, daß er nicht vordergründig als ein individueller Liebesbrief mißverstanden werden kann. Um auch den letzten Zweifel am Arrangementcharakter zu zerstreuen, stellt Brentano die kokette Nachfrage: »Was macht der Brief für eine Wirkung auf Dich, liebes Günderödchen . . .«

Von der deutlich gewordenen Zweideutigkeit, von dem ästhetischen Konstruktionscharakter des Briefes her gesehen muß die Inhaltlichkeit der Symbole und Metaphern kommentiert werden: Das Motiv der Blutmischung und der mystischen Hochzeit. Es ist auch im zweiten Teil des *Godwi* thematisiert. Es heißt die zweideutig-ästhetische und ironische Spekulation zu mißachten, wenn man hier die Analogie zur Christologie, zur Hingabe Jesu an die Gläubigen feststellt und die »Blut«-Metaphysik im Sinne einer, wenn auch säkularisierten Theologie als Blutkult substantialisiert[1]. Die Identifikation mit dem Leiden Christi wird, wie schon gezeigt worden ist,

1 In die Gefahr einer solchen Ausblendung des ästhetischen Arrangements gerät Bernhard Gajek (*Homo poeta. Zur Kontinuität der Problematik bei Clemens Brentano.* Frankfurt 1971, S. 177), auch wenn er den Kunstcharakter des Briefes anerkennt. Die Deutungsgeschichte dieses Briefes belegt die Blockierung der Germanistik gegenüber der Romantik im allgemeinen, gegenüber Brentano im besonderen: Der erste Herausgeber dieses Briefes, Ludwig Geiger (a. a. O.), prangert Clemens Brentano als »wollüstige Natur« an. Reinhold Steig (*Euphorion,* 1895, S. 413 f.) verteidigt Brentanos Brief gegen diesen Anwurf nur dadurch, daß er jeden »gemeinen Anflug«, gemeint ist sexuelle Phantasie, ausschließt und auf das mythische Bild des Frühlings verweist: Der Ausschluß von Erotik stand am Anfang der Brentano-Philologie. Die moralisierende Verkennung hat sich bis in die fünfziger und sechziger Jahre gehalten, wovon Emil Staigers Brentano-Deutung noch Zeugnis ablegt. Insofern haben die Invektiven des einstigen Brentano-Editors Henning Boëtius (*Der andere Brentano. Nie veröffentlichte Gedichte. 130 Jahre Literatur-Skandal.* Frankfurt 1985) ihre Berechtigung. Seine Polemik ist durch Naheinstellung allerdings gefärbt. Die Defizite der Brentano-Philologie gehören in den Kontext bildungsbürgerlicher Romantikkritik überhaupt, die nur den Widerspruch des traditionellen germanistischen Wert- und Selbstverständnisses und literarisch-künstlerischer Produktivität belegt.

während dieser Periode romantischer Selbstdeutung zu einem Mythos des Dichters im 19. Jahrhundert. Das aber bedeutet ästhetische Bearbeitung, und ist mit dem traditionellen Säkularisationsbegriff nicht zu fassen. Ebenso müssen die eucharistischen Motive (»schäumendes Blut«, »Springbrunnen«, »tausend Quellen«, »jauchzende Raserei«) als Inventar einer sich nunmehr herausbildenden symbolischen Sprache verstanden werden, die gerade auch die Briefe an Sophie Mereau kennzeichnet.

So ergäbe sich aus den wichtigsten Motiven von Brentanos Todespoesie eine ästhetische Autonomie der Sprache, deren soziales Äquivalent Brentanos objektive und subjektive Einsamkeit war. Nicht »Einsamkeit« als emphatisches Projekt wie im Falle Kleists, dem Leser Rousseaus. Die kokette Warnung an die Günderrode – »wenn Du mich kenntest« – gibt einen Hinweis auf die Herkunft und den Charakter dieser Einsamkeit; sie stammt aus dem Zwang zum Identitätsverlust und tritt an die Stelle des Selbstbewußtseins: es ist die »unendliche Einsamkeit« (Juli 1803, Anfang September 1803). Sie ist die Bedingung der poetischen Existenz, wie Brentano sie versteht: »O geliebtes Weib, begreife wie ich mich sehne, mit einem scharfen Messer die Welt von mir zu schneiden, denn ich kann nicht dichten, nicht geliebt werden von der Welt, denn wahrlich, ich will nur einsam sein, damit Du mich liebst« (Ende September 1803)[1] oder:

»Was Du über meine Begierde nach Abgeschiedenheit, nach einer eignen Welt klagst, ist nicht ganz von Dir verstanden, es heißt nur, ich werde ein Dichter sein, wie ich einer bin. Du siehst mich manchmal zu prosaisch an, liebe Seele, und du tust mir unrecht, ich ehre und liebe alle Menschen, aber ich kann ihr Leben nicht verstehen . . . wenn ich mich ihnen ergebe, so bin ich wahr, und gebe ihnen mein Heiligstes, aber sie wollen mich nur in Versuchung führen und sind mir wie der Teufel mit Jesus auf dem Felsen war« (22. September 1803)[2].

Es zeigt sich, daß auch hier die Einsamkeitsidentifikation sich als ästhetisch-fiktive Identifikation mit Christus darstellt, wobei ironische Koketterie mit dem Heiligen und nachgeahmtes Pathos gemeinsam an der Auflösung der normativen Tradition und ihrer Überführung in den subjektiven Sprachgestus arbeiten. Die Ent-

1 Amelung (Hrsg.), a. a. O., S. 220.
2 Ebd., S. 211.

fremdung von der Gesellschaft bekommt hierdurch das Signum des Esoterikers. Sie begründet sich nicht in Gesellschaftskritik, wenn auch das Motiv der Kritik am zeitgenössischen Kultursystem der spätfeudalistischen deutschen Staaten beigemischt war, das Brentano die »Weimarer Ziererei« nannte: »ich versichere Dich, ich kann mir keinen ekelhafteren Rahmen und ein Kunstleben denken, als das jämmerliche Nest, das sich zur Poesie wie das plackichte Hanswurstkleid zum komischen verhält, die Rührung rührt dort immer mit einer Empfindung zum Erbrechen, dann das gebildete Publikum besteht aus einigen verrückten Hofdamen ect. Wenn ich an Weimar denke, wird mir es miserabel.« (20. Oktober 1803)[1]

Obwohl also der kulturkritische Affront sich bis in die Ironie gegenüber literarischer Geschmacksbildung durch weibliche Mitglieder der Oberschicht mit Kleists Ausfall gegen den Einfluß des weiblichen Publikums auf die zeitgenössische Bühne vergleichen läßt, verschwindet der Bezug auf die Gesellschaft am Ende hinter der solipsistischen Redeform. Niemals tritt der rousseauistische Einsamkeitstopos als Argument auf, sondern solche Diskurselemente verschwinden gänzlich in der Rhetorik der Subjektivität. Und dieser Solipsismus, diese Rückbezogenheit des erotischen Gefühls auf den Genuß seines semantischen Ausdrucks konzentriert sich im symbolischen Narzißmus. So, wenn Brentano die Geliebte in heimlicher Anspielung auf das *Pygmalion*-Motiv sein »schönstes, einziges Werk« nennt (26. August 1803)[2] oder wenn er von seiner Liebe zu seiner eigenen »Seele« spricht, dies mit einem konstruierten Bezug auf die Schwester Bettine begründend. Die unschuldig-inzestuöse Spielerei mit dem Namen der Schwester, die einen Platz als intime Vertraute einnahm, enthüllt die Willkür der Selbstbezogenheit des Gefühls und seine unendliche Verfügung über semantische Artikulation. Die Heftigkeit, der leidenschaftliche Ausdruck der Hingabe, die Extravaganz der erotisch-sexuellen Metaphorik sind sprachliche Äquivalente der Brentanoschen Ich-Überschreitung, einer Ich-Unsicherheit, die Kontinuität von Handlungen und Absichten ausschloß. Gesucht wurde der transitorische Zustand von Benennungen. Es gibt bei Brentano nicht die Freiheit, die dem idealistischen Konzept von Individualität eignet, sondern die Obsession der flottierenden Phantasmen, die vor kei-

1 Ebd., S. 276f.
2 Ebd., S. 149.

ner Norm, und sei sie noch so ehrenwert und progressiv, haltmachte, etwa den emanzipatorischen Motiven Sophie Mereaus, die er im Brief vom 10. Januar 1803 als absehbar konformistisch ironisierte.

Damit ist die teleologisch-normative Rückbindung im Exzessiven, wie sie bei Kleist eintritt, verhindert. Die Autonomie des Ästhetischen gegenüber der Welt der Zwecke einschließlich eines teleologischen Subjektbegriffs ist definitiv vollendet.

3. Günderrode: Die versöhnte und die zerreißende Todesliebe

Der Günderrode Liebes- und Selbstmordphantasie ist zu Brentanos ästhetischer Autonomie einerseits und Kleists ästhetischer Teleologie andererseits ins Verhältnis zu setzen. In Differenz zu Brentano stellt sich die Sehnsucht nach einer *unio mystica* bei der Günderrode nicht als ästhetischer Zustand dar, sondern im Bezug auf eine Ideenwelt geschichts- und naturphilosophischer Provenienz, die, wie wir sahen, den Gedanken Schellings und Hölderlins verpflichtet war: die Sehnsucht nach dem »Unendlichen« wird sich als Todessehnsucht und Liebespathos vollstrecken.

Am 26. Juli 1806 nahm sich Karoline mit einem Dolch das Leben. Schon die sich anbietende Begründung: aus Verzweiflung über die Haltung des Geliebten Friedrich Creuzer, ist eine vereinfachende Ursachenreduktion. Was an jenem Tage äußerlich geschah, ist bekannt geworden durch den Briefwechsel zwischen Karl Daub und Susanne von Heyden, den Brief Susanne von Heydens an Hektor von Günderrode, den Bruder Karolines, und schließlich durch den Bericht der Bettina Brentano an die Mutter Goethes sowie an Achim von Arnim. Nach der kombinierten Information dieser Darstellungen wird folgende Präsentation von Vorgeschichte und eigentlicher Tat durch die Freunde deutlich. Karl Daub, Professor der Theologie in Heidelberg und Freund Friedrich Creuzers, bittet im Juli 1806 brieflich die Freundin Karoline von Günderrodes, Susanne von Heyden, jener mitzuteilen, daß Creuzer das bisherige Verhältnis als »aufgehoben« ansehe, Daub präzisiert zweimal, als »vernichtet«.[1] Creuzer habe ihn, Daub, ersucht, diesen Entschluß ihr, Susanne von Heyden, mit der Bitte zu eröffnen, Karoline von diesem Entschluß zu unterrichten. Die Briefe Karolines an Creuzer würden demnächst dieser zurückgeschickt. Creuzer konfrontierte also Karoline nicht selbst mit seiner verquält vorbereiteten Entscheidung, sondern suchte den Umweg durch eine doppelte Vermittlung, so als wenn er die Substanz der Mitteilung, deren Schrecken Creuzer fürchtete und floh, neutralisieren könne. Nachdem die für solch ein Verfahren angesprochene Susanne von Heyden zunächst ablehnt (im Brief an Karl Daub vom 19. Juli 1806), ihrer Freundin die ihr aufgetragene Botschaft schriftlich zu übermitteln, sondern eine mündliche Unterrichtung vorzieht, da der Inhalt »zu hart« sei, sie außerdem als Voraussetzung zu solch mündlicher Unterrichtung um die Rücksendung von Karolines Bild bittet, auf daß erhärtet sei, Creuzer löse das Verhältnis wirklich aus freiem Willen auf und sei nicht etwa tot, nachdem Susanne von Heyden schließlich um eine schriftliche Äußerung Creuzers selbst an die Günderrode bittet, teilt sie Karl Daub am 24. Juli 1806 mit, daß sie Karoline von Creuzers Entschluß doch schriftlich unterrichtet und dieser Daubs beide Briefe geschickt habe. Sie entschuldigt sich dafür, daß es ihr nicht möglich gewesen sei, die schlimme Nachricht selbst in den Rheingau zu überbringen. In einem Brief an den Bruder der Günderrode, Hektor, schreibt sie am 28. Juli 1806, zwei Tage nach dem Selbstmord, sie hätte eine Vorsichtsmaßnahme getroffen, um Karoline zu schonen. Sie schrieb dieser zunächst einen nur vorbereitenden Brief, den eigentlich informierenden aber an Lotte Servière, bei der die Günderrode sich zu dieser Zeit aufhielt. Die beiden Briefe Daubs, die die verheerende Nachricht enthielten, hat Susanne von Heyden als Beweis von Creuzers Forderung ihrem Brief an den Bruder, Hektor von Günderrode, beigefügt. Wie Susanne von Heyden dem Bruder Karolines in ihrem Brief eröffnete, der Erinnerung der Gastgeberin folgend, hat Karoline von Günderrode auch den nicht an sie gerichteten Brief geöffnet. Was folgte, schildert von Heydens Brief folgendermaßen:

Sie »erbrach den Brief und ging in ihr Zimmer, von wo sie bald wieder herauskam und ganz heiter scheinend Lotten Adieu sagte,

1 Briefwechsel zwischen Carl Daub und Susanne von Heyden, in: Karoline von Günderrode, *Dichtungen*. Hrsg. v. Ludwig Pigenot. München 1922.

sie wolle am Rhein, wie sie oft tat, spazieren gehen, kam aber nicht wieder. Beim Nachtessen wurde sie vermisst; man eilte auf ihr Zimmer, fand die erbrochenen Briefe und bange Sorge erfüllte die guten Mädchen. Sie suchten die ganze Nacht; früh fand man die unglückliche Lina tot am Ufer; ihr Ihnen wohlbekannter Dolch hatte das Herz des Engels durchstochen. Sie konnte nicht leben ohne Liebe, ihr ganzes Wesen war aufgelöset in Lebensmüdigkeit.«[1]

Diese erste Hergangs-Schilderung und Interpretation des Selbstmords ist ergänzt durch den Bericht Bettinas im Brief an Goethes Mutter:

»gestern war ich da unten, wo sie lag; die Weiden sind so gewachsen, daß sie den Ort ganz zudecken und wie ich mir so dachte, wie sie voll Verzweiflung hier herlief und so rasch das gewaltige Messer sich in die Brust stieß, und wie das tagelang in ihr gekocht hatte, und ich, die so nah mit ihr stand, jetzt an demselben Ort, gehe hin und her an demselben Ufer«[2] *(Goethes Briefwechsel mit einem Kinde).*

Der Selbstmord wird aus der Perspektive eines Bauernmädchens der Gegend geschildert:

»Gestern hat sich auch eine junge schöne Dame, die schon sechs Wochen hier sich aufhielt, bei Winckel umgebracht; sie ging am Rhein spazieren ganz lang, dann lief sie nach Hause, holte ein Handtuch; am Abend suchte man sie vergebens, am anderen Morgen fand man sie am Ufer unter Weidenbüschen, sie hatte das Handtuch voll Steine gesammelt und sich um den Hals gebunden, wahrscheinlich weil sie sich in den Rhein versenken wollte, aber da sie sich ins Herz stach, fiel sie rückwärts, und so fand sie ein Bauer am Rhein liegen unter den Weiden an einem Ort, wo es am tiefsten ist. Er riß ihr den Dolch aus dem Herzen und schleuderte ihn voll Abscheu weit in den Rhein, die Schiffer sahen ihn fliegen – da kamen sie herbei und trugen sie in die Stadt.«[3]

Die zitierten Darstellungen der beiden Freundinnen der Günderrode beziehen sich auf schon Vermitteltes, das in Details voneinander abweicht. Gemeinsam ist indes eine unterschiedlich »romantisierende« Deutung des Selbstmords: Während Susanne von Heyden im Sinne eines rudimentär erkennbar pietistischen Motivs

1 Brief Susanne von Heydens an Hektor von Günderrode, in: Wolf (Hrsg.), a. a. O., S. 254f.
2 Arnim, a. a. O., Bd. 3, S. 87.
3 Ebd., S. 112f.

von »Lebensmüdigkeit« spricht, eine Signatur, die mit dem Attribut »heiter« übereinstimmt, das auch für Kleists Selbstbeschreibung in den Selbstmordbriefen und Novalis' Tagebuchaufzeichnungen charakteristisch ist, stellt sich in Bettinas Darstellung eine literarische Stilisierung ein, durch welche das Ereignis von Karolines Selbstmord schon die poetischen Züge eines romantischen Volksmärchens im Sinne des Bruders Clemens Brentano annimmt. Solcher Stilisierung wird in Bettinas Brief vorgearbeitet, als die Günderrode darin als ein dämonisches Naturwesen figuriert, das seinen eigenen Tod voraussieht. Bettina erwähnt zwei solcher Vorwegnahmen:

»einmal kam sie mir freudig entgegen und sagte: ›Gestern hab' ich einen Chirurg gesprochen, der hat mir gesagt, daß es sehr leicht ist, sich umzubringen‹, sie öffnete hastig ihr Kleid und zeigte mir unter der schönen Brust den Fleck; ihre Augen funkelten freudig; ich starrte sie an, es ward mir zum erstenmal unheimlich, ich fragte: ›Nun! – Und was soll ich denn tun, wenn Du tot bist? –‹ ›O‹, sagte sie, ›dann ist Dir nichts mehr an mir gelegen, bis dahin sind wir nicht mehr so eng verbunden, ich werd' mich erst mit Dir entzweien.‹ – Ich wendete mich nach dem Fenster, um meine Tränen, mein vor Zorn klopfendes Herz zu verbergen, sie hatte sich nach dem andern Fenster gewendet und schwieg; – ich sah sie von der Seite an, ihr Auge war gen Himmel gewendet, aber der Strahl war gebrochen, als ob sich sein ganzes Feuer nach innen gewendet habe«[1].

Anders als in der alternativen pietistischen Deutung erscheint der Selbstmord hier als emphatischer Akt des auf sich selbst zurückgeworfenen, in sich selbst verbrennenden, isolierten Subjekts. Der Selbstmord ist gedeutet als die konsequente Handlung des romantisch Einsamen. Die anderen Vorwegnahmen in Bettinas Bericht konzentrieren sich in der literarischen Stilisierung auf das Motiv der späteren Tatwaffe, den Dolch. Die erste dieser erinnerten Szenen verschärft das literarische Leitmotiv des Kunstmärchens:

»Einmal kam ich zu ihr, da zeigte sie mir einen Dolch mit silbernem Griff, den sie auf der Messe gekauft hatte, sie freute sich über den schönen Stahl und über seine Schärfe; ich nahm das Messer in die Hand und probte es am Finger da floß gleich Blut, sie erschrak,

1 Ebd., S. 99f.

ich sagte: ›O *Günderrode,* du bist so zaghaft und kannst kein Blut sehen und gehest immer mit einer Idee um, die den höchsten Mut voraussetzt«[1].

Die zweite Szene integriert das Motiv der Einsamkeit und präfiguriert die Lokalität des Selbstmords:

»Einmal schrieb sie: ›Ist man allein am Rhein, so wird man ganz traurig, aber mit mehreren zusammen, da sind grade die schauerlichsten Plätze am lustaufreizendsten: mir aber ist doch lieb, den weiten gedehnten Purpurhimmel am Abend allein zu begrüßen, da dichte ich im Wandeln an einem Märchen, das will ich Dir vorlesen; ich bin jeden Abend begierig, wie es weiter geht, es wird manchmal recht schaurig, und dann taucht es wieder auf.‹ Da sie wieder zurückkam und ich das Märchen lesen wollte, sagte sie: ›Es ist so traurig geworden, daß ich's nicht lesen kann; ich darf nichts mehr davon hören, ich kann es nicht mehr weiter schreiben: ich werde krank davon.‹ Sie legte sich zu Bett und blieb mehrere Tage liegen, der Dolch lag an ihrem Bett«[2].

Bettina läßt das literarische Motiv des Dolchs unmerklich übergehen in eine Darstellung von der Günderrode affektiver Phantasiearbeit bis hin zu der Deutung ihres Selbstmords als Folge einer schauerromantischen Präfiguration: Nach Bettinas Bericht erzählte die Günderrode im Zusammenhang mit der durch literarische Phantasie aufgelösten Melancholie von der Erscheinung ihrer toten Schwester, die den Dolch aufnahm, »gen Himmel mit der rechten Hand« hob, »als ob sie mir ihn zeigen wolle«[3]. Die Günderrode habe ihre unheimliche Geschichte mit den Worten des Abschieds kommentiert: »behalt diese Geschichte, sie ist doch merkwürdig!«[4]

Bettina versteht Karolines Selbstmord also doppelt fiktiv vorweggenommen: einmal im Zeichen der von Karoline phantasierten toten Schwester, zum andern im ahnungsvollen Kommentar der Erzählerin selbst. So ergibt sich, daß sowohl Susanne von Heydens Brief vom 28. Juli 1806 an Karolines Bruder Hektor als auch und vor allem der Bettina Bericht eine Deutung und Wertung des Selbstmords enthalten, in welcher dieser in einer konventionell schon ab-

1 Ebd., S. 101.
2 Ebd., S. 103.
3 Ebd., S. 104.
4 Ebd.

rufbaren Beziehung zu einer wie genau auch immer definierten romantischen Mentalität erscheint. Dem entspricht der um 1800 im Bildungsbürgertum weit verbreitete empfindsame Kult mit dem eigenen Sterben, wie er auch im konventionellen Briefkorpus der Epoche belegbar ist.[1] Im Text der Bettina drückt sich diese Mentalität im Unterschied zum Brief der Susanne von Heyden schon literarisch-produktiv aus, wie auch eine Verschiebung vom empfindsamen zum romantischen Verständnis auffällig ist, was unmittelbar aus der literarischen Stilisierung folgt. Wenn Bettina Karolines Selbstmordgeschichte sozusagen in Form einer Kette unheimlicher Märchen erzählt, dann mystifiziert sie die intellektuelle Identität der Günderrode. Damit ist nicht behauptet, die erinnerten Motive des »Dolchs«, des Übergangs von Wirklichkeit und Märchen, seien erfunden. Daß die Günderrode selbst sich in eine Zone literarisch vermittelter Fiktion begab und diese gegen eine banale Wirklichkeit polemisch ausspielte und dementsprechend das eigene Ich als radikal isoliertes empfand und den Zusammenhang mit den anderen immer mehr distanzierte, um so immer mehr in literarischen Anempfindungen existieren zu können, dies steht außer Zweifel. Bettinas Brief an die Mutter Goethes berichtet von Gesprächen über den Selbstmord, die durch *Werther*-Gespräche inspiriert waren, und die Günderrode wird mit dem Satz zitiert, der auch bei Kleist variiert auftaucht: »Recht viel lernen, recht viel fassen mit dem Geist, und dann früh sterben«[2].

Aber sowohl die empfindsame Formel (»Lebensmüdigkeit«) als auch die konventionell romantische Formel (»Dolch«, »Märchen«) verdecken die geistige Substanz dieser Romantizität. Bettina deutet in positiver romantischer Absicht Karoline von Günderrode als dämonische Existenz, wie das Lisette von Nees in negativer Absicht aus moralisch wertender Perspektive tut, die sich hierin mit Savignys Wertesystem trifft, aber auch mit Achim von Arnims Wertung im Brief vom 27. August 1806 an Bettina (»Furienfackel unseliger, ihr fremder Leidenschaft«). Lisette von Nees, die der Freundin Karoline im emphatischen Affekt gegen die Kategorie bürgerlicher Nützlichkeit verbunden war und die Vorstellung, sich »mit Wollust

1 Vgl. Brief der Verlobten Kleists, Wilhelmine von Zenge, vom 10. April 1802, in: Kleist, a. a. O., S. 722. Außerdem: Philippe Ariès, *Studien zur Geschichte des Todes im Abendland.* München 1981.

2 Arnim, a. a. O., S. 89.

in das Rollen des Donners zu stürzen«[1], in dem für die »romantische« Mentalität des Freundinnenkreises aufschlußreichen Brief vom 11. Juni 1804 gefeiert hatte, wertete den Selbstmord Karolines im Brief an Susanne von Heyden dagegen als sittliche Perversion:

»ein scheinbar freyes heitres Spiel, hinter dem ein grinsender Dämon lauert; so dünkt mich stelle man sich die Verführung des Teufels vor. – Jeder Abfall von der Natur ist eben so gut Sünde als der Abfall von der Sitte denn die Sittlichkeit ist ja nur eine höhere Natur. Gegen beyden sündigte Lina; darum sind ihre früheren Briefe kalt herzlos bey aller geistreichen Anmuth, und die späteren rächen sich an den früheren durch gewaltsam hervorgetretene Empfindung. In diesem Spiel, dass Lina oft sich und ihre Zustände als die eines dritten schildert, liegt mir ein tiefer Sinn: es giebt uns die Spaltung in ihrer Seele, das immer thätige Vermögen der Reflexion, sich von sich selbst zu trennen im Bilde wieder.«[2]

Abgesehen von der moralischen Verurteilung übertrifft diese Analyse der Günderrodeschen Problematik an Genauigkeit noch den großen Mahnbrief Savignys vom 29. November 1805. Die Freundin erkennt die Differenz von »Zuständen« und »Identität«, wobei sie wie Savigny allerdings in Verkennung eben dieser Polarität die »Zustände« als »uneigentliche«, die Identität als »eigentliche« gegeneinander ausspielt. Es zeigt sich, daß selbst im Zentrum des romantischen Freundeskreises zu unterscheiden ist zwischen der eher konventionellen »romantischen« Emphase einerseits, die immer kompatibel ist mit der »Natur«, und der »gewaltsam hervorgetretenen Empfindung« andererseits. Die Günderrode hat durchaus am konventionell romantisch-empfindsamen Spiel mit dem Feuer, wie es Bettina und Lisette liebten, teilgenommen. Sie hat aber aus diesem Spiel ernst gemacht und trat einer anderen Identität näher. Wie ist diese zu benennen?

Die romantisierende Formel der Bettina trifft ebenso wie die empfindsame Deutung der von Heyden nur die Außenansicht dieses Selbstmords. Die verschiedenen Lesearten von Karolines Todesaffinität enthüllen nur die konventionelle Romantisierung und die konventionelle Rationalisierung jener Bewußtseinszustände, die unter der Kategorie »Diskontinuität« erörtert worden sind. Wie

1 Brief an Karoline von Günderrode vom 11. Juni 1804, in: Max Preitz (Hrsg.), *Karoline von Günderrode in ihrer Umwelt I*, in: *Jb. FDH 1962*, Tübingen 1962, S. 244.

2 Ebd., S. 281.

stellt sich der Günderrode Affinität zum Tode, genauer ihre Rede vom Tode, deren letzte Konsequenz der Selbstmord war, jenseits des konventionellen »romantischen« Todeskults um 1800 dar? In welcher Beziehung also steht sie zu Brentanos ästhetischer Autonomisierung der Todesrede einerseits und zu Kleists Versöhnung des Todesprojekts mit einer teleologischen Konzeption? Was war der Günderrode gewaltsam hervorgetretene »Empfindung« vom Tode?

Creuzers Entschluß, Karoline aufzugeben, bereitet sich schon in der dramatischen Entsagungsdiskussion des Jahres 1805 vor, allerdings noch von der Illusion verstellt, bürgerliche Ehepflicht und die Liebe zur Günderrode seien auf der Ebene einer Entsagungserotik noch nebeneinander möglich. Aber erst der Brief vom 23. Juni 1806, etwa einen Monat vor dem Selbstmord, mit den Nachrichten von der Notwendigkeit der Trennung, enthält die langatmige Erklärung, daß zwischen ihnen künftig wohl Freundschaft, aber kein eigentliches Liebesverhältnis herrschen könne. Die scheinbar rücksichtsvolle Rationalisierung der notwendig gewordenen Distanzierung belegt endgültig die Unangemessenheit des Verhältnisses beider zueinander, die Verkennung des Gelehrten Creuzer, dessen geringerer Nachteil in diesem Verhältnis es war, daß er nach Ansicht von Bettina zu philiströs und häßlich erschien, als »daß er ein Weib interessieren könne«[1]. Creuzer hatte am 13. September 1805 in einem beflissen wirkenden, sentimentalen Liebesbrief, in dem er Karoline als »Gattin« anredet, die offensichtliche Bedrohung ihrer Liebe, Creuzers Ehefrau und Karolines exzentrischen Ruf, verharmlost, so als mißtraue er seiner eigenen Sehnsucht nach idyllischer Geborgenheit. Die Unangemessenheit drückt sich hier erst noch stilistisch-mentalitätsmäßig aus. Aber Karolines kritisch-düstere Stimmung im Oktober 1805 enthüllt schon, daß sie das ihre Substanz unterhöhlende »idealistische« Arrangement nicht ertrug, wie sehr sie sich auch in brieflichen Abmachungen darauf einließ. Dieses ist auch charakterisiert dadurch, daß es trotz der brieflichen Zugriffe von Creuzers sinnlicher Begierde offensichtlich nicht zu einer sexuellen Beziehung gekommen ist, wie sich aus dem den Abschied vorbereitenden Brief Creuzers vom 23. Juni 1806 schließen läßt, in dem er die »Rationalisierung«, genauer die Zerstörung von Karolines Liebeskonzept so weit treibt,

1 Arnim, a. a. O., S. 109.

daß er im Hinweis auf die bisher geleistete Enthaltsamkeit über die zukünftig zu leistende hinwegtrösten will.[1]

Creuzer hatte schon ein Jahr früher, im Brief vom 23. Juli 1805, den Widerspruch der Beziehung auf eben jene bürgerlichen Werte hin formuliert, die Savignys Werte-Tafel enthielt: »Amt« und »Staat« wird konfrontiert mit »Poesie«[2], die »Welt« mit dem »Himmel«. Der das bürgerliche Dilemma Creuzers aufschlüsselnde Satz lautet: »daß es Verbrechen ist, etwas zu verfolgen, dessen Wohnsitz außer den Gränzen des Staats liegt, und über die Sterne hinaus Wünsche zu hegen«[3]. Resignativ-pragmatisch stellt Creuzer fest: »Ein gemessen bürgerliches Wollen ziemet dem Manne, der nicht reich genug ist um frei seyn zu können«[4]. Er sagt zwar, er »schäme« sich, »der *Poesie* vor Augen zu treten«[5], aber am Ende des Briefes fragt er eher herausfordernd: »Hat der Freund wohl je etwas empfunden von der stillen Macht der *Gewohnheit?* Kennt er die *Sitte* des *häuslichen* Lebens? und versteht er die Abhängigkeit des häuslichen Lebens von zufälligen Beschränkungen . . .?«[6]

Die zitierten Sätze sollten nicht mißverstanden werden als Selbstcharakterisierung eines wissenschaftlichen Pfahlbürgers, eher als die klare Erkenntnis der sozialen Determinationen eines Gelehrtentyps, der im Unterschied zum Adligen und Weltstädter großbürgerlicher Provenienz kein Anrecht auf das Ausleben von Emotionen zu haben glaubt. Die berufsständische Kontrolle und ideologische Verbiegung des emotionellen Haushalts des deutschen Professors, wobei vor allem die Ehe als der wissenschaftliche Arbeit fördernde Ruhe- und Konfliktstand zu verstehen ist – eine Funktion, die gerade Savigny betonte –, darf nicht Creuzer spezifisch angelastet werden, wo solche Kontrolle doch die Norm dieser Klasse ebenso 180 Jahre nach jenen Heidelberger Ereignissen ist. Es war die Tragik oder das Unglück Creuzers, daß er immerhin soviel Sehnsucht »über die Sterne hinaus« besaß, um gerade die gefährlich-gefährdete Günderrode als Liebespartner zu wählen, ohne die Struktur der Lebens- und »Staats«-Abgewandtheit derselben zu verstehen.

1 Karl Preisendanz (Hrsg.), *Die Liebe der Günderode. Friedrich Creuzers Briefe an Caroline von Günderode.* Nachdruck Bern 1975.
2 Ebd., S. 136.
3 Ebd., S. 135.
4 Ebd.
5 Ebd.
6 Ebd., S. 137.

Friedrich Creuzer besaß im Unterschied zu seinem gelehrten Freundeskreis, etwa Savigny oder dem Vetter Leonhard, durchaus eine spezifische originale Beziehung zum irrationalen Bereich, was allein schon sein im Winter 1805/06 beginnendes Interesse für den Dionysos-Mythos beweist, sein Lebensthema. Darüber hinaus zog er daraus auch moralische Konsequenzen, indem er die Ansprüche des *»Lebens«* und dessen, was den Moralisten »terra incognita« bleibt, der »systematischen *Pflicht*« entgegenhielt (Brief an Leonhard Creuzer vom 13. Dezember 1805). Dabei hatte er – in Fragen theoretischer Differenzen immer ehrlich – die auf ihn zukommende Gefahr durchaus benannt, allerdings ohne sie über die akademische Nomenklatur hinaus wirklich zu verstehen: »Der Gedanke sich durch Vernichtung des Leibes früher zu nahen dem Ewigen, der Sie beherrschet, ist unrichtig selbst nach den Grundsätzen der Philosophie die Ihnen so lieb ist.« (Brief vom 28. Februar 1805)[1] Oder:

»es ist eine Schlechtigkeit in Ihnen. Hören Sie nur: Sie sind verklagt bei mir und das mit Recht. Es ist ein Neid gegen mich gegen die H(eyden) gegen die Besseren in der Welt so gewaltsam zerstören zu wollen die Blüten die Du trägest, so zu sündigen mit Vorsatz gegen das Gebot der ewigen Natur welche Selbsterhaltung fordert. Ach Lina diese Stimmung ist nicht gut und Du thuest unrecht damit. Das ist nicht die rechte Erhebung über das Leben wenn man gewaltsam verwirrend zu zerreißen strebt seine zarten Fäden ... Ich lasse nicht eher ab, bis Du mir versprochen daß Du Dich uns erhalten willst so lange Du kannst und nur dies sey der Sinn unseres Bundes daß wir gerne gehen wollen wenn die Natur uns abrufen wird, voll froher Zuversicht daß wir Liebe finden auch bei den Schatten.« (Brief vom 21. März 1805)[2]

Im Frühjahr 1805 versucht Creuzer, die Selbstmord-Todes-Thematik der Günderrode, die zu diesem Zeitpunkt nachdrücklich beginnt, ideengestützt aufzufangen. Es zeigt sich dabei, daß er selbst für einige Zeit durch den philosophisch-literarischen Todesdiskurs der Epoche angeregt, auf die Todesthematik der Günderrode im literarisierenden Spiel eingeht.[3] Daß er selbst den Eindruck erweckte, er könne einen Freitod aus dem Dilemma zwischen Ehe

1 Ebd., S. 67.
2 Ebd., S. 68f.
3 Vgl. das Gedicht im Brief vom 2. Mai 1805 sowie die Randbemerkungen des Briefs vom 3. Mai.

und Liebe suchen, belegt der Brief vom 20. Mai 1805 an seinen Vetter Leonhard Creuzer:

»Du fürchtest von mir *eine rasche That.* Fürchte sie nicht. *Es ist besser sterben dann tödten.* Siehe, dieser Grundsatz ruht tief und fest in meinem Gemüthe und in *ihrem . . . Sterben ist besser als tödten.* Ich würde ganz ruhig seyn und ganz resignirend, wenn ich nicht dort sehen müßte *Rosen sterben;* wenn ich nicht *ihre* unbefriedigte Sehnsucht sähe, die sie gros trägt, mich immer ermahnend zur Freundlichkeit gegen meine Frau, zum Dulden und verabscheuend alles was gewaltsames Mittel hiese.«[1]

Creuzer integriert am Ende Karolines »unbefriedigte Sehnsucht« in seine eigene harmonisch ihm notwendige Entsagungsethik, zumal Karoline im November 1805 in einem ergebungsvollen Brief dieser Entsagungsliebe selbst gehuldigt und das Einverständnis in die Unmöglichkeit einer Ehetrennung gegeben hat, solange Creuzers Frau dies nicht freiwillig zugestand. In diesem Verständnis zitiert Creuzer auch das Sonett, das Karoline ihm geschickt hatte, wo es heißt:

»Kann ich im Busen heise Wünsche tragen/Kann ich des Lebens Blüthenkränze sehn,/Und unbekränzt daran vorübergehn/Und trauernd so nicht in mir selbst verzagen?/Soll frevelnd ich dem liebsten Wunsch entsagen?/Soll muthig ich zum Schattenreiche gehn/Um andre Freuden, andre Götter flehen/Nach neuen Wonnen bei den Todten fragen?/Ich stieg' hinab, doch auch in Plutons Reichen/In Orkus Dunkel brennt der Liebe Gluth/Daß sehnend Schatten sich zu Schatten neigen./Verlohren ist, wen Liebe nicht beglücket/Er wallt umsonst hinab zur stygischen Fluth/Im Glanz der Himmel blieb er unentzückt.«[2]

Inwiefern aber war Creuzers literarischer Integrierungsversuch falsch? Daß der Günderrode Todes- und Selbstmordthematik – seit Frühjahr 1805 belegbar – unmittelbar philosophisch-literarisch gestützt worden ist, daß sie also den 1806 vollzogenen Selbstmord ähnlich wie Kleist reflexiv über einen längeren Zeitraum vorbereitet hat, ist nicht zu bezweifeln. Das haben die verschiedenen Briefzeugnisse, vornehmlich von Bettina und Creuzer, bewiesen. Die Frage ist hingegen, ob es sich um eine letzte autonome emphatische Handlung handelt im Sinne der romantisierenden Deutung Betti-

1 Preisendanz (Hrsg.), a. a. O., S. 102f.
2 Ebd., S. 103.

nas, wonach sich hier »ein Feuer nach innen gewendet« hat. Dann wäre das Konzept des Diskontinuitätsbewußtseins am Ende das stärkste geblieben. Oder aber, ob die Struktur des Bewußtseins ähnlich wie bei Kleist eine teleologische war, d. h. die »Ideen« des eudämonistischen Todesdiskurses zwar eine »Tat« suchten, diese Tat aber nicht dezisionistisch begründet wäre. Entsprang diese Tat also der »Identität« oder einem »Zustand«, um die richtige Unterscheidung der moralischen Kritik (von Savigny, von Nees) fruchtbar zu machen, die begrifflich ja mit Karolines eigener kategorischer Identifikation übereinstimmt, nämlich zwischen einem normalen, konventionellen »Ich« und einem diesem entfremdeten kreativen »Ich« zu unterscheiden. Es versteht sich aus der hier verfolgten Absicht und ihrer Methode, daß über die psychologische Verfassung Karolines in ihren letzten Minuten nichts zu sagen ist, nichts über die endgültige Resignation des weiblichen Liebeskonzepts vor der »Rationalisierung«, so daß die endgültige Wahl der »stygischen Fluth« ein »Umsonst«, einen Sturz ins Nichts einer »Verlohrenen« bedeutete, die »Liebe nicht beglücket«, in den Worten von Karolines Sonett gesprochen.

Das Todesmotiv taucht in der Günderrode Briefen schon früh auf, so in den Briefen an Gunda Brentano vom 11. August 1801 und vom 29. August 1801. Im ersten Brief verwendet sie die empfindsam-pietistische Formel, die Kleist auf sich selbst anwenden wird, für ihre Schwester: »Nie habe ich iemand gesehen der dem Tode so reif ist als sie«[1]. Karoline erläutert dieses Motiv im Sinne des pietistischen Kanons:

»ihre Laufbahn ist auch ihren intellektuellen Kräften nach geendet; denn ihre Seele ist so geartet daß sie sich nie nach außen glücklich entwiklen wird, nie wird man ihren Blick aus ihrem Innern abziehen können, und dieses Innere hat geblüth und seine Früchte (nur in, und für sich) getragen. Jetzt kann in ihr nichts mehr wachsen, als der Tod, und die Vernichtung; glücklich daß der phisische Tod ihr zu Hülfe komt.«[2]

Die Günderrode begründet die Todesreife der Schwester mit einem nach »Innen« gewandten Blick, der an Bettinas Worte von Karolines eigenem »nach innen gewandten Feuer« erinnert. Auch wenn es sich hier also um eine geläufige rhetorische Figur handelt,

1 Preitz (Hrsg.), in: *Jb. FDH 1964,* a. a. O., S. 168.
2 Ebd., S. 168f.

so spiegelt sich in Karolines Reverenz vor dem Reifsein zum Tode doch eine frühe Neigung zum todeserotischen Motiv der weltabgewandten »Seele« wieder. Der zweite Brief enthält die neben der pietistischen wichtigste andere Feier des Todes, die heroisch-empfindsame Identifikation:

»Gestern las ich Ossians Darthula, und es wirkte so angenehm auf mich; der alte Wunsch einen Heldentod zu sterben ergrif mich mit groser Heftigkeit; unleidlich war es mir noch zu leben, unleidlicher ruhig und gemein zu sterben. Schon oft hatte ich den unweiblichen Wunsch mich in ein wildes Schlachtgetümmel zu werfen, zu sterben«[1].

Bettinas *Günderode* referiert einen Traum, den Bettina der Freundin einst erzählte: wie sie »große Begierde« gehabt habe, einem Volkshelden auf das Schafott zu folgen.[2] In einem Brief an Creuzer vom 1. Mai 1806 wird die Günderrode dieses Motiv variieren: »wie gerne und mit welcher Dankbarkeit gegen die Götter wollte ich sterben! Es ist zu wenig dafür geboten, ich wollte für solchen Preis meinen Kopf auf den Henkersblock legen und ohne feige Blässe den tödlichen Streich erwarten«[3]. Auch hier stellt sich eine Analogie zu Kleists frühem Motivarsenal dar. Jahre bevor die einsame unvertauschbare geistige und psychische Erfahrung das Todesmotiv bis zur Konsequenz des Selbstmords annehmen läßt, taucht also schon in den wenigen uns überlieferten Briefen der Günderrode die Affinität auf. Daß es sich dabei auch um einen epochespezifischen Diskurs der spätaufklärerischen Philosophie und Theologie handelt sowie um die von *Werther*-Lektüre inspirierte, empfindsame Ossian-Stimmung, beeinträchtigt die Substanz von Karolines früher Neigung nicht. Die radikale Alternative zum »gewöhnlichen« Leben war ihrem Geist von Beginn an eigentümlich, wie auch die Freundin Lisette von Nees in einem späten Brief an Karoline erinnert: »Du sagtest mir schon früher einmal, daß Du Wohlgefallen an einem Leben haben könntest, das Tod für alles, aber desto frischeres Leben für alles Schöne und Große enthielte«[4].

Für die aufgeworfene Frage aber sind erst eigentlich einige Briefe der Günderrode aus den Jahren 1805 und 1806 aufschlußreich, wie

1 Ebd., S. 170f.
2 Arnim, a. a. O., Bd. 2, S. 577.
3 Pattloch (Hrsg.), a. a. O., S. 57.
4 Geiger (Hrsg.), a. a. O., S. 177.

schon die zitierten Reaktionen Creuzers andeuteten. Der wichtigste Brief, in dem das Todesmotiv jenseits des epochalen Todesdiskurses in subjektiver Rede erscheint, ist datiert vom 22. März 1806:

»Den vorigen Sonntag war ich den ganzen Tag allein zu Hause. Abends hate ich etwas Brustschmerzen, und nicht nur war ich sehr ruhig darüber, ich möchte fast sagen, innig froh; ich dachte an alle mich umgebenden drückenden Verhältnisse, und da war mir der Gedanke, ihrer vielleicht bald entfesselt zu sein, sehr erwünscht. Zugleich dankte ich dem Schicksal, daß es mich so lange hatte leben lassen, um etwas von Schellings göttlicher Philosophie zu begreifen und, was ich noch nicht begriffen, zu ahnen, und daß mir wenigstens vor dem Tode der Sinn für alle himmlischen Wahrheiten dieser Lehre aufgegangen sei; denn ich gedachte jener Stelle aus Sophokles: ›O der Sterblichen Glückselige, welche die Weihung erst schauten, dann wandeln zum Hades; denn ihr Anteil allein ist es, dort noch zu leben.‹ Auch deiner gedachte ich recht innig und freute mich, bei dir zu sein; denn ich hoffte, du müßtest wohl auch bald sterben. Dann fielen mir jene Sonette ein, die Sie mir einst schenkten; ich durchlas sie so gerührt, daß ich hätte weinen können. Ihr Brief, den ich kürzlich erhielt, hat nachmittags mich so fremd angesehen, und ich konnte weder seine Sprache noch seine Blicke recht verstehen. Er ist so vernünftig, so voll nützlicher Tatlust und gefällt sich im Leben. Ich aber habe schon viele Tage im Orkus gelebt und nur darauf gedacht, bald und ohne Schmerz nicht allein in Gedanken, nein ganz und gar hinunterzuwallen. Auch Sie wollte ich dort finden, aber Sie denken andere Dinge. Sie richten sich eben jetzt oft recht ein im Leben und, wie Sie selber sagen, soll der Sinn unseres Bundes sein, ›daß wir gerne gehen wollen, wenn die Natur uns abrufen wird‹ – welches wir auch wohl getan hätten, ohne uns zu kennen. Ich meinte es sehr anders, und wenn Sie weiter nichts meinten, so sind Sie ganz irre an mir und ich an Ihnen, denn alsdann sind Sie gar nicht der, den ich meine; erklären Sie sich also darüber, damit ich wisse, was ich von Ihnen zu hoffen habe. Die Freundschaft, wie ich sie mit Ihnen meinte, war ein Bund auf Leben und Tod. Ist Ihnen das zu ernsthaft? Oder zu unvernünftig? Einst schien ihnen der Gedanke sehr wert, mit mir zu sterben und mich, wenn Sie früher stürben, zu sich hinunterzureißen. Jetzt aber haben Sie viel wichtigere Dinge zu bedenken, ich könnte ja noch irgend nützlich in der Welt werden. Da wäre es doch schade, wenn Sie Ursache meines frühen Todes sein sollten. Ich muß nun Ihrem Beispiele folgen und ebenso über Sie denken. Ich verstehe diese Vernünftigkeit nicht.«[1]

Dieser zentral wichtige Brief für die Frage, inwiefern denn nun ideengestützte Teleologie oder katastrophisches Bewußtsein das Todesmotiv der Günderrode strukturierte, läßt einen ambivalenten bzw. komplexen Sachverhalt erkennen. Einerseits ist die teleologische Begründung zu sehen, andererseits wird sie in eine einsame subjektorientierte »Situation« aufgelöst. Zur teleologischen Struktur: Wir fassen nunmehr hierunter auch literarische Assoziationen. Auch die selbstgenießerische Vorstellung vom »Brustschmerzen«-Symptom, der vom Leben erlösenden Krankheit, gehört als pietistisch-empfindsames Zitat in den literarischen Bereich. Wichtiger als solche Stimmungselemente ist der Hinweis auf »Schellings göttliche Philosophie«. Das Studium der Schellingschen Naturphilosophie hat Karolines Todesthematik seit 1804 geprägt. Der Gedanke einer Transzendenz des Ichs zur Natur ist der Günderrode von dort mitgeteilt worden. Der Tod ist der romantischen Naturphilosophie ein Medium des Übergangs in die Große Natur: »Der Tod ist ein chemischer Prozess, eine Scheidung der Kräfte, aber kein Vernichter, er zerreißt das Band zwischen mir und ähnlichen Seelen nicht«. So der »Lehrer« in Günderrodes Fragment *Die Manen*[2]. Die Idee über den Tod als Medium einer größeren Natur hatte gegenüber der schon erörterten spätaufklärerischen und auch frühromantischen Todesphilosophie bei Herder oder Novalis das Momentum konsequenter Naturreligion voraus, wie sie literarisch nur noch von Hölderlins Hyperion verkündet wurde:

»Eines zu sein mit allem, was lebt, in seliger Selbstvergessenheit wiederzukehren ins All der Natur, das ist der Gipfel der Gedanken und Freuden, das ist die heilige Bergeshöhe, der Ort der ewigen Ruhe, wo der Mittag seine Schwüle und der Donner seine Stimme verliert und das kochende Meer der Woge des Kornfelds gleicht. Eines zu sein mit allem, was lebt! . . . und aus dem Bunde der Wesen schwindet der Tod, und Unzertrennlichkeit und ewige Jugend beseliget, veschönert die Welt«[3].

1 Pattloch (Hrsg.), a. a. O., S. 56.
2 Günderrode, *Gesammelte Werke,* a. a. O., Bd. 1, S. 31.
3 Hölderlin, a. a. O., Bd. 1, S. 583.

Solche Sätze Hyperions konnten die Todeserotik, den Todesenthusiasmus der Günderrode leiten und ebenso der Sterbebrief der Diotima: »ich hab es gefühlt, das Leben der Natur, das höher ist, denn alle Gedanken – wenn ich auch zur Pflanze würde, wäre denn der Schade so groß? – Ich werde sein ... im Bunde der Natur ist Treue kein Traum. Wir trennen uns nur, um inniger einig zu sein, göttlicher friedlich mit allem, mit uns. Wir sterben, um zu leben«[1].

Nicht zuletzt aber die erhabene Begründung zum Selbstmord, die Hölderlin den Empedokles aussprechen läßt, müßte der Günderrode naturphilosophisch-schellingsch inspirierte Ideensehnsucht getroffen haben, hätte sie dieses Fragment kennengelernt. Über diese ideenvermittelte, teleologisch mit dem individuellen Tod versöhnte Mentalität der Günderrode gibt besonders Bettinas Erinnerungsbuch Auskunft sowie über das Sterben als ein Leitmotiv der Gespräche der ungleichen Freundinnen. Während Bettina die Schellingsche Philosophie als »Abgrund« befremdet[2], sind viele der Karoline zugeschriebene Briefe von dessen Naturphilosophie durchdrungen. Sie hat dieser »Abgrund« angezogen. Der 14. Punkt des *Apokaliptischen Fragments* steht hierfür beispielhaft:

»Erlöset war ich von den engen Schranken meines Wesens und kein einzler Tropfen mehr, ich war allem wiedergegeben, und alles gehörte mir an, ich dachte und fühlte, wogte im Meer, glänzte in der Sonne, kreiste mit den Sternen; ich fühlte mich in allem, und genos alles in mir.«[3]

Während der Freundschaft mit Creuzer entstand der Prosa-Text *Melete.* In diesen fiktiven *Briefen zweier Freunde* ist die ideengeleitete Begründung des Übergangs vom Ich zu einer höheren Einheit ebenfalls das Leitmotiv: »ein neues Leben« sei aufgegangen, »denn erst in dir habe ich jene wahrhafte Erhebung zu den höchsten Anschauungen, in welchen alles Weltliche als ein wesenloser Traum verschwindet, als einen herrschenden Zustand gefunden«[4]. So spricht der eine Freund – es ist die fiktive Günderrode – den andern namens Eusebio – es ist der fiktive Creuzer – an und deutet das Verhältnis im Kontext einer gerade erfahrenen erhabenen Philosophie. Und in diesen Zusammenhang ist auch von Beginn an das Todes-

1 Ebd., S. 731 f.
2 Arnim, a. a. O., S. 158.
3 Günderrode, a. a. O., S. 51 f.
4 Ebd., S. 41.

motiv gebracht, der Bund, von dem die Günderrode in ihrem Brief vom 22. März 1806 schrieb, den Creuzer offensichtlich mißverstand. Der fiktive Brief an Eusebio lautet:

»darum erfreut mich jeder Anfang mehr als das Vollendete, und nichts berührt mich so tief als das Abendroth; mit ihm möcht' ich jeden Abend versinken in der gleichen Nacht, um nicht sein Verlöschen zu überleben. Glückliche! denen vergönnt ist zu sterben in der Blüthe der Freude, die aufstehen dürfen vom Mahle des Lebens ehe die Kerzen bleich werden und der Wein sparsamer perlt. Eusebio! wenn mir auch dereinst das freundliche Licht deines Lebens erlöschen sollte, o! dann nimm mich gütig mit, wie der göttliche Pollux den sterblichen Bruder, und laß mich gemeinsam mit dir in den Orkus gehen und mit dir zu den unsterblichen Göttern, denn nicht möcht' ich leben ohne dich, der du meiner Gedanken und Empfindungen liebster Inhalt bist, um den sich alle Formen und Blüthen meines Seyns herumwinden, wie das labyrinthische Geäder um das Herz, das sie all' erfüllt und durchglüht«[1].

Hier ist die ideengestützte, liebesversöhnte und teleologisch-erhabene Sehnsucht nach dem Tode in reiner Form faßbar. Wie für Hölderlins Empedokles ist der Tod ein Gang zu den »unsterblichen Göttern«, wie für Diotima die endgültige Vereinigung mit dem Geliebten. Eusebios Antwort vertieft die enthusiastische Rede im von Schelling inspirierten Verständnis: »Jede Individualität aber ist ein Abgrund von Abweichungen, eine Nacht, die nur sparsam von dem Licht allgemeiner Begriffe erleuchtet wird.«[2] Und: »in solchen Augenblicken versteh' ich den Tod, der Religion Geheimniß, das Opfer des Sohnes und der Liebe unendliches Sehnen. Ist es nicht ein Winken der Natur, aus der Einzelheit in die gemeinschaftliche Allheit zurück zu kehren«[3]. Neben Schellings Einfluß ist hier der Einfluß der Sprache der *Hymnen an die Nacht* deutlich. In einem anderen Brief *An Eusebio* wird diese Verknüpfung Schellingscher Identitätsphilosophie und Novalisscher Feier des Unbewußten im Medium des Todesmotivs weitergetrieben:

»ich habe auf dem Scheidepunkt gestanden zwischen Leben und Tod. Was sträubt sich doch der Mensch: sagt ich in jenen Augenblicken zu mir selbst, vor dem Sterben? ich freue mich auf jede

1 Ebd., S. 44.
2 Ebd., S. 45.
3 Ebd., S. 46.

Nacht indem ich das Unbewußtseyn und dunkele Träumen dem hellern Leben vorziehe, warum grauet mir doch vor der langen Nacht und dem tiefen Schlummer? Welche Thaten warten noch meiner, oder welche bessere Erkenntniß auf Erden daß ich länger leben müßte?«[1]

Die Sehnsucht nach Auflösung des individuellen Ichs im All, wie sie in den *Briefen zweier Freunde* dargestellt wurde, ist am Ende doch als Versicherung zweier liebender Individuen gedacht. Der individuelle Tod darf nicht als Verlust des Geliebten, sondern als sein unendlicher Gewinn gedacht werden:

»Daß Du mir aber könntest verlohren seyn war der Gedanke schmerzlichster. Ich sagte daß dein Ich und das Meine sollten aufgelößt werden in die alten Urstoffe der Welt, dann tröstete ich mich wieder, daß unsere befreundete Elemente, dem Gesetze der Anziehung gehorchend, sich selbst im unendlichen Raum aufsuchen und zu einander gesellen würden.«[2]

Es zeigt sich, daß die zu erkennende teleologische Seite des Briefs vom 22. März 1806 sich auf eine intensiv nachempfundene naturphilosophische Spekulation über das Verhältnis von Ich und All stützen kann, worin der Tod mit dem eigentlichen Leitgedanken von Karolines Prosa, der Liebe, versöhnt wird. Ideenenthusiasmus verhindert hier noch die katastrophische Isolation. Die philosophisch gefaßte Sinngebung über den individuellen Tod hinaus übt noch die Funktion aus, von der Karoline schon früh sprach, hinweisend auf Herders *Auch eine Philosophie der Geschichte zur Bildung der Menschheit* als Trostbuch für privates Leid (Brief vom 17. Juli 1799 an Karoline Barkhaus). Indes wird diese Ideengestütztheit des fiktiven Briefwechsels *Melete* im realen Brief durch einen subjektiven Schmerz aufgelöst, der nicht mehr im Blick auf ein tröstendes allgemeines Prinzip verhindert werden kann. Dieser Auflösungsprozeß der »Idee« in der überwältigenden subjektiven Situation, im »Zustand«, wird angekündigt durch den Hinweis auf die Erfahrung von Diskontinuität: Der Brief des Geliebten sieht sie »nachmittags . . . so fremd« an! Damit ist die Einsamkeit des isolierten Subjekts in einer Situation maßgeblich für die Deutung des Todes geworden. Die Günderrode entwickelt ihre Erfahrung von Diskontinuität, indem sie das Mißverständnis zwi-

1 Ebd., S. 50.
2 Ebd., S. 51.

schen ihr und Creuzer über den Sinn jenes »Bundes«, den sie im fiktiven Briefwechsel dargestellt hat, mit bitterer Ironie aufdeckt: Während sie selbst den »Bund« immer schon als ein Todesversprechen ansah, weil sie die Absolutheit ihres Liebesverständnisses nicht mehr bloß im »Leben« integrieren konnte, erkennt sie kritisch in Creuzers Sprache die Prinzipien »nützlicher Tatlust« des »Lebens« und der »Vernünftigkeit«, die dieser im Brief vom 23. Juli 1805 expressis verbis bekennt. Wenn Karoline jetzt schon kompromißlos das Mißverständnis bis in die noch ihr selbst verborgene, aber ahnbare Konsequenz aufdeckt, dann weil sie schon in dem »Idealismus« von Creuzers früheren akademischen Beschwichtigungs- und Mahnbriefen (vermutlich die Briefe vom 28. Februar und 21. März 1805) den naiven Verrat spürte: Creuzer versuchte den Gedanken, sich durch »Vernichtung des Leibes früher zu nahen dem Ewigen«[1], den die Günderrode zu diesem Zeitpunkt so nachdrücklich mochte, durch die akademische Formel zu widerlegen, die er dem befreundeten Theologen Karl Daub verdankte, dem er später die endgültige Absage an Karoline auftrug: »daß wir hier im Leibe schon mitten im Idealen sind – wenn wir nur wollen, und wie es unrecht sei der Natur vorgreifen zu wollen« (Brief vom 28. Februar 1805)[2].

Dieser Satz entlarvte sich der Günderrode wohl nicht nur selbst, sondern ebensowohl entlarvte sich die »Idee« gegenüber dem »Zustand«. Wenn aber somit das Todeskonzept nicht mehr von dem Gedanken des Liebes-»Bundes« selbstverständlich getragen ist, verliert dieser seine versöhnende Vermittlung und die katastrophische Isolierung des Todesmotivs setzt ein. Je stärker das Bewußtsein von Diskontinuität den Trost der »Ideen« beeinträchtigt, je stärker bildet sich das katastrophische Todesmotiv heraus. Savigny hat im Novemberbrief 1805 dieses abgründige Szenarium als Vorherrschen von »Augenblicklichkeit« und Phantasieüberschwang definiert.[3] Daß sie nicht bloß das Prinzip der »Realität«, sondern ebensosehr das einer idealistischen Weltauffassung verletzen könnte, hat die Günderrode nicht ausgesprochen. Dem Idealismus aber, der ihr von Savigny, von Creuzer, von Daub harmlos-jovial oder kategorisch-triftig nahegelegt wurde, hat sie mit dem Brief vom

1 Preisendanz (Hrsg.), a. a. O., S. 67.
2 Ebd.
3 Vgl. S. 83f. dieses Buchs.

22. März 1805 definitiv abgesagt. Die Konsequenz hieraus, der Umschlag von teleologisch-harmonischer Konzeption des Todes zu einer isoliert-katastrophischen, findet fortan unter diesen polaren Bedingungen statt, soweit die wenigen erhaltenen Briefzeugnisse das Todesmotiv enthalten: In den noch folgenden Briefen vom 15. Mai, 26. Juni, 18. November 1805, April und 1. Juni 1806 ist, da die Versicherung des gemeinsamen Bundes nicht mehr selbstverständlich ist, um so mehr die des unauflöslichen Liebesgefühls einer Einsamen das Thema: »Ich liebe Dich bis zum Tod, süser lieber Freund Du mein Leben: Ich wünsche mit Dir zu leben oder zu sterben ... Unser Schicksal ist traurig, ich beneide mit Dir die Flüsse, die sich vereinigen. Der Tod ist besser als so leben. Eine Hoffnung erhält mich, aber diese ist Thorheit.« (April 1806)[1]

Es ist eine verschärfte Variante der Sätze vom 18. November 1805: »In solcher Ergebung in so anspruchsloser Liebe werd ich immer Dir angehören Dir leben und Dir sterben«.[2] Die Günderrode hat nie aufgehört, die Sprache der Todesliebe, der Liebe über den Tod hinaus, zu sprechen. Aber es wird zunehmend die Sprache einer den »Bund« nicht mehr Hoffenden: der Tod garantiert keine Gemeinsamkeit mehr, wie es die sie so lange tragenden »Ideen« der Naturphilosophie versprachen. Von diesem Zustand einer endgültigen Resignation zeugt ein letzter Brief an Lisette von Nees vom Juli 1806, also wenige Zeit vor dem Selbstmord: »Nach mir fragst Du? Ich bin eigentlich lebensmüde, ich fühle, daß meine Zeit aus ist, und daß ich nur fortlebe durch einen Irrthum der Natur; dies Gefühl ist zuweilen lebhafter in mir, zuweilen blasser. Das ist mein Lebenslauf, adieu Lisette.«[3]

Dieser Brief liest sich wie ein endgültiger Abschied. Wüßten wir nichts vom konkreten Anlaß des Selbstmords, so wäre er in der hier rekonstruierten Auflösung der teleologischen Todeskonzeption in einem katastrophischen Zustand unversöhnter Isolation begründbar. Wir wissen nicht, was Karoline von Günderrode beim Lesen des fatalen Briefs empfunden hat: ob sie in Verzweiflung gehandelt hat oder mit der letzten düsteren Entschlossenheit, etwas Überfälliges zu vollziehen! Daß sie den Selbstmord über Jahre hinweg reflektierte, bringt ihre Tat in die Nähe von Kleists. Aber trotz

1 Günderrode, a. a. O., Bd. 2, S. 268.
2 Ebd., S. 259.
3 Preitz (Hrsg.), in: *Jb. FDH 1962,* a. a. O., S. 281.

der teleologischen Struktur ihrer Todesthematik trennt das ständige Bewußtsein von Diskontinuität, das Kleist gerade in der Todesrede überwand. Die Kontinuität stiftenden Kategorien der Philosophie, zumal in ihrer von Creuzer und Savigny verstandenen idealistischen Form, können nicht mehr die Selbsterhaltung verbürgen. Die diskursiv generellen Nenner tragen dieses poetische Bewußtsein nicht mehr.

Der Riß der Kontinuität (Vernunft) mußte stattfinden. Der Günderrode Selbstmord war auch eine Antwort darauf, daß der ursprünglich als Partner der Todeserotik Auserlesene dieses Konzept definitiv nicht verstand. Damit war das Konzept selbst zerstört. Karoline wählte also den Selbstmord schließlich nicht mehr als ideengestützte rettende Tat, sondern in einem Augenblick, als der ideengestützte »Bund« nicht mehr galt. Endgültig aufgegeben waren damit auch alle Kategorien, für die Creuzer wie Savigny stand: die der sozialen Institution, der Vernunft und der Realität. In dieser Asozialität trifft sich Karolines Selbstmord mit dem Kleists und dem Ich-Verlust Brentanos.

Die zu Beginn aufgeworfene und relativierte Frage nach der historischen Bedingung dieser Asozialität kann jetzt noch einmal gestellt werden. Die Auflösung der »Idee« in »Zustände« – und wir können den Selbstmord als extremen »Zustand« auffassen – könnte mit dem Zerbrechen der Utopie der revolutionären Epoche[1] zusammenhängen. Dieser Gedanke hat etwas Zwingendes. In diesem Sinne hat Christa Wolf den Pessimismus der Generation nach 1800 erklärt. Der Briefwechsel der Freundinnen spricht beredt von Lebensleere, von den beengenden bürgerlichen Verhältnissen, die zu durchstoßen nur eine sehr geringe Anzahl von Mitgliedern der bildungsbürgerlichen Intelligenz – kaum eine Frau - das Privileg hatte: »Nützlichkeit ist ein Bleygewicht an dem Adlerfluge der Phantasie«[2], schrieb Lisette Nees an die Freundin, und: »Ich kan mich täglich weniger in die Welt und die bürgerliche Ordnung fügen Caroline, mein ganzes Wesen strebt nach einer Freyheit des Lebens wie ich sie nimmer finden werde«[3]. Nicht zuletzt bedeutete das Einander-Briefe-Schreiben gerade eine Flucht aus der so erfah-

1 Hierzu: Bohrer, *Friedrich Schlegels Rede über die Mythologie,* a. a. O., S. 52f.
2 Lisette von Nees an Karoline von Günderrode, 11. Juni 1804, in: Preitz (Hrsg.), in: *Jb. FDH 1962,* a. a. O., S. 244.
3 Ebd., S. 243.

renen Realität, ein Überbieten ihres Elends in der Vorstellung. Diese Funktion gilt für alle Schreiber des romantischen Briefs. Die romantische Emphatik seelisch-psychischer Zustände war Lisette von Nees ähnlich wie Bettina eigen. Aber gleichzeitig konnte sie die Tat Karolines der kritischen Analyse unterziehen, in der gerade die Kriterien der Kontinuität zum Wertmaßstab werden. Das aber heißt: die historische Erklärung ist unbefriedigend. Die Gemeinsamkeit einer historischen Erfahrung wird offensichtlich von der Differenz zwischen dieser und dem katastrophisch-poetischen Bewußtsein überboten. Weder Lisette von Nees noch Bettina Brentano waren poetisch produktive, sondern immer nur anempfindende Existenzen.

Besonders aufschlußreich für die Problematik, den historischen Hintergrund als Erklärung für das katastrophische Bewußtsein zu setzen, ist der Briefwechsel der Caroline Schlegel-Schelling. Nicht zuletzt auch die Differenz der in ihren Briefen auftauchenden Liebes- und Todesthematik zu den Briefen Karoline von Günderrodes ist interessant. Wenn man über Caroline Schlegel-Schellings Mentalität den kühnen Satz schreiben darf: »ich schätze nichts mehr als was mir mein Herz giebt, und erwerbe nichts als was ich mir selbst bereite« (Brief vom 1. März 1789 an F. J. L. Meyer)[1], so scheint damit das der Günderrode nahe Primat romantischer Subjektivität gegenüber der »Idee« belegt. Wenn romantische Subjektivität irgendwo identisch wird mit dem emphatischen Entdecken einer absoluten Freiheit des Ichs gegenüber der Norm, dann in den Briefen der Caroline Böhmer-Schlegel-Schelling[2]. Diese Priorität ist bei ihr sowohl unmittelbar entdeckerisch empfunden als auch wie eine private Vor- und Nachgeschichte zur Französischen Revolution gedanklich reflektiert. So kritisiert sie die Methode des Stimmungsphilosophen der neunziger Jahre, Friedrich Heinrich Jacobi, die eigene Existenz nur aus dem Wissen Gottes zu begründen, wie er es in seinem berühmten »grünen« Brief an Fichte getan hatte. Caroline meint dazu: »Die Worte von Jacobi ›ich bin nicht und ich mag nicht seyn, wenn kein Gott ist‹ und ›das Gute – was ist es? – ich

1 Erich Schmidt (Hrsg.), *Caroline. Briefe aus der Frühromantik*. Leipzig 1913, Bd. 1, S. 176f.

2 Zur politisch-geistigen Biographie: Eckart Kleßmann, *Caroline. Das Leben der Caroline Michaelis-Böhmer-Schlegel-Schelling 1763-1809*. München 1975. Außerdem: Gisela Dischner, *Caroline und der Jenaer Kreis. Ein Leben zwischen bürgerlicher Vereinzelung und romantischer Geselligkeit*. Berlin 1979.

habe keine Antwort, wenn kein Gott ist‹ das sind die, wo ich nicht mit ihm *fühlen* kann, und die auch mein bischen Kopf für gefährlich erkennt« (Brief an J. D. Gries vom 9. Juni 1799)[1].

Caroline Böhmer scheint eine religiöse Begründung von Vorstellungen, die eigentlich selbstevident sein müßten, zur »Knechtschaft« zu führen, weshalb sie als Kontrast zu Jacobi denn auch Fichte als den »Verfechter der Freyheit«[2] beruft. Es ist gewiß, daß Karoline von Günderrode eine solche Kritik an Jacobi nicht geteilt hätte, als sie selbst gerade das »Ich« mit dem Prinzip des Ganzen verbunden sehen wollte. Es zeigt sich hier besonders klar, inwiefern der emphatische »Ich«-Begriff, den die frühromantische Generation entwickelt hat, von der jüngeren Generation der Günderrode nicht mehr nachvollzogen wurde, wie es schon am Beispiel Brentanos auffiel: Ging es der Frühromantik um Autonomieansprüche des Ichs gegenüber verschiedenen Autoritäten, so bedeutete dies nicht, daß das Prinzip der Vernunft und theoretisch-rationalen Begründung in Frage gestellt worden wäre. Jacobi ist für Caroline Böhmer gerade durch einen gedanklichen »Salto mortale« von diesem Prinzip entfernt. Und es liest sich wie eine Warnung an die Adresse der Todesthematik der folgenden Generation, wenn Caroline ein Bild sucht, das eben für diese, vor allem für die Günderrode, Gültigkeit bekam: »– und so sprang Sappho vom Leukadischen Fels, da sie nicht ohne Liebe leben konnte. Ja – ein Meer ist es, in welches Jacobi sich stürzt, wo anfangs die Wellen dem heißen Gemüthe schmeicheln und der Untergang nahe ist – aber das hoffe ich, ihn nehmen die Götter auf, ehe er den Tod im Abgrunde findet«[3].

Die Differenz zwischen frühromantischer Ich-Autonomie und der Subjektivität als Ich-Auflösung und Diskontinuitätsbewußtsein bei Brentano, Kleist und der Günderrode scheint noch einmal die historische Begründung zu erhärten. Zu offensichtlich ist gerade im Falle der Briefe der Caroline Böhmer-Schlegel der Zusammenhang zwischen subjektivem Gestus und den Idealen der Revolution. Geraten diese Ideale, zumindest aber ihre absehbare Durch-

1 Schmidt (Hrsg.), a. a. O., S. 548.

2 Ebd., S. 549.

3 Ebd., S. 548. Wahrscheinlich ist Caroline zu dieser Kritik an Jacobi durch Friedrich Schlegels Rezension des *Woldemar* angeregt worden, in der Schlegel von Jacobis »bodenlosem Mysticismus«, einem »theologischen Talent« ohne Republikanismus und einem »salto mortale in den Abgrund der göttlichen Barmherzigkeit« spricht. Vgl. Friedrich Schlegel, *Kritische Schriften*. Hrsg. v. Wolfdietrich Rasch. München 1971, S. 281.

setzbarkeit, in Zweifel, so verliert das Ich die objektivierenden Stützen und entwickelt eine unendliche Eigendynamik. An einer solchen sozialpsychologischen Gesetzlichkeit, deren psychoanalytische Entsprechungsbegriffe von Ich und Über-Ich zu berücksichtigen wären, ist sicherlich bei der Beurteilung der allgemeinen Ideen- und Bewußtseinsgeschichte festzuhalten. Aber die Abstinenz von Ideen bzw. das Nicht-mehr-Funktionieren von Ideen ist nicht bloß als ein Defekt einer desillusionierten Generation zu erklären, vielmehr ab 1800 immer stärker als die Eigenschaft einzelner, die geprägt sind von poetischen Kapazitäten. Diskontinuitätserfahrung wäre als unmittelbare Voraussetzung solcher poetischer Kapazitäten zu werten. Das »Gefühl von Unsicherheit und Angst« der romantischen Generation als ganzer und Brentanos im besonderen hat man mit Hilfe von Kosellecks These vom beschleunigten Erfahrungswandel der Epoche seit 1770 erläutert.[1] Aber läßt sich das spezifische Bewußtsein von Diskontinuität, das Kleist, Brentano und die Günderrode auszeichnete, deshalb »historisch« erklären, wo doch die rational kontrollierten Geister der Epoche, vornehmlich Historiker wie Savigny oder noch Leopold von Ranke[2], davon unberührt bleiben? Offensichtlich hat ihre idealistische Stabilität etwas mit ihrem Defizit an jener Vorstellungskraft zu tun, die die romantischen Dichter bestimmte. Zwischen dem poetisch fundierten Diskontinuitätsbewußtsein der zweiten romantischen Generation und der Sprache der gebildeten akademisch-politischen Welt begann eine unüberquerbare Kluft zu klaffen.[3]

Auf den Vergleich der Frühromantik und der ihr folgenden Generation angewandt hieße das: Die Kritik der Caroline Böhmer an der Abgrund-Mentalität Jacobis entsprang zwar auch ihrer freiheitlich-progressiven »Idee«, mehr aber noch der Tatsache, daß sie nicht

1 Wolfgang Frühwald, *Das Wissen und die Poesie. Anmerkungen zu Leben und Werk Clemens Brentanos*, in: *Clemens Brentano. Beiträge des Kolloquiums im Freien Deutschen Hochstift 1978*, a. a. O., S. 50f.

2 Rankes Briefe belegen, wie Geschichte als Trost und Über-Ich funktioniert, vgl. Brief an Heinrich Ranke vom 30. November 1832, in: Leopold von Ranke, *Das Briefwerk*. Hrsg. v. Walther Peter Fuchs. Hamburg 1949, S. 252f.

3 Hierzu Frühwald, der betont, daß die romantische Poesie nicht mehr als Ausdruck ›öffentlicher Meinung‹ funktionierte: »Das poetische Ordnungssystem zerfiel, als erkannt wurde, daß die von den Romantikern geschaffene Sprache nicht Medium einer ›öffentlichen Meinung‹ im Sinne eines allgemeinen, nicht nur nationalen, sondern gar menschheitlichen Bewußtseins war, ja daß sie nicht einmal das Verständigungsmedium eines kleinen Kreises gleichgesinnter Autoren sein konnte.« – A. a. O., S. 53.

durch poetische Kapazitäten irritiert werden konnte, die Jacobi auszeichneten. Caroline Böhmer war charakterlich und intellektuell eine der herausragenden Erscheinungen des frühromantischen Kreises. Ihre Briefe sprühen von souveräner Intelligenz und einem großen Gefühl, das einige ihrer männlichen Briefpartner beschämt haben müßte. Aber sie war weder objektiv noch subjektiv Schriftsteller in dem Sinne, wie die Günderrode Schriftsteller war. Und deshalb konnte sie viel unbeschadeter von »Ideen« gestützt existieren, d. h. ihr praktisches Leben und Verhalten auf der Basis von erlebten Gedanken eines eudämonistischen Zeitalters einrichten. Das relativiert ihre persönliche Tapferkeit und Leiderfahrung nicht, erklärt aber ihr Überleben in verheerenden Situationen. Es muß bezweifelt werden, daß dies poetische oder künstlerische Weltverhältnis innerhalb des europäischen Zivilisationsprozesses überhaupt jemals in Konkordanz mit den jeweilig generellen Ideen existiert hat. Zwar lassen sich wissenschaftliche und literarisch-künstlerische Produktion bis zum Ende des 18. Jahrhunderts häufig einander zuordnen.[1] Dieses beginnt sich jedoch um 1800 offenbar zu ändern. Der Unterschied zwischen ideengestützter Frühromantik und den darauf folgenden ideenabgekehrten Protagonisten einer obsessiv poetischen Sprache ist dafür ein beredtes Beispiel, das mit einer fundamentalen Differenz und nicht nur der des historischen Epochensprungs erklärt werden muß.

Aufschlußreich für diese mit historischen Kategorien nicht zu erklärende Differenz sind die Briefe der Caroline des frühromantischen Kreises vor allem dann, wenn auch in sie das Todesmotiv eintritt. Carolines absolute Liebe für den jungen Schelling – hierin der Günderrode ähnlich – und der Tod ihrer Tochter Auguste aus früher Ehe am 12. Juli 1800 haben eine expressive Briefszene hervorgebracht, in der sich die helle Diesseitigkeit ihrer Korrespondenz zur dunklen Bindung und zum mystisch-sakralen Ausdruck verändert. Schon ohne den sie fast vernichtenden Verlust der Tochter hatte Carolines Gefühl für Schelling eine religiöse Färbung angenommen: »Du weist, ich folge Dir, wohin Du willst, denn Dein Leben und Thun ist mir heilig, und im Heiligthum dienen – in des Gottes Heiligthum – heißt herrschen auf Erden« (9. Juni 1800)[2]. Carolines

1 Vgl. hierzu: Wolf Lepenies, *Vom Krieg der Literatur und der Wissenschaften*, in: *Merkur*, Nr. 448, Juni 1986, S. 482.

2 Schmidt (Hrsg.), a. a. O., S. 603.

erotisch-seelische Hingebungssprache hat von Beginn an die Struktur eines Offenbarungserlebnisses. Was sie während ihrer Shakespeare-Übersetzung über Romeo an August Wilhelm Schlegel schreibt, das gilt auch für sie selbst: So wie Romeos Liebe für Julia sein »letzter Lebensblitz« gewesen sei und die Nachricht ihres Todes sein Innerstes »wie ein Blitz« zum Tode bereitgemacht habe, so bedeutet ein Brief Schellings »ein Blitz von Glück« (Oktober 1800)[1]. Zu diesem Zeitpunkt wurde Schelling von depressiven Gefühlen verfolgt, so sehr, daß Caroline Goethe um Hilfe bittet, Schelling aus einer »Gemüthslage« zu retten, »die ihn zu Grunde richten müßte, wenn er sich ihr auch nicht mit dem Vorsatz hingäbe sich zu Grunde richten zu wollen« (26. November 1800)[2]. Es entwickelte sich schon vorher ein Sprechen vom Tode, umgekehrt als im Falle Creuzer-Günderrode. Nun übernimmt Caroline den positiven Part:

»eine Menge begeisterte Vernunft gegen Deine irrigen Ansichten setzen . . . genug daß ich meinem Freunde verspreche, daß ich leben will, ja daß ich im drohe, ich werde leben, wenn er so zur unwahren Stunde den Tod sucht. Du liebst mich, und sollte die Heftigkeit des sich in Dir bewegenden Wehes Dich auch einmal mit Haß täuschen und mich damit zerreißen, Du liebst mich doch, denn ich bin es wert, und dieses ganze Universum ist ein Tand, oder wir haben uns innerlich für ewig erkannt.«[3]

Oder: »ich habe Dich gesehn, wie Dich Dein Bruder sah, verklärt durch Kraft und Gelingen. Ja, Du bist wieder in die Schlacht gekommen, theurer Achilles, und nun fliehen die Troer. Die Unsterblichen haben Dich wieder geehrt und werden Dir das ganze Leben obendrein geben«[4].

Die täglich neue Erfindung des Liebesverhältnisses als eine alles andere relativierende Größe, die dem Partner entdeckt werden muß, diesen heroisch projektiven Umgang mit dem eigenen Gefühl teilen Carolines Liebesbriefe mit denen der Günderrode. Aber das Todesmotiv und das Lebensverhältnis bleibt auch nach dem Tode der Tochter zunächst noch der Eudämonie der »Idee« verpflichtet. Keineswegs hat der frühe Tod hier Faszination ausgeübt. Dort, wo das Todesmotiv resignativ behandelt ist, in einer kritischen Phase

1 Ebd., Bd. 2, S. 4.
2 Ebd., S. 19.
3 Ebd., S. 5.
4 Ebd., S. 14f.

des Jahres 1801 nach dem Tode der Tochter, ist es ganz bestimmt von der pietistisch-empfindsamen Vermittlung, nicht aber von einem eigenständigen emphatischen oder katastrophischen Todesprojekt. Der Tod versöhnt vielmehr mit dem erfahrenen Leid; Caroline sammelt andere Todesfälle, um den Tod der Tochter zu ertragen, so im Brief an Schelling vom 13. Februar über das Sterben Novalis': Hardenbergs Mutter sei über den Tod eines Knaben, der ertrunken ist, »völlig melancholisch geworden«[1]. Novalis' eigener Zustand sei hoffnungslos, die Ärzte gäben ihn auf: »Wir können ihm nicht helfen, wenn ihm Gott nur hilft, es sey zum gesunden Leben oder zum freudigen Tode. Ich kann ihn nicht beklagen, wenn er dahin ist. Er hat die Schranken gebrochen.«[2] Der Topos vom »freudigen Tode« ist hier das Schlüsselwort für die Funktion, die dem Sterben als Übergang zum besseren Leben zukommt.

Nachdem Novalis gestorben ist, schreibt Caroline an August Wilhelm Schlegel am 10. April 1801: »Hardenberg ist also in Ruhe, wohin meine Seele auch so gern gelangen möchte.«[3] Im nämlichen Brief an Schelling begründet sie ihre eigene Befreiung von Trauer mit der Art der neuen Todesreflexion: sie blicke die tote Tochter »mehr mit Entzücken als mit Jammer an«[4] und die »Klage über den herben bittern Tod« habe »keine Dolche und zerreißenden Schmerzen mehr«.[5] Caroline entwickelt im »sanften Trauren« eine Genuß-Philosophie der Todesgewißheit, für die es vielfältige Dokumente aus diesem Zeitraum gibt: eine euphemistische Dramatisierung des Todes[6]. Immer ist die pietistisch-christliche Entlastungsfunktion das Leitmotiv: »Der Tod ist eine himmlische Hoffnung, wenn er so der Bewahrer unsrer liebsten Schätze geworden. Das Leben wäre unerträglich und eine Schmach, wenn es dieser beraubt nicht dennoch ein überirdisches Interesse enthielte, einen Theil jener ewigen Seligkeit« (an Meta Liebeskind, 19. August 1804)[7].

Es ist schon angedeutet worden, daß die Liebe zu Schelling im Tonfall religiöser Erbauung gefeiert wird. Und dieser ist ein Momentum der Entsagung eigen, die eine mittelbare Beziehung zum

1 Ebd., S. 37.
2 Ebd.
3 Ebd., S. 94.
4 Ebd., S. 38.
5 Ebd.
6 Hierzu: Ariès, a. a. O., S. 46f.
7 Schmidt (Hrsg.), a. a. O., S. 392.

pietistisch versöhnten Tod darstellt: Liebe und Lebensentsagung treten nach dem Tode der Tochter Auguste zusammen. Beide, Liebe und Tod, werden als Transzendenzerfahrung gegen das einfache Leben ausgespielt, die Liebe zu Schelling wird zur Erfahrung von Allgegenwart des Geliebten wie der Tochter. Man kann sagen, daß Caroline nur überlebt zwischen den beiden Polen der Resignation und Enderwartung einerseits und dem emphatisch neu gedeuteten Erlebnis des Schmerzes andererseits:

»mein Gram ist nicht Niedergeschlagenheit, kein Verzagen und keine Verzweiflung, und dann kann ich erst volles Vertrauen zu meinen Freunde haben, wenn ich nichts davon zu verbergen brauche ... Die Allgegenwart, das ist die Gottheit – und meinst Du nicht, daß wir einmal allgegenwärtig werden müssen, alle einer in dem andern, ohne deswegen Eins zu seyn? Denn Eins dürfen wir nicht werden, weißt Du wohl, dann würde das Streben sich zu eins zu machen ja aufhören.« (An Schelling, Ende Dezember 1800)[1]

Auch die Sehnsucht nach Einheit ist, was die Ich-Vorstellung betrifft, spezifisch anders gedacht als bei der Günderrode: eine absolute Verschmelzung wird abgewiesen. Die Selbstverständigung über das »Wehe« am Tode der Tochter formuliert: »Es quillt ein neues Leben aus diesen Augenblicken«[2] und konzipiert die Erinnerung an die Tochter und die Sehnsucht zu Schelling als »Allgegenwart« beider. Fortan treten die Erinnerungen an den Tod bzw. Lebensentsagung und Liebe leitmotivisch in der Periode zwischen Augustes Tod (1800) und der Heirat mit Schelling (1803) auf. Während Karoline von Günderrode von Beginn an das gemeinsame Liebesprojekt auch an der sprachlich-gedanklichen Reaktion Creuzers mißt und schließlich eben daran zerbricht, hat Caroline Schlegel-Schelling keine solche Erwartung einer Gleichheit der Gefühle. Sie hypostasiert Schelling auf dem Höhepunkt ihrer Nervenkrise nach Augustes Tod zum »göttlichen Sohn« (Januar 1801).

Ganz im Unterschied zu Karoline von Günderrode entwirft Caroline Schelling selbst ein Konzept, Liebe und Entsagung miteinander zu verbinden, um auf diese Weise ihrem Schuldgefühl wegen der Leidenschaft zu dem um zwölf Jahre jüngeren Philosophen zu opfern. Seine »Heilig«-Sprechung, sein Vergleich als Denker mit dem an Ruhm größten Helden des griechischen Mythos, Achill,

1 Ebd., S. 22.
2 Ebd.

schufen von Beginn an die parareligiöse Aura, in der dann erotische und christliche Symbolsprache sich verschränken konnten: die Verschränkung des Kreuzzeichens mit dem Kuß auf Stirn, Augen und Mund (Brief an Schelling, Oktober 1800). Von Beginn an also ist eben jene Ideengestütztheit des Liebeskonzepts anwesend, das in Karoline von Günderrode durch »Zustände« zu zerbrechen drohte. Insofern konnte sich das Liebesgefühl Caroline Schlegel-Schellings auch nicht wie bei der Günderrode zu einem »Zustand« verselbständigen. Auf den Vorwurf Schellings, sie liebe nicht wahrlich, lautet die Antwort:

»Wenn Du mich von Dir losmachen wolltest, so würdest Du mein Leben mit zerreißen. Also was Du schwazest vom Wunsch frey zu seyn, und von der Möglichkeit, daß mich mein innrer Genius nicht eben zu Dir unwiederstehlich hinzöge, das ist alles Thorheit – denn eben zu Dir; ich habe es nie allmächtiger empfunden. Ich will blos dabey bleiben, was ich bin, was ich nicht ändern könnte ohne mich zu zerstören, mir treu, um Dir desto treuer zu sein. Die Furcht Dein Misfallen zu erregen, und der zerrüttende Eindruck, den Dein Misfallen auf mich macht, die muß ich fliehen um der Liebe und meines heiligen unabänderlichen Grames willen, der solche Störungen nicht mehr erträgt« (März 1801)[1].

Einerseits Unterwerfung unter die geistige Priorität des bewunderten Genies, andererseits Bestehen auf der Unauflösbarkeit des eigenen Selbst – die gedankliche Konzeption dieses Liebesverhältnisses, das auch Caroline als »Bündniß«[2] begreift, ist eine der Günderrodeschen Konzeption entgegengesetzte. Man könnte sagen, es sei die absehbar konventionellere Konzeption: die herkömmliche Rolle der Frau bleibt unangetastet, sie wird nicht skandalisiert. Das Ich ist abgeschirmt von den traditionellen Stabilisierungsfaktoren. Caroline Schlegel-Schelling ist nicht auf einen solchen »Zustand« zurückwerfbar, der sie »zerstören« würde. Und sie nennt als Grund dieses Schutzes die Identität ihres Selbstbewußtseins und Selbstverständnisses. Von dieser Basis aus erst kann sie die christliche Symbolik gewagt weiterführen und als »Jungfrau, die Mutter ist«, Schelling als »Freund, als Bruder, als Sohn und Geliebten« an die Brust schließen.[3] Von Beginn an stand die schützende Idee

1 Ebd., S. 60.
2 Ebd.
3 Ebd., S. 61.

der Entsagung, die gleichzeitig das Bewußtsein von Ich-Stärke ist:

»Wie ich in mir selber erwachte, da machte es sich so, daß ich lange, lange glaubte, in der Wirklichkeit wäre das Glück niemals zu Hause, und nichts, was dem innern Daseyn eigentlich entspräche. Und durch diese erste Erziehung bin ich immer ein wenig bescheiden geblieben. Die Resignation hat mir Tiefe gegeben, und die erste Liebe eine ganz unaussprechliche Heiterkeit, ob sie schon selbst fast nicht in die Wirklichkeit gehörte.« (März 1801)[1]

Man entdeckt hier Termini und eine Stimmung des pietistischen Lebensabschieds (»unaussprechliche Heiterkeit«), die unmittelbar an Kleists Selbstmordbriefe erinnern. Es handelt sich jedoch nur um die Caroline und Kleist gemeinsame pietistische Relativierung des Diesseits. Fern ist den Worten Carolines hingegen die todesfeierlich-todeserotische Umkehrung der Resignation in »Triumphgesang«, den Kleists Briefe anstimmen. Diese Differenz ist nicht psychologisch, sondern sprachlich definierbar. Wie immer resignativ Kleist auch im Jahre 1811 gewesen sein mochte – und alle biographischen Indizien sprechen für eine tiefe Verzweiflung –, es handelt sich nicht um jene milde Resignation, die Caroline als »Idee« bewußt betrieb. Wir können bei Kleist nur einen produktiven Verwandlungsprozeß feststellen: aus der Verzweiflung über die Imagination zu den Sternen. Der Selbstmord war biographisch das letzte Wort. Er ist gerade die Umkehrung von Carolines »Demut«, von der sie im Brief vom März 1801 spricht. Und ebensogroß ist die Differenz zu der Günderrode melancholischen Zustandsbriefen. Diese erwacht gerade nicht zu »sich selbst«, sondern zu anderen Zuständen. Der Schmerz fand nicht, wie bei Caroline Schlegel-Schelling, eine prästabilisierte Harmonie: nämlich in einer tröstlichen Idealisierung dieses schmerzlichen Zustands, wenngleich auch die Günderrode solches versuchte. Vielmehr erreichte er jene Qualität, die Novalis charakterisiert hat:

»Im höchsten Schmerz tritt zuweilen eine Paralysis der Empfindsamkeit ein. Die Seele zersetzt sich. Daher der tödtliche Frost, die freye Denkkraft, der schmetternde unaufhörliche Witz dieser Art von Verzweiflung. Keine Neigung ist mehr vorhanden; der Mensch

1 Ebd.

steht wie eine verderbliche Macht allein. Unverbunden mit der übrigen Welt verzehrt er sich allmählich selbst«[1].

Savigny und Lisette von Nees haben gerade das Zusammentreffen von Kälte und formalem Witz bei der Günderrode kritisiert. So zeigt sich letztlich, daß Nähe und Unterschied des Liebesprojekts zweier ungewöhnlicher Frauen der romantischen Epoche nicht von historisch-sozialer Differenz oder verschieden ausgelegter Geschlechterrolle her verstehbar wird, sondern von der Differenz zwischen poetisch-imaginativer und pragmatisch-ideologischer Selbstverständigung: Die Dichterin Karoline von Günderrode stand in ihrer Liebes- und Todesthematik den analogen Motiven bei Kleist und Brentano näher als der im Schmerz und weiblichen Schicksal verwandten Caroline Schlegel-Schelling: Sie kann ebensowenig den Schmerz pragmatisch überführen in ein Leben ermöglichendes Gefühl. Kleists »Triumphgesang« und der Günderrode Verzweiflung sind »Zustände« jenseits der von Caroline Schlegel-Schelling gewonnenen Versöhnung mit dem Überleben. Brentanos Nähe zur Pflanzenwelt und der Günderrode Allsehnsucht berühren sich. Ricarda Huchs Urteil, Caroline Schlegel-Schelling sei »nicht eigentlich ein romantischer Charakter mit sonderbaren Mischungen, Dämmerungen, Rätseln«[2] gewesen, müßte dahingehend präzisiert werden, daß man sagt, sie sei kein romantischer Dichter gewesen. Alles, was man dem »romantischen Charakter« in der Folgezeit pejorativ anlastete – Ricarda Huch unterscheidet sich hierin nicht von den eigentlichen Verächtern der Romantik, seien sie nun von konservativer oder fortschrittlicher Ideologie –, hatte seine Ursache in einer »poetischen« Mentalität, die dem diskontinuierlichen Bewußtsein entsprang, das die moderne Imagination und Literatur bald generell bestimmen sollte.

1 Novalis, a. a. O., Bd. 2, S. 255 *(Blüthenstaub).*
2 Ricarda Huch, *Die Romantik. Blütezeit, Ausbreitung und Verfall.* Reinbek 1985, S. 32.

V
Die ästhetische Verfremdung des Subjekts

Was meinte der Satz des Novalis: »Der wahre Brief ist, seiner Natur nach, poetisch«[1]? Eine komplexe Utopie. Unterstellen wir, daß für ihn der Adressat, der andere, der Freund, da den Brief wesentlich mitbestimmend, auch für den »poetischen« Charakter des »wahren Briefes« entscheidend war, daß andererseits immer nur ein Ich im »wahren Brief« von sich selbst schreiben kann, so wäre zunächst die Doppelheit von Ich und Du das eigentlich »Poetische« eines solchen Briefes. Denn: »Kein Interesse ist interessanter als was man an sich selbst nimmt – sowie der Grund einer merckwürdigen Freundschaft und Liebe, die Theilnahme ist, zu der mich ein Mensch reizt, der mit sich selbst beschäftigt ist, der mich durch seine Mittheilung gleichsam einladet an seinen Geschäften theil zu nehmen«[2]. In der Spannung zwischen Briefschreiber und Adressat kann aber auch jene »geistige Gegenwart« entstehen[3], welche »poetisch« ist. Poetischwerden ist für Novalis die Utopie eines jeden Zustands, sofern er sich nicht schematisch-abstrakt, sondern individuell versteht.[4] Dann nämlich entsteht »poetische Sprache«, wo sie »organisch lebendig«, nicht begrifflich ist.[5] Zieht man Novalis' lapidare Definition der »Poesie« als »Gemüthererregungskunst«[6] schließlich zur Erklärung seines Satzes hinzu, dann ist der »wahre Brief« in*so*fern poetisch, als ein Ich durch seine Mitteilung über sich selbst die Teilnahme des anderen so sehr reizt, daß dessen Gemüt erregt wird.

Wenngleich Novalis' Briefe noch den der Briefkultur des 18. Jahrhunderts eigenen kommunikativen Enthusiasmus besitzen, sie der Bezug zum anderen, zum Freund, bestimmt, so betont er theoretisch doch das Bewußtsein von der primären Selbstbeziehung des Briefs und deren sprachliche Disposition zum »Poetischen«. Sind die Briefe der zweiten romantischen Generation in diesem Sinne »poetisch« gewesen? Novalis' Utopie des »wahren Briefs« verweist nur auf die noch ausstehende Problematik, enthält

1 Novalis, a. a. O., S. 249.
2 Ebd., S. 242.
3 Ebd., S. 283.
4 Zum Zusammenhang von »poetisch« und »individuell« vgl. ebd., S. 282.
5 Ebd., S. 254.
6 Ebd., S. 801 *(Fragmente und Studien II).*

aber noch nicht ganz die Lösung. Denn was sich an den Briefen Kleists und Brentanos, nicht an den Briefen der Günderrode, hinsichtlich dieser Frage sofort herausheben läßt, das ist ihr spezifisch ästhetisch-literarischer Status. Dieser ästhetische Status bekommt in einigen Briefen Kleists und Brentanos aber eine solche Autonomie, daß dabei zwei Kontinuitätsmerkmale der Briefgattung bis zur Auflösung hin zurücktreten: der Bezug auf den anderen und die Selbstmitteilung als Wiederholung bzw. Abbildung eines authentischen »Gefühls« oder Gedankens. Das Zurücktreten des ersten traditionellen Merkmals ist leicht einzusehen. Das des zweiten offeriert ein schwieriges Problem. Es war im Verlaufe der Lektüre einiger zentraler Briefe Kleists an seine wenigen Briefpartner – es sind vornehmlich weibliche Verwandte, die Verlobte, die Schwester Ulrike und Marie von Kleist – sowie der Briefe Brentanos an Savigny und die Geliebte Sophie Mereau nicht zu übersehen, daß diese Briefe nicht eigentlich einen Dialog, eine wirkliche Korrespondenz suchten, sondern jeweils »narzißtische« Inszenierungen darstellten. Der dialogische Charakter, der gerade den Brief des 18. Jahrhunderts mit seiner Neugier an anthropologisch noch Unbekanntem oder mit seiner vom anderen ganz abhängigen gerührten Empfindung bestimmte, verlor sich hier zugunsten von monologischen Konstrukten eines Ichs, das eigentlich keine Antwort mehr ermöglicht, sondern immer neue Auftritte der Selbstdarstellung für die Rolle der Ich-Konstruktion. Kleists stereotyp wiederholte Formel, daß ihn niemand verstehe außer dem jeweiligen Adressaten – es ist nicht immer die Halbschwester Ulrike –, verhärtet das monologisch-einsame Selbstverständnis und rhetorische Verhalten: Die Fähigkeit zum Verständnis, die hier exklusiv einem Einzigen zugebilligt wird, meint nicht dessen dialogische Partnerschaft, sondern seine Funktion als einziges Echo eben dieses Einsamkeitsanspruchs.

Das gilt für Kleists Krisenbriefe des Jahres 1801 und die Selbstmordbriefe vom November 1811 sowie die sie im Selbstmordmotiv antizipierenden Briefe. Einen anderen Typus stellen die pietistisch argumentierenden, strikten Erziehungsbriefe an die Braut sowie die Schweizer Briefe über ein neues, rousseauistisch geprägtes »Glücks«-Projekt dar, in denen Kleist die Adressatin, ähnlich wie in seinen frühen Briefen an den Erzieher und die Tante, mit berechnenden und revidierten Konzepten seiner Lebensführung zu beeinflussen sucht.[1] Diese adressatenbezogene Differenz[2] verliert sich jedoch im Krisen- und Selbstmordbrief, der identisch wird mit dem imaginativen Stil. So sind die Mitteilungen über die mit der Kantlektüre begründete »Angst« in den Briefen vom 22. und 23. März 1801 an die Braut und die Schwester nicht identisch, aber doch sehr ähnlich, wenngleich die Behandlung als Partner charakteristischerweise divergiert: während die dramatische Darstellung seiner neuen Lage gegenüber der Verlobten ausdifferenziert ist, um die Distanzierung zu verschärfen, wird die knappere Mitteilung an die Schwester beschlossen mit dem Erwägen der gemeinsamen Reise. Deutlich wird hier aber schon, inwiefern die Rollenkonzeption des Adressaten hinter der Selbstdarstellung in einer »ästhetischen« Rolle zurücktritt.

Im Falle von Clemens Brentano scheint das Faktum, daß er im Unterschied zu Kleist das schrieb, was man umgangssprachlich »glühende Liebesbriefe« nennt, einen Unterschied zu setzen. Aber es hat sich auch erwiesen, daß diese Briefe die Fortsetzung eines unendlichen Monologs über ein Gefühl darstellen, dessen Zentrum literarische Phantasie ist, nicht aber der Briefpartner. Ein besonderes Beweismittel für diese monologische Qualität von Brentanos Krisen- bzw. Liebesbriefen ist, daß Stil und Motivik der einzelnen Briefe nicht sehr voneinander differieren, was der Fall wäre, würden sie ein wirkliches Gespräch mit dem Adressaten führen; Stil und Motivik gegenüber verschiedenen Adressaten können bei Brentano voneinander abweichen. Aber alle wichtigen Adressaten werden zu den gleichen Anlässen dem sich immer wiederholenden inneren »Gefühl« Ausdruck geben. Das gilt neben den Briefen an Sophie Mereau für den erotischen Brief an Karoline von Günderrode sowie für einige Briefe an Savigny und für den berühmten Brief vom 21. Januar 1810 an Philipp Otto Runge. Die innigen Briefe an Achim von Arnim sind der Versuch, Ich-Darstellung und Hinwendung zu verbinden. Es ist der Gedanke wahrscheinlich, daß die Priorität des ichbezogenen Monologs zusammenhängt mit

1 Schrader unterscheidet bei den Briefen an Wilhelmine von Zenge zwischen »gesellschaftlichen« und »theatralisch-fiktionalen Rollen« des Briefschreibers Kleist, trägt also dem ästhetisch-monologischen Typus schon vor der Krise Rechnung – vgl. ders., a. a. O., S. 122.

2 Zur partnerbezogenen Differenz von Kleists Briefen siehe außerdem: Kreutzer, a. a. O., S. 116. Grundsätzlich zur Rollenkonstruktion zwischen Schreiber und Adressat: Albrecht Schöne, *Über Goethes Brief an Behrisch vom 10. November 1767*, in: Herbert Singer/Benno von Wiese (Hrsg.), *Festschrift für Richard Alewyn*. Köln 1967, S. 193–229.

dem generellen Verlust an Welt, dem Hervortreten der Phantasie und der Vorstellung – ein Zusammenhang, der seit dem Erscheinen von Tiecks *William Lovell* (1795/96) von der frühromantischen Generation noch reflektiert worden ist, bei Brentano und Kleist aber schon ganz selbstverständlich auftaucht.

Während die frühromantischen Beispiele die Kritik an der Diskrepanz von Innen und Außen mit sich tragen, ist diese bei Brentano und Kleist verschwunden. Es gibt jetzt nicht mehr den Skrupel einer an Rationalität, Moral und Wirklichkeit orientierten Praxis-Ethik, wie sie noch die Kritik einer sich verselbständigenden Einbildungskraft bei Karl Philipp Moritz auszeichnet. Dieser hatte im *Anton Reiser* die Einbildungskraft als Vorherrschen von Ideen im Inneren eines Menschen dargestellt, der im äußeren Leben deren Inhalte nicht besitzen konnte. Schon Anton Reiser, der Vorläufer des Romantikers, der asozial-einsame Mensch ohne gesellschaftlichen Zusammenhang, erfindet für das Defizit an welthaftinhaltlicher Raumerfahrung die »Imagination«: »ganz aus allen Verhältnissen mit der wirklichen Welt hinausgedrängt, drohte die Scheidewand zwischen Traum und Wahrheit bei ihm den Einsturz«[1]. Moritz hatte aber gerade dieser Form der Einbildungskraft als regulativem Ausgleich des Mangels an *»Existenz«*[2], Welt und sozialer Erfahrung die poetische Kapazität abgesprochen[3]. Für Brentano und Kleist ist das Vorherrschen des »Innen« an keinem »Äußeren« mehr zu messen, der »Traum« an keiner »Wahrheit« mehr, und also der Brief nicht mehr am Adressaten. Wenn eine der Aufklärung verpflichtete Kritik in Brentanos und Kleists Briefen aber nun die nämlichen Wirklichkeitsdefizite ausmachte wie Moritz an seinem autobiographischen Helden, dann ließe sich die Genesis der modernen Poesie zwar noch im Sinne von Moritz' Einsicht in den Zusammenhang von Realitätsverlust und Selbstbewahrung beschreiben, die poetische Kapazität selbst aber wäre nicht mehr zu bezweifeln. Gewinnen ließe sich vielmehr ein Modernitätstheorem, in dem Dichtung und soziale Welt oppositionell zueinander stünden, eine Konstellation, die ideologiekritisch nicht mehr zu beschwichtigen ist.

Der mangelnde Dialogcharakter der genannten Briefe Kleists

1 Karl Philipp Moritz, *Werke*. Hrsg. v. Horst Günther. Frankfurt 1981, Bd. 1, S. 350.
2 Ebd., S. 336.
3 Vgl. ebd., Bd. 3, S. 380 ff. *(Die Leiden der Poesie)*.

und Brentanos ist also im Kontext einer kritischen »Imaginations«-Analyse als nicht bloß mehr subjektiv »psychologische« Eigentümlichkeit beider Schriftsteller verstehbar. Der Dialogverlust ist nur dann bestreitbar, wenn man im kommunikationstheoretischen Sinne die Defizite der »ästhetischen« Briefe Kleists und Brentanos beschreibt. Gerade diese selbst aber lassen sich als Dokumente gegen eine auf dem Kommunikationsmodell fundierte Theorie der Moderne lesen, die gegenüber der Faktizität des Dialogverlusts immer schon im Hintertreffen ist, der zum Zeitpunkt beginnt, als sich Literatur auch als Institut »bürgerlicher Öffentlichkeit« versteht. Daraus folgt auch, daß ein solcher soziologischer Funktionsbegriff das Phänomen der beginnenden literarischen Moderne um 1800 nur unzureichend beschreibt. Ist es relativ einfach, unabhängig von der Bewertung den Dialogverlust der Briefe zu beschreiben, so ist das Verschwinden des zweiten Merkmals des Briefs ein komplizierter, weil paradoxaler Sachverhalt: Wenn denn im Brief Kleists und Brentanos der Monolog den Dialog aufzehrt, dann sollte sein Charakter als konsequentes Mittel der Selbstdarstellung um so mehr gesichert sein. Wieso könnte auch die Selbstdarstellung, die den intimen Brief auszeichnet, beeinträchtigt werden? Durch den gleichen Grund, der schon den Dialogcharakter verschwinden ließ: durch den ästhetischen Status. Novalis' Satz vom »Poetischen« des »wahren Briefs« bekommt seine von diesem noch nicht erwogene Verschärfung. Der ästhetische Status bringt es nämlich mit sich, daß der Brief beider Romantiker nicht mehr als Mimesis eines jeweiligen psychisch-mentalen Zustands zu verstehen ist. Was heißt das? Es handelt sich nicht – wie im Falle der autobiographischen Literatur und der Korrespondenzen des 18. Jahrhunderts – um die Reproduktion psychischer Fakten.

Im Brief des 18. Jahrhunderts wird in der Erinnerung oder simultan das eigene Ich wie ein dem reflektierenden Subjekt gegenüberstehendes festes Objekt behandelt. Dieses Referenzverhältnis zeigt sich in den Briefen Kleists und Brentanos beseitigt. Die Subjektpriorität entsteht erst im Akt der Briefrede selbst: das Ich weiß nichts von sich, redet nicht über sich, erfindet sich erst im Sprechen. Die wichtigste Konsequenz dieses Erfindungscharakters aber ist nun, daß Subjektivismus – entgegen einem landläufigen Mißverständnis des romantischen Subjektivismus – nicht mehr im »Authentisch«-Werden der Rede beschlossen liegt, nicht in der Priorität eines exzessiven Sich-selbst-Aussprechens, sondern im Artefaktcharakter der Sprache, der das »Ich« vor der psychologisch-begreifenden »Identität« zu einer ästhetischen Identität verwandelt. Diese aber wiederum unterliegt einer Metaphorik, die von der Standardsprache soweit getrennt ist, daß sie als »Medium der Du-Begegnung wie der Selbstbegegnung zweifelhaft«[1] wurde.

1. Metapher »Angst«, Sinnbild »Katastrophe«

Schon der Blick auf die *Confessions* Rousseaus führte zu der Einsicht, daß es diesem um die »Wahrheit«, die »Naturwahrheit« (»dans toute la vérité de la nature«), ging. Das autobiographische Projekt als radikale Thematisierung des Ichs hatte Anspruch auf objektive Selbsterkenntnis. Hierin berührte es sich mit den biographischen und autobiographischen Projekten aus pietistischem Antrieb, auch wenn dieses Ich – im Unterschied zu den Ich-Fällen in Moritz' *Erfahrungsseelenkunde* – nicht mehr anthropologisch repräsentativ, sondern als einzigartig, als »anders« als die anderen empfunden wurde. Diese objektive Absicht wird auch durch das Bewußtsein von den vorangegangenen Unternehmungen autobiographischer Natur geprägt: von Augustins *Confessiones,* Petrarcas Brief an die Nachwelt, Montaignes *Essais,* Cardanos *Eigener Lebensbeschreibung* und Cellinis *Lebensbeschreibung.* Nun stellt der romantische Brief kein vergleichbares autobiographisches Projekt dar, aber das einsame Ich-Pathos darin zwingt, es mit dem unmittelbaren Vorläufer und Erfinder dieses Pathos zu vergleichen und dann zu der entscheidenden Differenz im »Wahrheits«-Anspruch zu kommen.

In den Briefen Kleists steht das Ich nicht mehr als Objekt einer selbstanalytischen Reflexion gegenüber. Die Subjektpriorität tritt nunmehr als eine Selbsterfahrung auf, die sich in der expressiven Rede kontingent erfährt. Diese Expression läßt sich nicht einfach zurücklesen auf ein zugrundeliegendes festes Ich-Konzept, sondern ist jeweils identisch mit seiner hochgradig ästhetisch-literarischen Form.

Das wird unmittelbar einsichtig, vergleicht man die schon erör-

1 Frühwald, *Das Wissen und die Poesie,* a. a. O., S. 53.

terte Sprache der Selbstmordbriefe mit zentralen Symbolen und Metaphern der Dramen *Penthesilea* und *Der Prinz von Homburg*. Die Entwicklung der Todesangst zu Elegie und Todesjubel im *Prinzen von Homburg*, der im Sommer 1811 abgeschlossen wurde, hat sein Pendant in den Selbstmordbriefen. Diese stellen die letzte Phase der Todessprache des Prinzen in stilistischer Stimmung und literarischer Metapher wieder her. Im literarischen Text vollzieht sich eine Entwicklung von nihilistisch-antikischer Todesangst vor den »schwarzen Schatten« (5. Auftritt, III. Akt) über die heroische Identifikation: »Ich will den Tod, der mir erkannt, erdulden« (7. Auftritt, V. Akt) hin zur eigentlichen Feier des Todes und der Identifikation mit seiner spirituellen Bedeutung: »Nun, o Unsterblichkeit, bist du ganz mein!« (10. Auftritt, V. Akt).

Aber was für ein Tod ist es? In diesem letzten Zustand des Prinzen werden vorangegangene Bedeutungselemente der pietistischen und heroisch-erhabenen Todesrede überboten. Das gilt vor allem für die heroische Identifikation: die »Unsterblichkeit«, die der Prinz anruft, ist nicht mehr der Nachruhm der soldatischen oder philosophischen Tat. Hier wird gegenüber der vorgegebenen diskursiven Ebene deutlich, inwiefern Kleist den Tod bzw. den Selbstmord als »Unsterblichkeit« nicht mehr denkt im Sinne der philosophischen Tradition des 18. Jahrhunderts, vornehmlich Diderots Inanspruchnahme von Sokrates' Tod, d. h. überhaupt nicht mehr im Sinne einer »zentralen Idee des 18. Jahrhunderts«[1]. Der Tod ist nicht mehr aufgehoben im ewigen Nachruhm. Das rühmende Urteil einer unsichtbaren Kette in der fortschreitenden Geschichte vermittelt in des Prinzen Rede nicht. Und noch weniger der Unsterblichkeitsgedanke des revolutionären Märtyrers, wie etwa im Falle des Marat-Kults. Die »Unsterblichkeit«, die der Prinz anruft, ist vielmehr ausgezeichnet von ihrer die Wirklichkeit und die Geschichte transzendierenden poetischen Metaphorik selbst: Es ist nur seine Unsterblichkeit, die nur er allein durch »die Binde«, welche seine Augen verschließt, empfinden kann: den »Glanz der tausendfachen Sonne«[2]. Und es sind die »Flügel mir an beiden Schultern«, die »stillen Ätherräume«[3], die einen transzendenten Vorstellungsbereich herstellen, dessen Enthusiasmus von einer ab-

1 Vgl. Schlaffer, a. a. O., S. 36.
2 Kleist, a. a. O., Bd. 1, S. 707.
3 Ebd.

soluten Abschieds- und Übergangsgewißtheit lebt: »So geht mir dämmernd alles Leben unter«[1]. Es gibt hier keinen Nachruhm. Es findet auch keine Entweltlichung statt. Der Schmerz, die sinnliche Schönheit zu verlieren, bleibt: »Ach, wie die Nachtviole lieblich duftet!«[2] Der Tod ist selbst das sinnlich Übergängige eines wunderbaren Worts, das selbst schon literarische Tradition besitzt. Denn das Wort von der »Nachtviole«, die so »lieblich duftet«, ist ein bewußter oder unbewußter Nachklang von Jean Paul. In *Hesperus* heißt es: »Unter dem großen Abendhimmel, den keine Wolke einschränkte, taten sich die Seelen wie Nachtviolen auf«[3]. Die Nachtviole, die Kleist zitiert, ist jedoch nicht bloß Metapher der »Seele«, sondern Inbegriff einer weltlichen Schönheit, die der Todeskandidat verliert.

Jean Pauls *Hesperus* und *Die unsichtbare Loge* haben der Todesbegeisterung der romantischen Generation Metapher und Symbol gegeben. Die Vorstellung von den »Ätherräumen«, die der Prinz von Homburg imaginiert, und das Flügel-Seelen-Motiv[4], das die Selbstmordbriefe inspiriert, hat Jean Paul erfunden. Der Nachklang bei Kleist hat den Spiritualismus Jean Pauls verloren, und an seine Stelle ist ein nicht mehr christliches Gefühl von Auflösung getreten, das man nihilistisch nennen könnte, wäre da nicht die »Feier des Dämmernden« selbst, ein Bewußtsein von Lebensfeier, das, wie gezeigt wurde, schon in den frühen Briefen Kleists den teleologischen Diskurs ablöst. Der Flug der Seele als »durch alle Sonnen gehende Lichtstraße«[5], den Jean Paul noch in Motiven spiritueller Erlösung denkt, ist bei Kleist zum Gestus eines sterblichen, nicht unsterblichen Einsamen geworden. Der Ruhm dieser »Unsterblichkeit« hat sich losgelöst sowohl von der heroischen als auch von der spirituellen Identität und stellt eine Sphäre sui generis her: die einer sich selbst genügenden poetischen Transzendenz. Die unterschiedliche Funktion der Metapher bei Jean Paul und Kleist betrifft den ästhetischen Status der Sprache bei beiden. Und der ästhetische Status bei Kleist prägt das Unsterblichkeitsmotiv. Es präfiguriert den »Triumphgesang«-Brief vom 19. November und den Brief vom

1 Ebd.

2 Ebd. – Zur Weltlichkeit vgl. Arthur Henkel, *Traum und Gesetz in Kleists »Prinz von Homburg«* (1962), in: Walter Müller-Seidel (Hrsg.), a. a. O., S. 601.

3 Jean Paul, a. a. O., Bd. 2, S. 1064.

4 Vgl. ebd., S. 1086.

5 Ebd., Bd. 1, S. 283.

20. November 1811. Diese Isolation des Kleistschen Todesmotivs aus dem sozialen Kontext wird schließlich auch von Klopstocks Odenvers sprechend kommentiert: »Dann, o Unsterblichkeit,/Gehörst Du ganz uns!« (an Fanny). Die Anrufung der Unsterblichkeit ist der Kleistschen fast gleichlautend; anders als bei Kleist, der sie nur auf sich bezieht, gilt sie hier jedoch der Gemeinsamkeit von Liebenden, ähnlich wie später in den Abschiedsbriefen Werthers.

Im Brief vom 20. November an Sophie Müller werden die zentralen Bilder der Unsterblichkeitsrede wiederholt: »Flügel an den Schultern« und das Träumen »lauter himmlischer Fluren und Sonnen«. Im Brief vom 19. November an Marie von Kleist ist es der »Triumphgesang«-Anspruch selbst, der die Unsterblichkeitssprache des Prinzen variiert, einschließlich der auffliegenden »Seele« und der »Abgrund«-Metapher, die den Abbruch mit allem Bekanntem, den der Prinz fühlt, enthusiastisch wendet: nicht mehr wie des Empedokles Sturz in ein naturphilosophisch gedeutetes und versöhntes All, sondern als Finale des »Triumphgesangs« selbst. Daß im Brief vom 20. November der Hinweis auf die »große Entdekkungsreise« angefügt ist, kann nicht als teleologische Sinngebung, sondern als Zusatz zu der Form superlativer Verkehrung der »Traurigkeit« gelesen werden, die er selbst als »höhere, festgewurzelte und unheilbare« begreift.

Die romantisch-pietistische Formel von der »Seele«, die »zum Tode ganz reif geworden ist«, die als eine stereotype Wendung schon im Briefwechsel der Günderrode auffiel, muß innerhalb des Kleistschen Brieftextes ebenfalls als Postfiguration eines esoterisch-literarischen Motivs der tödlichen Selbstidentifikation der *Penthesilea* erkannt werden. Mit den Worten: »Die Eumeniden fliehn, die schrecklichen,/Es weht, wie Nahn der Götter um mich her,/Ich möchte gleich in ihren Chor mich mischen,/Zum Tode war ich nie so reif wie jetzt« (14. Auftritt) kündigt Penthesilea in paradoxaler Verkehrung des Sinns, den Goethes Orest bei der Anrufung der Eumeniden findet, den Ausbruch des »Wahnsinns« an, der sie von der sozialen Welt ausschließt und einer rein imaginativen Sphäre des Todes und des Eros anheimgibt. Kurz vor ihrem Ende wiederholt Penthesilea den Satz: »Ganz reif zum Tod', o Diana, fühl ich mich!« (24. Auftritt). Wenngleich also die Formel von der Todesreife eine modische Redewendung des empfindsam-pietistischen Gesprächs war, so hat ihr Kleist in seinen beiden Dramen, in denen die Helden einem Todesenthusiasmus zugeführt werden, in der Evokation des »wahnsinnigen« anderen Zustands der Penthesilea einen neuen poetischen Sinn gegeben. Und als Anschluß an diese neu gedeutete ästhetisch-mythische Identifikation ist denn auch die Formel innerhalb des »Triumphgesang«-Briefs zu lesen, nicht als Identifikation mit dem spezifischen »Wahnsinn« der Penthesilea, aber als Anspruch auf den anderen asozialen Zustand.

Was die zentralen Selbstmordbriefe von den beiden also präfigurativ wirkenden literarischen Texten motivlich unterscheidet, ist die wichtige Tatsache, daß sie einen Partner im Todesprojekt betonen, während der Prinz von Homburg und Penthesilea einsam bleiben. Indes ist auch in Kleists Thematisierung der Partnerin im Tode die literarische Präfiguration unübersehbar. Auf die mögliche Bedeutung eines in der französischen Gefangenschaft entdeckten Kirchenbilds ist schon hingewiesen worden.[1] Wichtiger als dieser mögliche Einfluß sind indes neben den schon genannten spezifischen Motiven die Todes- und Sterbeszenen von Jean Pauls *Unsichtbarer Loge* und *Hesperus,* in denen sich jeweils zwei Liebende begegnen, die auch für Novalis' Umgang mit der toten Verlobten in Rechnung zu stellen waren. Und so tritt Gustavs Traum aus dem 33. Sektor der *Unsichtbaren Loge* hinter die »unerhörte Lust« des Briefenthusiasmus Kleists:

»und da jetzt drüben im öden Tempel die Orgel durch neues Ertönen die Szene über den irdischen Boden erhob, wo beide Seelen noch waren; da Beatens Stellung schwankte, ihre Lippe zitterte, ihr Auge brach: – so war ihm wieder, als würde der Traum wahr, als zögen die großen Töne ihn und sie aus der Erde weg ins Land der Umarmung hinauf, sein Wesen kam an alle seine Grenzen – ›Beata‹, sagt' er zu der schönen, an bekämpfenden Empfindungen dahinsterbenden Gestalt, ›Beata‹, wir sterben jetzt – und wenn wir tot sind, so sag' ich dir meine Liebe und umarme dich –«[2].

Die beiden liebenden »Seelen« werden »zwei Engel«, die den »Himmel der Engel« fühlten.[3] Diese und andere Sterbeszenen sind auf den Begriff der »Entzückung« im Sterben zu bringen, die im *Hesperus* dargestellt ist.[4] Kleists Enthusiasmusrede, eine Freundin

1 Vgl. S. 162 dieses Buchs.
2 Jean Paul, a. a. O., S. 298f.
3 Ebd., S. 396.
4 Ebd., Bd. 2, S. 1148ff.

zu finden, die »mit mir sterben will« (Brief vom 19. November), das Glück, auf das sich der Selbstmordentschluß erst gründen läßt, ist also sehr spezifisch literarisch präfiguriert. Bei diesem Einfluß ist zu unterscheiden zwischen ideologisch-diskursivem und literarisch-metaphorischem Aspekt. Denn für Kleists Selbstmordbriefe läßt sich kein erotischer Todespakt, keine Vollendung der empfindsamen Liebe im Tode behaupten, wie das für Jean Pauls Helden gilt und in Novalis' Tagebuchnotizen und Briefen sich autobiographisch wiederholt. Kleists Selbstmordbriefe lassen sich nicht mehr unter dem Diskurs: Liebesvollendung im Tode verstehen. Die Partnerin im Selbstmord war nicht die Geliebte, die Selbstmordbriefe führen die Rede des glücklichen Todes nicht einfach fort, sondern lösen aus ihm die für die Selbstillumination brauchbaren Metaphern und Symbole: Triumph, Seele, Todesreife, Flügel, Sonnen. Ihre Subjektivierung in der Form der spezifisch individuellen Rede und ihre Objektivierung in Form ästhetischer Vorstellungsbereiche literarisch definierter Stimmung schaffen diese Selbstillumination.

Bei der Frage nach der teleologischen Natur des Kleistschen Selbstmords, seinem Projektcharakter, ist die ästhetische Dimension schon bemerkt worden.[1] Sie ist nunmehr in ihrem Verhältnis zum Diskurs über Unsterblichkeit präzisierbar: die Selbstmordbriefe Kleists zeigen kein Ich, das sich durch den philosophisch oder geschichtsteleologisch versöhnten Tod gegen die unheilbare »Traurigkeit«, gegen das Geschick, daß ihm »auf Erden nicht zu helfen war«[2], stabilisiert. Erst die Inszenierung der literarisch tradierten Metaphorik des Abschieds im Tode bringt ein enthusiastisches Ich zur Sichtbarkeit, das in merklichem Gegensatz zu den autobiographisch verbürgten und reflektierten Motiven des Selbstmords Kleists steht, die der Brief vom 10. November an Marie von Kleist nennt. Während dieser Brief tatsächlich jene Analyse des subjektiven Befindens vornimmt, wodurch das Ich sich selbst objektiv wiedererinnert und dieser Erinnerung Inhalt zum Selbstmordentschluß führt, haben die »ästhetischen« Selbstmordbriefe gerade die objektive Analytik und Erinnerung eines autobiographischen Ichs verloren und setzen an seine Stelle ein Amalgam aus literarischer Präfiguration und ihrer individuellen Dramatisierung. Kleist simuliert nicht die Figuren seiner poetischen Imagination,

1 Vgl. S. 89 dieses Buchs.
2 Kleist, a. a. O., Bd. 2, S. 887 (Brief an Ulrike am Morgen des Selbstmords).

den Prinzen von Homburg und Penthesilea, er erfindet vielmehr eine weitere Figur des poetischen Sterbens, eines anderen »Zustands«, die nunmehr den Namen Ich trägt, und zum ersten Mal akzeptiert er dieses Ich, das sich als imaginiertes von dem real autobiographischen deutlich abhebt. Es teilt mit den Figuren des literarischen Texts den Ausdruck eines extremen Empfindens. Über diese Figur ist das »Empfinden« zu lesen, nicht über den sich falsch aufdrängenden Begriff der »Authentizität«. Wenn dieser im Kontext der letzten Briefe überhaupt zulässig ist, dann eben dort, wo Kleist sich selbst referiert, also im die Gründe des Selbstmords nennenden Brief vom 10. November, nicht aber in den Briefen, die die Empfindung des »Triumphgesangs« imaginieren.

Die Überlagerung des autobiographischen Ichs durch ein in der poetischen Metapher und Symbolik imaginiertes Ich hat sich in den Selbstmordbriefen am erkennbarsten herausgebildet. Diese Erkennbarkeit wird auch dadurch begünstigt, daß die Differenz zwischen autobiographischem und imaginiertem Ich dort besonders Effekt macht, wo man die Ausschließlichkeit eines autobiographisch-authentischen Ausdrucks eigentlich erwartet, nämlich in einem Abschiedsbrief vor dem Selbstmord, und wo plötzlich anstelle der authentischen Rede das Artefakt auftritt. Die authentische Rede ist im Falle der berühmtesten Selbstmordbriefe der vorangegangenen Epoche, in Werthers Abschiedsbriefen an den Freund Wilhelm und an Lotte gegeben, obwohl sie gerade im Unterschied zu Kleists Briefen fiktiv sind. Worin liegt die fingierte »Authentizität« von Werthers Abschiedsbriefen im Unterschied zur »Fiktion« von Kleists authentischen Abschiedsbriefen? Zunächst ist dort die Unmittelbarkeit des dialogischen Sprechens eines »Zerrissenen« Grund aller Sätze. Diese Unmittelbarkeit spiegelt einen psychischen Prozeß wider, in dem das fiktive autobiographische Ich seine beabsichtigte Tat begründet. Zum anderen handelt es sich im Falle Werthers tatsächlich um eine Rettung in die teleologische Versöhnung seiner Empfindsamkeitsfrömmigkeit, die bei Jean Paul, bei Novalis und Hölderlin ihre letzte esoterische Fassung fand:

»Du bist von diesem Augenblicke mein! mein, o Lotte! Ich gehe voran! gehe zu meinem Vater, zu deinem Vater. Dem will ich's klagen, und er wird mich trösten, bis du kommest, und ich fliege dir entgegen und fasse dich und bleibe bei dir vor dem Angesichte des Unendlichen in ewigen Umarmungen. Ich träume nicht, ich wähne nicht! Nahe am Grabe wird mir es heller. Wir werden sein! wir werden uns wieder sehen!«[1]

Schließlich gibt es zwar auch innerhalb der Wertherbriefe das literarische Zitat bis hin zur Identifikation. Aber es stellt sich dabei keine metaphorische Auflösung von Ich-Identität ein, sondern umgekehrt versorgt das Ich sich argumentativ mit Begründungen des literarischen Diskurses: so wenn Werther im Brief vom 14. Dezember an Wilhelm die Hamletfrage nach dem Grund für das »Zaudern und Zagen« vor dem Selbstmord stellt[2], so wenn Werther die Worte Christi ausruft: »Mein Gott! mein Gott! warum hast du mich verlassen?«[3] Die Abschiedsbriefe Werthers stellen das Ich unter ein sittliches Argument, das am Ende durch die Chiffre, die die Erwähnung von Lessings *Emilia Galotti* bedeutet, unmißverständlich wird: Das Ich bezieht sich auf eine aufklärerisch-ethische Botschaft. Vorbereitet ist die sittliche Begründung des Selbstmords schon in der Diskussion Werthers mit Albert über dieses Thema.

Es ist im Blick auf die Funktion des literarischen Zitats in den Abschiedsbriefen Werthers noch deutlicher geworden, inwiefern die literarischen Postfigurationen in Kleists Abschiedsbriefen eben eine solche Funktion nicht mehr ausüben: sie stabilisieren das autobiographische Ich nicht innerhalb einer argumentativen Rede über Selbstmord, sondern erfinden ein imaginatives Ich qua Literarisierung und Ästhetisierung des selbstmörderischen Akts. Die Ästhetisierung besteht darin, daß die Symbole und Metaphern des empfindsamen Unsterblichkeitsglaubens sich aus dieser Vorgabe gelöst haben und in Wiederholung der Funktion, die sie im *Prinzen von Homburg* und der *Penthesilea* erhielten, nunmehr den Affekt einer grenzenlosen Empfindung »schön« darstellen, der den traditionellen psychologisch-moralischen Ich-Begriff transzendiert. Die Selbstmordbriefe sprechen zwar von der wirklichen Zeit unmittelbar vor dem Selbstmord, aber sie folgen dabei einer neuen ästhetischen Maxime der romantischen Erregungskunst: nämlich eine Empfindung mit ganzer Kraft darzustellen.

Es ist die Frage erlaubt, ob Kleist sich überhaupt das Leben hätte nehmen können – wären auch alle sonstigen Bedingungen von Biographie und Werk die gleichen gewesen –, hätte er nicht die

1 Goethe, a. a. O., Bd. 6, S. 117.
2 Ebd., S. 100.
3 Ebd., S. 86.

Möglichkeit gehabt, das verzweifelte autobiographische Ich in ein imaginatives zu verwandeln. Was in den Selbstmordbriefen sich, besonders motiviert durch den »erhabenen« Anlaß, als Ästhetisierung ausweist, ist schon in den frühen Krisenbriefen des Jahres 1801 zu finden. Es sind vornehmlich die schon erörterten Briefe unmittelbar nach der sogenannten »Kant-Krise« vom 22. und 23. März sowie vom 9. April, 4. und 21. Mai und die beiden Briefe vom 21. und 28. Juli 1801, in denen sich das Bewußtsein von Diskontinuität selbst entdeckt, wo sich in die diskursive Erläuterung einer neuen Erkenntnis immer stärker die imaginative Rede mischt.[1] Das beginnt im ersten wichtigen Krisenbrief an die Braut (22. März 1801). Die rhetorische Strukturierung setzt dann ein, wenn die gedankliche Mitteilung über die eingetretene intellektuelle Katastrophe, den Verlust teleologischer Kategorien und philosophischer Wahrheit, abgeschlossen ist; es folgen, dramatisch gesehen, Szenen, in denen das geschilderte Ich der Held einer neuen, noch nicht deutlich definierten »Angst« ist. Im ersten dieser als Szenen geschilderten »Zustände« findet sich der Ich-Held als ein sinnliche Räume der Stadt Durchstreifender, im Zimmer, vorm offenen Fenster, im Freien, in Kaffeehäusern, Schauspielen und Konzerten[2], einer, der nur noch Fremdes wahrnimmt, seiner »Idee« entfremdet ist – das Szenarium des modernen Menschen, der Kontingenz ausgeliefert. Nicht mehr Gedanken, sondern Affekte werden gesteigert: von der »innerlichen Unruhe« zur »glühenden Angst«.[3]

Kleist entwickelt in dieser Szene erstmalig unter dem zentralen Wort der »Moderne«, dem Wort »Angst«, eine jener Isolationssituationen des Vereinzelten, die der europäische Roman des 19. Jahrhunderts (Dostojewski) zum Topos der Existenz entwickelt und der Problemfilm der dreißiger, vierziger und fünfziger Jahre noch als Klischee aufnimmt. In der anderen Szene stellt sich das Bild ein, das den Ich-Helden im Zentrum eines melancholischen Tableaus zeigt durch die parallel gesetzten Sätze: »Ich legte still und beklommen das Buch auf den Tisch, ich drückte mein Haupt auf

1 Vgl. S. 89f. dieses Buchs.

2 Kleist, a. a. O., S. 634.

3 Ebd. – Das Wort von der »glühenden Angst« wird wiederholt im Brief an Ulrike vom 23. März 1801. Zu seinem metaphorischen Umfeld gehören »rätselhafter Zustand« und »innerlicher Ekel« (an Wilhelmine von Zenge, 28. März bzw. 9. April 1801).

das Kissen des Sofa«[1]. Auch hier wird eine erinnerte psychische Situation und ihr Bewußtseinszustand nicht mehr analytisch-sachlich wiedergegeben, sondern erfährt eine erzählende Stilisierung. Das szenische Bild des isolierten Buchs auf dem Tisch, des einsamen Haupts auf dem Kissen evoziert das ikonographische Motiv des Melancholikers, wie es in Dürers *Melencolia* und Goyas *Traum der Vernunft*-Titelblatt der europäischen Bildsymbolik mitgeteilt worden ist. Es handelt sich nicht um eine Zitation dieser ikonographischen Tradition, sondern um einen strukturellen, ebenso sinnbildlich wirkenden Bildeinfall; versinnbildlicht wird, was nicht mehr genau gesagt werden kann: eine neuartige, »unaussprechliche Leere«[2], die das »Innere« ausfüllt, nachdem die teleologische Gewißheit zerstört worden ist. Wenn solche Briefpassagen als narrative Szenen lesbar werden, so ist damit nicht gesagt, daß Kleist nicht tatsächlich durch Berlin geirrt sei, daß er nicht wirklich sein Haupt auf das Kissen gelegt hätte. Der autobiographisch-reale Sachgehalt ist damit nicht geleugnet. Aber der narrative Evokationsstil verwandelt das autobiographische Ich zum Helden einer Szene von symbolischem Gehalt. Nur die *narratio* weiß etwas von dem noch unbegriffenen Zustand zu sagen und findet für das sich selbst fremd gewordene Ich das Wort von der »Leere«, die »unaussprechlich« ist. Der Briefschreiber Kleist teilt dem Adressaten nicht einfach einen qualifizierten erinnerten Zustand mit, sondern schafft diesen Zustand erst im Vollzug der sprachlichen Imagination dramatischer Szenen. Insofern erfindet der zum Erzähler gewordene Briefschreiber ein »Ich«, das ihm allerdings noch fremd ist.

Daraus läßt sich als vorläufiger Schluß folgern: Es besteht offensichtlich ein Zusammenhang zwischen der Aufhebung des teleologisch-philosophisch fundierten Ichs und der narrativ-poetischen Rede vom Ich. Die imaginative Schilderung funktioniert offensichtlich als »Ersatz« für das verloren-gefährdete autobiographische Ich; insofern ist die poetische Imagination ein paradoxaler Akt der Selbstbewahrung: er entsteht aus der Krise des Ichs, er gelangt aber zu einem anderen Ich. Denn dieses andere imaginative Ich ist nicht »authentisch«, nicht Ausdruck einer autobiographisch »wahren« Mimesis, sondern die Summe imaginativer Vorstellungen, die aus der Krise entstehen. Das neue Ich, das diese Vorstellungen enthält,

1 Ebd., S. 635.
2 Ebd.

ist eines, an dessen zentrale Metapher – die »glühende Angst« – virtuell eine variante Vielzahl von neuen poetischen Ich-Bildern anschließen kann; neben dem »innerlichen Ekel«, dem »rätselhaften Zustand« ist es die narrative Umschreibung: »dieses ewig bewegte Herz« schreibt Kleist an Wilhelmine von Zenge, »das wie ein Planet unaufhörlich in seiner Bahn zur Rechten und zur Linken wankt, und von ganzer Seele sehne ich mich, wonach die ganze Schöpfung und alle immer langsamer und langsamer rollenden Weltkörper streben, nach *Ruhe*.« (9. April 1801)[1]

Das »ewig bewegte Herz« ohne Idee findet im melancholischen Gleichnis von der kosmischen Entropie, das in der modernen Literatur an poetologisch repräsentativer Stelle steht, nämlich in der Bildphantasie Jean Pauls und Georg Büchners, seine imaginative Erläuterung. Das Wort dieser Entropie heißt Ruhe. »Ruhe« wird anstelle von Perfektibilität angerufen (Briefe vom 14. April und 21. Mai an Wilhelmine). »Ruhe« heißt Abwesenheit der bis dahin geltenden Ich-Identität: es ist der schiere »Augenblick« ohne Zukunftskonzept[2] und ohne Selbstbewußtsein: »Meine heitersten Augenblicke sind solche, wo ich mich selbst vergesse – und doch, gibt es Freude, ohne ruhiges Selbstbewußtsein?« (An Wilhelmine, 4. Mai 1801)[3] Kleist reflektiert seinen neuen Zustand durchaus als einen defizitären, d. h. die Briefe des Frühjahrs und Sommers 1801 enthalten nicht durchweg imaginative, sondern sehr wohl auch analytisch-diskursive Passagen. In ihnen gibt er selbst der in den imaginativen Perioden evokativ geschilderten Entfremdung den Namen des Ich-Verlusts: »ohne Selbstbewußtsein«, d. h. ohne Bewußtsein des Selbst, das bis dahin theoretisch gehalten und definiert war. Inwiefern Kleist die eben festgestellte »Ersatz«-Funktion der imaginativen Rede für das verlorene »Selbst« auch schon reflektierte, ist in seiner plötzlichen, früher schon erwähnten positiven Wertung des katholischen Ritus zu erkennen:

»Ach, Wilhelmine, unser Gottesdienst ist keiner. Er spricht nur zu dem kalten Verstande, aber zu allen Sinnen ein katholisches Fest. Mitten vor dem Altar, an seinen untersten Stufen, kniete jedesmal, ganz isoliert von den andern, ein gemeiner Mensch, das Haupt auf die höheren Stufen gebückt, betend mit Inbrunst. Ihn

1 Ebd., S. 643.
2 Ebd., S. 653.
3 Ebd., S. 648.

quälte kein Zweifel, er glaubt – Ich hatte eine unbeschreibliche Sehnsucht mich neben ihn niederzuwerfen, und zu weinen – Ach, nur einen Tropfen Vergessenheit, und mit Wollust würde ich katholisch werden.« (21. Mai 1801)[1]

Es ist, als ob Kleist das wenige Wochen vorher erfundene Tableau vom aufs Kissen gebeugten eigenen Haupt melancholisch in einem neuen Bilde enthusiastisch-affirmativ umwendet und im Zustand der Selbstvergessenheit die Utopie sucht, sofern sie Sinnlichkeit ausstrahlt und für den Selbstvergessenen enthält. Ein Jahr vorher, bevor die Krisis der Ideengestütztheit eintrat, hatte er noch das Gegenteil anläßlich des katholischen Ritus geschrieben: »Überhaupt, dünkt mich, alle Zeremonien ersticken das Gefühl. Sie beschäftigen unsern Verstand, aber das Herz bleibt tot«[2]. Hier spricht noch der protestantisch empfindsame Intellektuelle, der in der artifiziell-kultischen Formalisierung der katholischen Messe eine Berechnung auf das »Gefühl« vermutet. Dieser Argwohn kommt zustande, wenn die kultischen Formen als leer, als nicht inhaltlich übersetzbar erlebt werden, wenn ihre Sinnlichkeit also, auf eine Idee bezogen, enttäuscht. Wenn Kleist nunmehr diesen Argwohn in Enthusiasmus umkehrt, dann zeigt sich darin, daß der Wechsel vom theoretischen Ich zum sinnlich-künstlerischen Ich stattgefunden hat: Ersteres existiert in geistig-moralischen Bestimmungsmerkmalen des autobiographischen Modus, letzteres existiert nur in der »Leere« imaginativer Zustände, die der Brieftext nach der »Kant-Krise« immer wieder entfaltet. »Literarisch« sind solche Passagen also nicht wegen eines artifiziellen, originellen »Stils«, den eine Reihe anderer Autoren der Epoche in ihren Briefen auch zeigen, sondern wegen der Kombination von poetischer Metaphorik und dem Vergehen des »Selbstbewußtseins« in ihr. Es hat sich auch gezeigt, wie radikale Subjektivierung der Weltsicht, Verlust des kognitiven Ich-Bewußtseins und ästhetischer Status der Briefrede zusammenhängen.

Die Ästhetisierung der Sprache und Diskontinuitätsbewußtsein zeigen sich vor allem in beiden schon erwähnten Pariser Briefen vom 21. Juli (an Wilhelmine von Zenge) und vom 28./29. Juli (an Adolfine von Werdeck). Der erste Brief spricht, wie schon früher festgehalten, von der Katastrophe im Spiel mit der »Abgrund«-Me-

1 Ebd., S. 651 (an Wilhelmine von Zenge, 21. Mai 1801).
2 Brief an Wilhelmine vom 11./12. September 1800, ebd., S. 556.

tapher und in der narzißtischen Darstellung zweier lebensbedrohlicher Szenen. Im Blick auf die rhetorische Struktur bedeutet die »Abgrund«-Reflexion die Dramatisierung eines Gedankens, wie sie der Monolog des Tragödien-Helden vorträgt: das Spiel mit der Abgrundmetapher – dreimal wiederholt[1] – inszeniert effektvoll eine grausame Konsequenz für die Adressatin des Briefes, so wie der Archetyp des narzißtischen Helden, Hamlet, durch die Zweideutigkeit der Rede quält. Wenn der dramatische Monolog sich von der theoretischen Rede darin unterscheidet, daß seine Diskursanteile polyvalent, widersprüchlich und subjektexpressiv sind, dann stellt sich der Beginn des Briefes vom 21. Juli als ein solcher Tragödienmonolog dar. Der Briefschreiber stilisiert seine existentielle Bedrohung theatralisch in Form einer widersprüchlichen Selbstdarstellung, die vor einem Zuschauer in Szene gesetzt ist. Es ist schon früher die Kontingenzerfahrung dieses Briefes festgestellt worden.[2] Diese Kontingenz hängt eng zusammen mit dem ästhetischen Status der Briefrede, mit dem Rückzug auf das bloße Faktum des Ichs: das Selbst als letztes Argument, nachdem das teleologisch gesicherte »Ziel« verschwunden ist. Nur weil die Ungewißheit, die Unabsehbarkeit an die Stelle von Gewißheit trat, kann der Briefmonolog überhaupt die affektiv-widersprüchlichen Gedanken und Gefühlsketten bilden. Er läuft nicht mehr auf eine absichernde Idee hinaus, sondern auf umschlägige Gefühle, die bald schon keine Gültigkeit mehr besitzen können. Der Briefmonolog wird zur Darstellung solcher Instabilitätsvermutung. Ihr folgen die beiden Katastrophenschilderungen: der Sturz des Wagens und die sturmgefährdete Schiffahrt. Beide Vorkommnisse sind als sinnbildliche Szenen in novellistischer Manier dargestellt. Auch hier steht nicht in Frage, daß Kleist diese Reiseerlebnisse tatsächlich hatte. Entscheidend ist nur, daß er sie in einer Form vorträgt, in der jeweils ein berühmter literarischer Topos in einer neuen Weise inszeniert wird. Es sind Szenen des »dunkeln, rätselhaften irdischen Lebens«[3], die die Vorsehung der »Vernunft« ersetzt haben. Nunmehr zieht der Ereignischarakter des unkontrollierbaren Geschehens allen dramatischen Effekt auf sich: in der Sturzszene das »gräßliche Geschrei« des Esels, Pferde, die »kerzengrade in die Höhe« gehen, ein Rad »zer-

1 Ebd., S. 668.
2 Vgl. S. 90 dieses Buchs.
3 Ebd., S. 669.

trümmert«, eine »Deichsel zerbrochen«[1]; in der Flußfahrt-Szene der Angriff der Wellen auf »das Schiff an seiner Fläche«[2]. Das Schifffahrtmotiv, das schon in einem Brief vom 20. August 1800 an die Verlobte im Sinne des überlieferten allegorischen Topos vom Schiff des Lebens, das alle Gefährdungen übersteht, benützt wird[3], erscheint nunmehr von der Rhetorik des »Glücks« entbunden, ist entkonventionalisiert.

Die kurzen, aber intensiv gesetzten Erlebnishinweise bilden – unabhängig von ihrer die Herrschaft der Vernunft relativierenden symbolischen Zeichenfunktion – jene katastrophischen Realitätspartikel, die sowohl Kleists Dramen als auch seine Erzählungen strukturieren. Damit verwandelt sich das autobiographische Ich des Briefs in den Helden von kurzen Erzählstücken. Dieser Held übernimmt die Mitteilung an den Adressaten, auch wenn der autobiographische Briefschreiber zu Beginn und zum Ende des Briefs eine Distanz zum Geschilderten herstellt, sei es durch den die gefährliche Reise bewußt arrangierenden Gestus (am Anfang des Briefs), sei es durch die ironische Relativierung der Katastrophenschilderungen am Ende des Briefs. Solche strukturierenden Distanzierungen erhöhen den artifiziellen Charakter des Briefs. Beginn und Ende verhalten sich zum Monolog des Helden und zur Erzählung des Helden wie Rahmenerzählung zur eigentlichen Erzählung. Daß das jähe bedrohliche Ereignis, das am Ende doch nicht so gefährlich ist, das Strukturelement der Poesie darstellt, wird durch den direkten Kommentar Kleists zur Rheinfahrt noch deutlicher: »Ach, Wilhelmine, das ist eine Gegend, wie ein Dichtertraum, und die üppigste Phantasie kann nichts Schöneres erdenken, als dieses Thal, das sich bald öffnet, bald schließt, bald blüht, bald öde ist, bald lacht, bald schreckt.«[4] Dieses Urteil wird im Brief an Adolfine von Werdeck variiert. Die umschlägige Widersprüchlichkeit der Welterfahrung ist offenbar ein Axiom der poetischen Erscheinung selbst. Das »Rätselhafte«, »Vieldeutige«, »Unergründliche«, das Kleist nun in der menschlichen Existenz findet[5], sind Charakterisierungen, mit denen er der zunächst nur katastrophischen

1 Ebd.
2 Ebd., S. 670.
3 Vgl. hierzu: Schrader, a. a. O., S. 125.
4 Kleist, a. a. O., S. 669f.
5 Ebd., S. 670.

und »Angst« bereitenden Kontingenzerfahrung eine neue Dimension abgewinnt: indem diese Kontingenz einem »unverständlichen Buch«[1] verglichen wird, ist das ästhetische Reden darüber initiiert. Und die hier schon auftauchende Möglichkeit des Selbstmords als die der Kontingenzerfahrung angemessene konsequente Handlung entfaltet sich als die radikalste Voraussetzung für die ästhetische Rede.

Im Brief an Adolfine von Werdeck vom 28. und 29. Juli, der das neue Diskontinuitätsbewußtsein am schärfsten ausdrückt, tritt die poetische Rede noch nachdrücklicher als ein Substitut für die gefährdete Identität eines kognitiven Ichs auf. Die analytische Diagnostik, wie sich unsere die Kontinuität aufbauende Erinnerung auflöst, hat ein poetisches Formular gefunden, in dem die abgründige Rede der frühen modernen Literatur zur menschlichen Existenz sich darstellt: »Zuletzt ekelt dem Herzen vor den neuen (Erscheinungen), und matt gibt es sich Eindrücken hin, deren Vergänglichkeit es vorempfindet – Ach, es muß leer und öde und traurig sein, später zu sterben, als das Herz«[2]. Die »Leere«, die Kleist im Brief vom 22. März 1801 seine philosophieorientierte Identität zerstören sieht, sie wird nunmehr innerhalb eines Klagegesangs mit imaginativer Potenz aufgeladen. Das diskursive Argument wird vom polyvalenten metaphorischen Sinn überlagert, indem die Tragik des menschlichen Existierens in der Zeit erst erfaßt und betrauert wird: »später zu sterben, als das Herz«. Der unheimliche Satz faßt zwar analytisch die vorangegangene Theorie der sich verlierenden Erinnerung in sechs Worte logisch zusammen, aber er eröffnet gleichzeitig eine »Ahndung«, die nicht analytisch aufgeht: die Ahndung vom Verurteiltsein zu einem paradoxalen Schicksal des unendlichen Schmerzes. So knüpft der Satz an die große poetische Metapher über den Menschen der griechischen Tragödie und Shakespeares an, überbietet also in dieser imaginativen Essenz die diskursiven Teile der Briefrede.

Gegenüber dem Tod des Herzens spielt der mittlere Teil des Briefs die »üppigste Sekunde«[3] des Lebens aus. Sie ist als ein Beispiel für ein Gefühl der »Ewigkeit«, das sterben mußte, erinnert. Und auch die Begründung ihrer Üppigkeit stuft die vorangegan-

1 Ebd.
2 Ebd., S. 672.
3 Ebd., S. 673.

gene Reflexion vom Sterben des Herzens ab: es liegt an der Zukunftsperspektive der Jugend, der vor ihr liegenden »Unendlichkeit«[1], eben der Perspektive, die allmählich verlorengeht, wie Kleist im Bild einer Kahnfahrt wiederholt:

»Zuweilen stieg ich allein in einen Nachen und stieß mich bis auf die Mitte des Rheins. Dann legte ich mich nieder auf den Boden des Fahrzeugs, und vergaß, sanft von dem Strome hinabgeführt, die ganze Erde, und sah nichts, als den Himmel. Wie diese Fahrt, so war mein ganzes damaliges Leben – Und jetzt! – Ach, das Leben des Menschen ist, wie jeder Strom, bei seinem Ursprunge am höchsten. Es fließt nur fort, indem es fällt – In das Meer müssen wir alle – Wir sinken und sinken, bis wir so niedrig stehen, wie die andern, und das Schicksal *zwingt* uns, so zu sein, wie die, die wir verachten«[2].

Die Theorie über die persönliche und allgemein menschliche Katastrophe des Niedergangs, des notwendigen Verlusts an emphatischer Hoffnung, vollzieht sich also als poetische Rede und poetisches Bild. Der Kahn auf dem Rhein, ein Motiv, das auch Brentano zu einem die moderne Deutung fesselnden Gedicht verwendet hat[3], der Blick in den Himmel, den es eröffnet, wird zur Metapher des Glücks einer Vergangenheit, die für immer verloren ist. Kleist erinnert die gleiche Situation, die Brentanos Schifferknabe einnimmt: »Der Knabe liegt im Kahne/Läßt alles Rudern sein,/Und treibet weiter, weiter/Bis in die See hinein.« Während der Knabe Brentanos sich gedankenlos einem Geschehen ausliefert, deutet Kleist aus der Erinnerung die Szene. Die Differenz liegt im Reflexionsgrad, nicht im poetischen Charakter. Es ist festzuhalten, daß die Entfaltung der poetischen Rede und alarmierender poetischer Metaphern unmittelbar aus der Katastrophenerklärung hervorgeht. Für die Ich-Konzeption der modernen Literatur besonders wichtig dabei ist, daß die Erinnerung an die Jugend zum eigentlichen Medium der poetischen Rede wird:

»Damals entwickelten sich meine ersten Gedanken und Gefühle. In meinem Innern sah es so poetisch aus, wie in der Natur, die mich

1 Ebd.
2 Ebd., S. 674.
3 Clemens Brentano, *Auf dem Rhein*. Emil Staiger hat in *Die Zeit als Einbildungskraft des Dichters* Brentanos Gedicht als defizitär an »Gedanken« unter dem Begriff »reissende Zeit« charakterisiert – a. a. O., S. 75.

umgab. Mein Herz schmolz unter so vielen begeisternden Eindrükken, mein Geist flatterte wollüstig, wie ein Schmetterling über honigduftende Blumen, mein ganzes Wesen ward fortgeführt von einer unsichtbaren Gewalt, wie eine Fürsichblüte von der Morgenluft – Mir wars, als ob ich vorher ein totes Instrument gewesen wäre, und nun, plötzlich mit dem Sinn des Gehörs beschenkt, entzückt würde über die eignen Harmonieen.«[1]

Wichtig für diese Entstehung der poetischen Rede im autobiographischen Text ist hier, daß die Jugend als eine Utopie des Poetischen erinnert wird und die Erinnerung jenes Zustands der Jugend nur in poetischer Rede habhaft wird: Poesie als erinnerte Vergangenheit der Jugend, erinnert in sinnlichen Details – das ist eine Bedingung, die offenbar mit dem fortschreitenden Verlust an sinnlichen Daten in der Moderne zu tun hat[2]. Im Thema der erinnerten Jugend wiederholt sich, säkularisiert, das Thema des verlorenen Paradieses. Kleist hat die Paradiesvorstellung der Kindheitsutopie unmittelbar angeschlossen. Die Schilderung des Rheintals als »Dichtertraum« – eine nur leicht variierte Wiederholung einer Textstelle aus einem Brief an Karoline von Schlieben vom 18. Juli 1801, was den monologischen Charakter des »poetischen« Briefs wiederum veranschaulicht – evoziert das Bild des Paradieses in einer hoch symbolistischen, von Jean Pauls Stil beeinflußten Metaphorik:

»Oben in der Himmelsloge stand Gott. Hoch an dem Gewölbe des großen Schauspielhauses strahlte die Girandole der Frühlingssonne, die entzückende Vorstellung zu beleuchten. Holde Düfte stiegen, wie Dämpfe aus Opferschalen, aus den Kelchen der Blumen und Kräuter empor. Ein blauer Schleier, wie in Italien gewebt, umhüllte die Gegend, und es war, als ob der Himmel selbst herniedergesunken wäre auf die Erde«[3].

Wenn Polarität zwischen Darstellung der Katastrophe und der Idylle die spezifische Spannung von Kleists bald darauf einsetzender Dichtung ist, dann gibt sich der hier geschilderte »Dichtertraum« einer erinnerten Landschaftserfahrung schon als der eine Pol von Kleists Imaginationsreservoir zu erkennen. Mehr noch: dieser erwächst aus dem Bewußtsein einer stattgehabten Katastrophe des Selbstbewußtseins. So erläutert der Brief an Adolfine von Werdeck

1 Kleist, a. a. O., S. 673.
2 Bohrer, *Plötzlichkeit*, a. a. O., S. 193.
3 Kleist, a. a. O., S. 673f.

sowohl Struktur als auch Genesis der Kleistschen Bildphantasie: Katastrophe und Idylle gehören zusammen. Sie bedingen einander aber auch zeitlich innerhalb von Kleists Entwicklung zum Dichter. Erst nachdem die biographische Ich-Identität der »Vernunft« und des »Ziels« von einer als zerstörerisch empfundenen Katastrophe heimgesucht worden war, setzt innerhalb der Briefe die Sprache des poetischen Bildes ein, aus dem nunmehr ein imaginatives Ich erkennbar wird. Kleist verlegt einst vom Selbstbewußtsein in Anspruch genommene utopische Merkmale in Vorstellungsketten von einer poetischen Kindheit und Natur. Er gewinnt aber auch aus dem katastrophischen Bewußtsein selbst im Brief vom 21. Juli an Wilhelmine und im Brief an Adolfine von Werdeck eine Form der Klagerede, in der das einstige Selbstbewußtsein einen neuen sowohl verstörten als auch sinnlichen Ausdruck sucht. Er ist nicht »authentisch« zu nennen, weil hier sich nicht einfach eine depressive Stimmung niederschlägt, sondern sich vor solche »Authentizität« biographisch ermittelbarer Daten eine artifizielle Sprache aufgestellt hat. Es beginnt eine Sprache des sinnlich-atmosphärischen Details, in dem das »Rätsel« des von der »Idee« abgezogenen Lebens, das er in dem ersten »Abgrund«-Brief (21. Juli 1801) noch als sinndefizitär beklagt, eine neue Qualität annimmt. In der Beschreibung eines jungen Pariser Liebespaars in einem Brief vom 16. August 1801 leuchtet dieser sinnliche Detailismus auf:

»Sie saßen unter dem Dunkel der Bäume, nur matt von den Lampen des Tanzplatzes erleuchtet – nebeneinander, versteht sich; und ob sie gleich niemals lachten, so schienen sie doch so vergnügt, daß ich mich selbst an ihrer Freude erfreute, und mich hinter sie setzte in der Ferne, wo sie mich nicht sahen. Sie hatten beide die nachbarlichen Ärme auf ein Geländer gelehnt, das ihren Rücken halb deckte. Das geschah aber bloß, um sich zu stützen. Die Kante war schmal, und die warmen Hände mußten zuweilen einander berühren. Das geschah aber so unmerklich, daß es niemand sah. Sie sahen sich meistens an, und sprachen wenig, oder viel, wie man will. Wenn sie mit eigentlichen Worten sprachen, so war es ein Laut, wie wenn eine Silberpappel im Winde zittert. Dabei neigten sie einander mehr die Wangen, als das Ohr zu, und es schien, als ob es ihnen mehr um den Atem, als um den Laut zu tun wäre. Ihr Antlitz glühte wie ein Wunsch – – Zuweilen sahen sie, mit feuchten Blikken, träumend in den Schein der Lampen – Es schien, als folgten sie der Musik in ein unbekanntes Land – Dann, schüchtern, mit einemmale zählten sie die Menschen und wogen ihre Mienen – Als sie mich erblickten, warfen sie ihre Augen auf den Boden, als ob sie ihn suchten – Da stand ich auf und ging weg«[1].

Nunmehr spricht der Briefschreiber überhaupt nicht mehr von sich selbst. Die Schilderung des Liebespaars »unter dem Dunkel der Bäume« könnte Teil einer Kleistschen Erzählung sein, die das besondere Schicksal zweier Menschen gegenüber der normalen Welt emphatisiert. Hier ist keine ungewöhnliche Begebenheit, sondern die Inkommensurabilität eines Augenblicks und seiner sinnlich-seelischen Äquivalente dargestellt. Es ist, als ob Kleist mit dem Verlust seiner ideengestützten Identität neue Augen bekommen hätte, als ob er eine Vision des Lebens, eine neue Quelle zum Existieren suchte. Und bei dieser Suche entdeckt sich ihm anläßlich des »vieldeutigen und unergründlichen« Lebens das poetische Vermögen. Es tritt auf als ein Mittel brieflicher Mitteilung, als ein Kommunikationsinstrument. Aber es ist dies nur äußerlich, denn der Brief an die Verlobte, von der er sich wenige Monate später trennen wird, verliert gerade in der Liebespaarszene die biographische Authentizität: Die Verlobte, der Kleist sich bis zum Ende des Verhältnisses nur im rigiden pädagogisch-pietistischen Stil zuwendet, wird durch die Liebespaarszene ebenso überfordert wie durch den Abgrund- und Katastrophenbrief. Kleist richtet sich in solcher Prosa nicht mehr an die biographisch bekannte Person, sondern erschafft sich – sei es im Katastrophenbild, sei es in der idyllischen Szene oder dem Liebesaugenblick – ein anderes Selbst. Und dieses bleibt der poetischen Rede verhaftet, ist nicht rücklesbar auf autobiographische Daten. Kleists Briefe der folgenden Jahre enthalten nur noch wenige Passagen mit ästhetischem Status. Den Grund hierfür wird man in der beginnenden literarischen Produktion sehen müssen. Was sich vorher im Brief ankündigt, wird schließlich realisiert. Erst die Selbstmordbriefe nehmen die poetische Rede wieder auf.

1 Ebd., S. 690f.

2. Symbolisch-verrätselnde und rhetorische Verhüllung des Selbstgefühls

Das Problem der monologischen Selbstbegegnung und ihr dabei auftretender ästhetischer Status war bei den frühen Briefen Brentanos, vornehmlich seinen Briefen an Sophie Mereau, schon anzudeuten. Daß viele Briefe selbst als »Literatur« und nicht bloß als biographische Mitteilung an einen Adressaten gelesen werden könnten, ist von der Brentano-Forschung inzwischen erkannt worden.[1] Aber es hat zu Unsicherheiten in der Debatte über das Gattungsproblem geführt[2], die die entscheidende Frage nach der Identitätsproblematik ausblendet: die moralisierenden Werturteile, durch die der gelehrte Umgang mit Clemens Brentano ganz besonders lange belastet war, ließen eine solche Frage zuerst gar nicht zu bzw. blockierten sie apriorisch mit dem Vorwurf des »Geist«-Defizits, wie er noch in Emil Staigers Interpretation von Brentanos Zeitempfinden auftaucht. Aber auch dort, wo man begann, Brentanos Briefe jenseits solcher akademischer Zuweisungen zu lesen und in ihnen den ästhetischen Status zu erkennen, wurde eine Einheit von Werk und Person in einem Sinne unterstellt, der den Brief als dem Werk gleichrangigen »authentischen« Ausdruck erklärte. Die kritische Bemerkung von Lisette von Nees an Karoline von Günderrode über Brentanos Briefstil hätte den ästhetischen Status gegenüber falscher Authentizitätserwartung frühzeitig klären können: »Sein Brief ist eigentlich so wenig die Meinung seiner Seele daß Du Dich nicht schlimmer täuschen könntest als wenn Du glaubtest es sey wirklich sein Streben in innige Berührung zu Dir zu gelangen«[3]. Lisette von Nees' Warnung vor den »süßen Tönen des Sirenenliedes« wird von der ästhetischen Kalkulation des frivolerotischen Briefs Brentanos an die Günderrode bestätigt.[4] Diese ästhetische Kalkulation impliziert noch keinen objektiven Selbstbezug; es ist mit Recht die Frage aufgeworfen worden, inwiefern

1 Neben Dewitz' Diskussion des Problems (a. a. O., S. 15ff.) vgl. Fortmüller, a. a. O., S. 19, 33f. Fortmüller hat den ästhetischen Status am Beispiel des Säkularisationsprinzips dargetan, das indes nicht alle Formen der ästhetischen Selbstdarstellung umfaßt.

2 Vgl. Dewitz, ebd.

3 Preitz (Hrsg.), in *Jb. FDH 1962*, a. a. O., S. 233. Dewitz betont die Relevanz dieses Urteils – a. a. O., S. 17.

4 Vgl. S. 173ff. dieses Buchs.

Brentano überhaupt zu einer »rationalen Stellungnahme zu sich selber« gelangt ist[1]. Denn diese setzte eine Ich-Identität voraus, die gerade durch den ästhetischen Status verhindert wird.

Bisher ist der monologische Charakter vieler Briefe hier vorausgesetzt worden. Die Frage nach der Funktion des Adressaten aber, wie sie in einem an Kommunikationsprozessen orientierten Forschungstrend überstrapaziert worden ist, sollte – selbst wenn man ihr entschieden nachgeht – nicht verdecken, daß Brentanos monologische Verfassung dadurch nicht aufhebbar wird: so wie Kleist trotz der Klage, daß niemand ihn verstehe, die als verständnisvoll angesprochene Schwester nur wie ein Echo benützte, so stellte für den jungen Brentano der Brief als Kommunikationsmittel eine Bühne dar, auf der er als monologischer Held auftrat in wechselhaften Masken. Er bedarf sicherlich des Gegenübers[2], aber eben nur als Reflektor seiner jeweils angenommenen sprachlich-metaphorischen Identität. In dem Schauspiel, das Brentano 1803 plante, sah er sich selbst als »einzigen Schauspieler« auf der Bühne, »allein da und keine andre Person«; er sei der »Wahnsinnige, welcher glaubt, die Natur sei nur eine Kulisse«, schreibt er Sophie Mereau am 20. September 1803[3]. Gerade weil Brentano Identität ständig punktuell in einem Exzeß von literarischen Spracheinfällen erzwingt, weil für ihn der ästhetische Status der Rede und nicht die soziale Kommunikation das Mittel zur Ich-Bildung ist, braucht er wie Kleist Zeugen für diese ästhetische Herstellung des sozial nicht vorhandenen Ichs. Das ändert aber nichts an einer fundamentalen Entfremdung gegenüber dem Adressaten, auch im Liebesbrief, sei er nun absehbar erotisch-verspielt, wie an die Günderrode, oder emphatisch und ironisch, wie an Sopie Mereau. Es ist schon festgestellt worden, daß die frühen Briefe Brentanos, sofern Brentano darin von sich handelt, eine vom Adressaten letztlich unabhängige literarische Metaphorik entfalten, die allerdings nach Anlässen verschieden eine erotische, religiöse oder generell esoterische Symbolik enthält. Immer steht dann das imaginäre Wort autonom zur Ver-

1 So Dewitz im Anschluß an Paul Raabe – a. a. O., S. 18.

2 Dies betont auch Dewitz (a. a. O., S. 18, Anm. 25) gegenüber Frühwalds Charakteristik der Briefe an Emilie Linder als »Monologe der Selbstdarstellung« (Clemens Brentano, *Briefe an Emilie Linder.* Hrsg. v. Wolfgang Frühwald. Bad Homburg 1969, S. 316) und gegenüber Friedrich Seebaß' Meinung, die Briefe seien »eruptive Selbstbekenntnisse« (Clemens Brentano, *Briefe*. Hrsg. v. Friedrich Seebaß. Nürnberg 1951, S. XL).

3 Amelung (Hrsg.), a. a. O., S. 209.

fügung eines Lesers und läßt die Frage nach der psychologischen Situation im Rahmen und Fortlauf der Korrespondenz fast unbeantwortbar werden. Dies schließt nicht aus, daß es Briefe gibt, an die Schwestern etwa, Bettine und Sophie, die ein unterschiedlich erkennbares Sprachspiel treiben, an dem gerade das romantische Briefkonzept Bettines konstitutiven Anteil hat.

Daß der artifiziell gewordene und gleichzeitig »wahre« Brief ein beabsichtigtes Projekt zwischen zwei Briefschreibern sein kann, das hat Brentano in einem Brief an die Schwester Bettine direkt ausgesprochen: »Deine Briefe sind ja doch keine Kunstarbeit? – oder kannst Du sie nur in gewissen Stimmungen hervorbringen? . . . Es ist etwas sehr Vortreffliches und Seltnes, Briefe zu schreiben, die bloß die Geschichte des Herzens zum Gegenstand haben, ohne zu lügen.«[1] Brentano hat also die Problematik der »Authentizität« anläßlich der zwischen ihm und Bettine stattfindenden Korrespondenz selbst zur Sprache gebracht, ohne dabei die »Kunst« gegen das »Herz« auszuspielen.[2] Daß er selbst seine artifiziellen Briefe im Sinne der frühromantischen Versöhnung von »Kopf« und »Herz« immer auch als »wahr« verstand, davon ist auszugehen. Dies charakterisiert den Brief der »Geschichte des Herzens«:

»Der gebildete Mensch oder der empfindendere lebt ein doppeltes Leben, er lebt das gesellige praktische Leben seines Standes, seiner Familie, und lebt das Leben seines Geistes, seiner Begriffe, seiner Empfindungen. *Jenes* Leben ist gebunden und bestimmt durch seine Umgebung und den Punkt, auf den er in der bürgerlichen Welt gestellt ist; *dieses* aber hat das Universum, die Natur und das eigene Gemüt zum Gegenstand, insofern es frei in sich selbst fortbildet, ohne daß das praktische Leben der Menschen darauf einwirke.«[3]

Brentano hat im Brief nicht nur an dieser »Geschichte des Herzens« geschrieben, sondern gerade in seinen frühen Briefen – wie Kleist in seinen Briefen an die Braut – einen Dialog unter den affirmativen Kategorien der »Bildung«, des »Wissens« und der »Wahrheit«[4] geführt, die er gegenüber Savigny ironisiert. Diese

1 *Clemens Brentanos Frühlingskranz aus Jugendbriefen ihm geflochten wie er selbst schriftlich verlangte*. München 1967, S. 89.

2 Vgl. Wulf Segebrecht, Nachwort zu *Clemens Brentanos Frühlingskranz*, a. a. O., S. 262.

3 *Clemens Brentanos Frühlingskranz*, a. a. O., S. 89.

4 Ebd., S. 91.

Abweichung hängt mit der anderen Rolle gegenüber der impulsiv-phantastischen Schwester zusammen. Insofern ergeben sich innerhalb auch der frühen Korrespondenz Brentanos durchaus erhebliche Differenzen in Aussage und Stil. Sogar die Kriterien, die Savigny der Günderrode entgegenhält, können dann auftauchen: »wollte Dir sagen, daß die Basis allen sittlichen Gefühls nicht Stimmung, sondern Wahrheit sei«[1]. Sobald aber die Rede über das Selbst eintritt – und dies sind Brentanos eigentlich wichtige und literarisch bedeutende Briefe dieser Epoche zwischen 1799 und 1808 –, dann verlieren sich die rollen- und situationsbedingten Differenzen und es entsteht der unendliche Monolog der ästhetischen Existenz, in welchem die Kriterien des frühromantisch-aufgeklärten Diskurses sich verlieren, der bei ihm wie ein angelesener, nicht wie bei Kleist verinnerlichter Stoff wirkt und dem pädagogischen Gestus gegenüber der Schwester entspricht: Während Bettina – hierin eine Variante des stabilen Ich-Verständnisses von Caroline Schlegel-Schelling bietend – hartnäckig auf ihrem Selbstsein besteht[2], empfiehlt ihr Clemens: »Ich habe Dich so oft gebeten, Du solltest Deine Empfindungen und Phantasien mehr von Dir trennen und sie allein für sich in irgend einer Form niederschreiben, sie zur Poesie erheben, wie die Kirche von dem Dorf, der Wald vom Felde stets getrennt sein muß, wenn etwas gedeihen soll.«[3] Brentano hat die monologische Tendenz sogar in der Schwester Brief herausgestellt: »Deine Aufsätze, teilweise auch Deine Briefe stellen oft mehr Selbstgespräche vor oder eine Art Gebete, in denen der Gedanke sich selbst lieben und würdigen lehrt und in einer sehnsuchtsvollen Andacht verweilt.«[4]

In beiden Briefpassagen drückt Brentano seine eigene Transformation der Mitteilungsfunktion des Briefes in die eines Artefakts aus. Das doppelte Leben, das nach seinen Worten der Mensch lebe, nämlich ein soziales und ein inneres, hat er für sich einseitig entschieden. Er schreibt in seinen Liebesbriefen letztlich nur an der »Geschichte des Herzens« und ist besessen von dem »Gedanken sich selbst zu lieben«. Die aus der frühromantischen Jenaer Erfahrung kommende Konzeption des Freundschaftsbundes[5], die er im

1 Ebd., S. 89.
2 Ebd., S. 54 u. S. 98.
3 Ebd., S. 247.
4 Ebd., S. 86.
5 Vgl. ebd., S. 90.

Verhältnis zur Schwester oder zu Achim von Arnim zu leben kultiviert, entspricht einerseits seiner Unfähigkeit, allein zu sein[1], wird andererseits von der monologischen Mentalität überboten, auch wenn er gegenüber Bettine das frühromantische Projekt der Kommunikation in der Gesellschaft berief – »Jede gänzliche Verschließung des Menschen ist verderblich und hat etwas Fürchterliches und Unnatürliches«[2] – oder den Begriff »Menschengeschlecht« im Sinne der progressiven Geschichtsphilosophie nennen konnte[3]. Daß Brentano solche Kategorien des politischen und geschichtsphilosophischen Diskurses aber schon früh ästhetisch anempfand, zeigt seine mit der Schwester geführte Diskussion über die Französische Revolution; indes enthält die von Bettine 1844 herausgegebene Jugendkorrespondenz mit dem Bruder keinen Brief, in dem er den dort geäußerten »Gedanken sich selbst zu lieben« wirklich expressiv darstellt. Das läßt sich ohne Rücksicht auf die Authentizität der Sammlung sagen. Offenbar verhindert das spezifische enthusiastische und innige Beziehungsprojekt zwischen ihm und Bettine das auszusprechen, was er gegenüber anderen intimen Briefpartnern ausgesprochen hat. Vor allem ist in den Briefen an Bettine nicht die symbolisch-allegorische Metaphorik zu finden, die charakteristisch wird für seine »ästhetischen« Briefe. »Psychologisch« läßt sich dort nur der variierte und wiederholte Gestus der klagenden oder demonstrativen Selbstbespiegelung als eines Verlorenen bzw. eines Ausgezeichneten deuten. Dieser Gestus aber bleibt ein primärer, als Archetyp funktionierender, also keinem biographisch-psychologischem Interesse zur Verfügung stehend.

Beispielhaft für die Auflösung der »psychologischen« Situation in symbolisches bzw. allegorisches Sprechen ist schon der frühe Brief an die Großmutter Sophie von La Roche vom Februar/März 1799 über seine Notwendigkeit zum Unglück: »Ich bin gut, ich werde verdienen glücklich zu sein, aber ich werde es nie sein. Dies ist keine Jünglingsmelodie aus moll-Ton, keine idealisierte Verrechnung, es (ist) Folge aus Gründen, die außer mir sind, und an denen ich zerschellen werde in der rauschenden reißenden Fluth meiner Schicksale.«[4] Brentano, der zu diesem Zeitpunkt seine bleibende

1 Hierzu: Janz, a. a. O., S. 32.
2 *Clemens Brentanos Frühlingskranz*, a. a. O., S. 170.
3 Ebd., S. 56.
4 Schellberg/Fuchs (Hrsg.), a. a. O., S. 112.

intellektuell-literarische Prägung durch den Kreis der Jenaer Romantik, namentlich durch Friedrich Schlegel und Tieck erfährt und an seinem ersten großen literarischen Projekt, dem Roman *Godwi*, schreibt, beginnt die Selbstaussage wie der junge Kleist mit einer Reflexion und Umkehrung eines der Zentralbegriffe des eudämonistischen Diskurses: »Glück«. Ohne, wie Kleist, eine intellektuell-philosophische Krise dafür zu benötigen, erklärt er die Zerstörung seines Ichs in einem metaphorischen Vergleich mit der »reißenden Fluth«. Er hat diese momentanistische Bedingung seiner Existenz schon in einem Brief an die Schwester Sophie (31. Januar 1799) eher kokett erläutert: »ich lebe ein Minuten-Leben, ein beständiger Wechsel von Wachen und Schlafen, süßer Rausch, schreckliche Nüchternheit, kalte Wirklichkeit wirft mich in die Arme der glühendsten Täuschung und diese wieder zurück.«[1] Daß er diese momentanistische Bedingung nicht nur leidend erfährt, sondern bald auch theoretisch akzeptieren wird, belegt ein Satz aus dem schon zitierten langen Grundsatzbrief an Bettine: »Man hört oft: ›Dieser und jener Mensch hat keinen Charakter, er bleibt sich nicht gleich‹. – Und in dieser Rede ist doch nichts gesagt, als daß dieser Mensch uns nicht in chronologischer Ordnung eine gewisse Anzahl ähnlicher Empfindungen zusammengelogen hat.«[2]

Die Art, wie er der Großmutter sein Unglück darstellt, fußt auf einer zu diesem Zeitpunkt beginnenden Identifikation seiner selbst, die sich anders bestimmt als durch die rationalistische Anthropologie; sie fußt auf einer fortschreitenden Desintegration aus der konventionell aufklärerischen Darstellung des Menschen als einem Wesen mit Glücksanspruch, der schon von einigen Schriftstellern problematisiert worden war. Kleists Krise hatte ebenfalls mit einer solchen Verlusterklärung an »Glück« begonnen, allerdings als Resultat eines negativen philosophischen Bildungserlebnisses. Dessen bedarf Brentano nicht. Die Gründe für seinen Pessimismus liegen »außer« seiner Existenz. Und er meint die Gesellschaft, die unaufhebbare Kluft zwischen seinem »inneren« Leben und ihr. Der Argwohn gegenüber der »Idee«, zu dem Kleist erst allmählich kommt, war – wie wir sahen – bei Brentano von Anfang an gewissermaßen naturwüchsig gegeben. Und hieraus entwickelt sich als Notzwang, ein anderes Ich in Worten zu imaginieren. Man wird

1 Ebd., S. 108.
2 *Clemens Brentanos Frühlingskranz*, a. a. O., S. 92.

die Frage später stellen müssen: Ist der radikale romantische Imaginationsprozeß vielleicht als der Versuch zu erklären, das an Welt defizitäre Ich durch künstliche Welten zu befriedigen?[1] Das ist eine andere Problemstellung als zu sagen, Kunst werde »das Mittel, wie man sich aus der Welt rettet«[2]. Kunst ist kein »Mittel« eines Subjekts mehr, sondern dieses selbst, was auf Kafkas Satz verweist: »Nicht ein Hang zum Schreiben, Du liebste Felice, kein Hang, sondern durchaus ich selbst« (Brief vom 24. August 1913).

Im Brief an die Großmutter beschreibt Brentano zunächst sein Getrenntsein von der Gesellschaft so: »Wer so geschaffen ist, daß er seinen Lohn nur im Individuellen findet, und keine Welt in seine Räder greift, der nagt an der Fessel seines Lohns und stirbt in der Verzweiflung an ihrer Zerbrechlichkeit.«[3] Schon die Deutung der Situation eines Menschen, der nur individuell, nicht mehr von der Welt bestimmt ist, bedient sich einer geistvoll selbstbezüglichen Metaphorik, die nach dem Vorbild manieristischer Shakespearescher Sentenzen, die zu dieser Zeit von Brentano gelesen wurden, enträtselt werden will: Einmal offenbar belastet der »Lohn«, d. h. der Vorteil des »Individuellen«, er wird als Fessel empfunden und deshalb versucht der also Gefesselte davon loszukommen. Andererseits ist diese Fessel zerbrechlich. Aber nicht zerbrechlich zu einer Freiheit, die eine Balance zwischen Individuellem und Welt schafft, sondern einer, die nur Verzweiflung eröffnet. Offenbar ist hier die Vergeblichkeit des Rettungsversuchs dramatisiert. Eine eindeutig logische Vermittlung besitzt Brentanos Sentenz nicht, sondern eine symbolistisch-verrätselnde. Indem Brentano seine »individuelle« Isolation so symbolisierend umschreibt, entzieht er sie unmittelbar eingängigem psychologisch-pragmatischem Verständnis, und erhebt sie auf die Höhe literarischer Einbildungskraft. Das biographische Ich wird identisch mit den Wörtern, die dieses wiederum plötzlich enigmatisch werden lassen. Und im Fortgang des Briefs spitzt sich die symbolisch-allegorische Verhüllung des autobiographischen Ichs zu:

»Meine Geschichte wird einem verbundenen Buche gleichen, in

1 So kritisierte Moritz die Funktion der Einbildungskraft. Sartre hat in seiner frühen Studie »das Imaginäre« als »eine abwesende Realität« bezeichnet – vgl. ders., *Das Imaginäre. Phänomenologische Psychologie der Einbildungskraft*. Reinbek 1971, S. 25.

2 So Beutler in: *Jb. FDH 1934/35*, a. a. O., S. 371.

3 Schellberg/Fuchs (Hrsg.), a. a. O., S. 112.

das fremde Blätter und Holzschnitte geraten sind. Der Lohn steht vor dem Verdienst, die Ehe vor der Liebe, und ein Holzschnitt da-z(w)ischen. – Ich werde nicht glücklich sein, meine Arme stehn weit offen wie ein Amphitheater, es gibt Stunden, wo mir (in) alle in Augen gaffen, und dann gehn sie wieder. Mein Herz ist ein Boudoir, das durch die Wendeltreppe meiner Laune mit meinem Kopfe zusammenhängt. In diesem sieht es itzt aus wie in einem Redouten-Saale, die Masken sind verschwunden, der letzte Akkord des Kehraus dröhnt an den Wänden hin, und es brennen noch ein paar Wachsstümpfchen, die die ganze Öde, wie der Mond die Gräber, erleuchtet! Im Boudoir liegt meine Zufriedenheit sinnlos, sie hat einen fürchterlichen Fall auf der Wendeltreppe getan, sie ist ohne Hoffnung. Eine Maske mit einem Anker, auf dem sie traurig ruht, steht an ihrem Lager und schüttelt bedeutend das strahlende Haupt, zu ihren Füßen windet sich sterbend ein(e) buntscheckichte Figur, der Anker hat ihr das Gewand und das Herz zerissen, es ist mein ehemaliges vermeintes Glück. Die Fenster des Boudoirs sind ohne Aussicht, es sind Gardinen vorgezogen, aus goldenen Träumen gewebt, die hie und da einen Sonnenstrahl durch ihre Täuschung dringen lassen. – Das ist die Szene und soviel als man durch das Loch im Vorhange sehen kann, meine Freude stopfe sonst mir ihrem Pudelkopfe das Loch zu.«[1]

Das autobiographische Ich ist nunmehr vollends in eine Rolle geschlüpft, die buchstäblich eine Maske ist. Die Identifikation der menschlichen Existenz mit einer Bühnenrolle hatte schon die frühromantische Wiederentdeckung des Barocktheaters, besonders Shakespeares, gebracht. Die Nachahmung des ironisch-melancholischen Redestils des Shakespeareschen Komödienhelden bzw. Narren ist hier offensichtlich und wird von Brentano in anderen Briefen immer wieder variiert werden. In die grundsätzliche theatralische Verhüllungsrede treten Details aus einer ebenfalls in der Frühromantik symbolisch besetzten Szenerie: dem Maskenfest. Das autobiographische Ich geht dabei, sich hinter Masken verhüllend, eine Fülle metaphorischer Verbindungen ein: mit einem »verbundenen Buche«, »in das fremde Blätter und Holzschnitte geraten sind«. Diese enigmatische Sentenz spielt wohl auf den Entfremdungsprozeß an, den Brentano gegenüber sich selber wahr-

1 Ebd.

nimmt: Des eigenen Ichs ist er ungewiß. Der Vergleich mit dem »Amphitheater« sollte das Mißverhältnis zwischen ihm selbst und einer ihm gegenüber mit falschen Erwartungen auftretenden gierigen Gesellschaft emphatisieren. Schließlich aber gibt es die problematisch gewordene Verbindung zwischen »Kopf« und »Herz«, die Aufhebung jener prästabilisierten Harmonie zwischen Gefühl und Verstand, wie sie noch die Frühromantiker berufen haben. Beide, »Kopf« und »Herz«, sind nicht mehr ordentlich verbunden, sondern unterliegen nur noch der wechselhaften (»Wendeltreppe«) Verbindung der Laune. Zudem ist das »Herz« einem »Boudoir« gleichgesetzt, das keine Aussicht nach draußen zuläßt und Hoffnungslosigkeit beherbergt, während der »Kopf« dem Festsaal nach dem Maskenball gleichgesetzt ist: ein »leer« gewordener, einst inhaltsvoller Ort. Die den Ich-Zustand zusätzlich bestimmenden allegorischen Figuren – Maske mit Anker, sterbende, buntschekkichte Figur – betreiben ein zusätzliches Verwirrspiel für die unmittelbar »begriffliche« Identifikation: die Maske mit Anker wird entgegen ihrem Erkennungssymbol zum Mörder der buntscheckichten Figur, dem »Glück«, mit dessen Verlustaussage der Brief in noch relativer Mitteilungssprache beginnt. Die »psychologische« Deutung einer solchen Stilwahl als Koketterie des narzißtischen jungen Studenten, der seine soeben in Jena gelernte »romantische« Ironie einer mißlichen privaten Situation vor der Großmutter appliziert, übersieht die Ernsthaftigkeit der Mitteilung, wo sie normale Rede ist. Brentano nimmt nur gegen Ende des Briefs den symbolisch-verrätselnden Stil noch einmal auf:

»Mit den Modulationen, von denen Sie sprechen, hat es folgende Bewandtnis. Es waren keine Modulationen, es waren die bunten Farben der verschiedenen Sonnenstrahlen, die sich auf der spiegelnden Eisrinde meines Herzens brachen. Die Rinde ist geborsten, der verheerende Moment ist da, meine Anlagen, meine Pläne, meine Aussichten, alles ist überschwemmt und verwüstet, es ist eine Glut über mir entstanden, die die feste Decke in tausend reißende drohende Trümmer zerschmettert hat. Ich stehe auf einem sichern Fleckchen und jammere.«[1]

Was bedeutet nun die symbolische Rede Brentanos bezüglich des Selbstverhältnisses? Der autobiographische, nicht erwähnte Anlaß

1 Ebd., S. 114.

der ganzen Briefklage ist der Beginn seiner Liebe zu Sophie Mereau, der älteren, verheirateten Schriftstellerin, über die Brentano in einem nicht metaphorisch verstellten Brief an die Schwester Sophie schreibt[1]. Dieser Anlaß wird im Brief an die Großmutter nicht mehr deutlich. Es ist nicht möglich, die Geometrie von metaphorischen Sätzen auf einen psychischen Sachverhalt einfach zurückzulesen. Man kann die metaphorischen Sätze, und in ihnen die symbolische Rede, nicht reduzieren auf eine hypothetisch angenommene einfache Rede über den psychischen Sachverhalt. Die Annahme, diese Rede, die metaphorischen Sätze seien nur die formale Elephantiasis eines vorgegebenen Inhalts, verkennt den ästhetischen Status von Sätzen, der die feste Form-Inhalt-Beziehung auflöst. Es läßt sich also nicht mehr sagen, hier würde ein Inhalt – Brentanos seelische Verfassung aus einem autobiographisch angebbaren Anlaß – durch eine bestimmte Form ausgedrückt. Vielmehr haben wir es nunmehr ausschließlich mit einer Form zu tun, die nur in ihren metaphorischen Elementen beschreibbar ist. Wir können diese Form also nicht mehr unmittelbar zurück auf das »Selbst« beziehen. Das Verhältnis des Selbst zu sich zu beschreiben, ist durch den ästhetischen Status der Rede noch schwieriger geworden als es Aussagen über das schriftliche Selbstverständnis von Menschen ohnehin sind.

Vorläufig ist allerdings noch kein Grund zur Vermutung gegeben, hier verlöre sich das substantielle Ich in seinen Signifikanten. Ganz im Gegenteil: ohne ein erahntes Subjekt als *prima causa* wäre hier der ästhetische Status gerade eines zentralen ästhetischen Merkmals, der Verhüllung, beraubt. Wäre der Leser nicht an einer Entschlüsselung, einer Bedeutungsdechiffrierung interessiert, verlöre die ästhetische Geometrie selbst ihre Eigenschaften. Die symbolisch-verrätselnde Briefrede ist zwar auf ein »Selbst« beziehbar, aber sie läßt ein Selbst erkennen, das sich in völliger Auflösung befindet. Aufgelöst wird nämlich der feste Kern eines Selbstbewußtseins, das von sich redet. Statt dessen erscheint eine Flut von bizarren Bildern, die sich buchstäblich zu einem Vexierbild eines künstlichen neuen Ichs zusammensetzen. Bevor dieses Ich sowohl gegenüber dem Ich der traditionellen, wissenschaftlichen Künstlerbiographie einerseits und der Annahme eines autonomen Textbe-

1 Mai 1799, ebd., S. 116ff.

wußtseins ohne Subjektbegriff andererseits differenzierbar wird, sind die weiteren Ausdrucksformen des ästhetisch verfremdeten Briefs Brentanos in dieser Epoche und seine Entstehungsbedingungen zu berücksichtigen.

Es läßt sich eine Einsicht voranstellen: Die metaphorische Verfremdung des mitgeteilten Bewußtseins und Seelenzustands tritt in fast allen Briefen Brentanos an Sophie Mereau bis zum Jahr 1803/1804 einschließlich ein, sowie in einigen Briefen an Freunde wie die Günderrode oder Savigny, in denen er erotische oder genereller: mentale Zustände reflektiert. Der zitierte erotisch-blasphemische Brief an die Günderrode hatte schon die Rolle religiöser Symbolik belegt, die für Brentanos Werk überhaupt wichtig ist. Diese Übernahme zentraler literarischer Stilmittel in den Brief ist der allgemeinste Beweis für den ästhetischen Status. Er ist im Falle Brentanos nicht als »Briefkunst« so mißzuverstehen, als ob dieser in rhetorischem Sinne eine besonders raffiniert ausgearbeitete Stilwahl getroffen habe. Nicht zu übersehen ist dabei, daß die »Präfigurierung des gelebten Lebens durch die Kunst«[1] ein Merkmal des frühromantischen Zirkels und des romantischen Zeitgeists gewesen ist. Diese ästhetische, speziell religiöse Präfigurierung wiederholt sich in den Briefen an Emilie Linder.[2] Bei dem jungen Brentano erhält diese erst am Ausgang des Jahrhunderts, namentlich im Werk des frühen Hofmannsthal erneut formulierte Problematik indes schon die Sprengkraft, die es erlaubt, den Ich-Begriff in Mitleidenschaft gezogen zu sehen.

Die symbolische Verfremdung tritt abermals auf in jenem schon zitierten Brief an Savigny vom Juli 1800, in dem Brentano seine Isolation in der Gesellschaft, seine Verstellungskünste die eigene soziale Identität betreffend und schließlich seine intellektuell-künstlerische Ambivalenz ironisch beschreibt. Daraus ist der Schluß möglich, daß die metaphorische Verfremdung nicht allein von den erotischen Zuständen, sondern ebenso von dem frühen Diskontinuitätsbewußtsein begünstigt wird. Am Ende des Briefs setzt die symbolisch-allegorische Rede ein:

»Ich habe einen Weg gekannt auf dem alles zerstreut war, ich bin auf ihm gegangen und habe Stunden meiner schönen vollen

1 Hierzu: Kastinger Riley, a. a. O., S. 23.

2 Siehe ebd., S. 70. Außerdem: Frühwalds Kommentar zu seiner Ausgabe der Briefe an Emilie Linder, a. a. O.

Menschheit aufgelesen, aber es waren die Zierden eines zerstörten Tempels, die ich auflas, verwelkte Blumen; keine einzige blühte; Klagen und Reue und Totenkälte und Rausch wandelten zwischen mir, sorgsam habe ich alle die Blumen auf einen Platz gesammelt, und der Verlust ist anschaulicher, schrecklicher geworden. Nun ist der Weg leer, und komme ich je zum Ziele, trete ich je in den Tempel, so steht das leere Gerippe, kalte Wände, an denen stille Tropfen herablaufen. Alle meine wenige Geschmeide werde ich dann hingeben, die Heiligkeit meines Dienstes wiederherzustellen.«[1]

Die im Juli 1800 in Jena geschriebenen ersten Sätze einer Klage über den Verlust von Sophie Mereaus Liebe – es kam zu diesem Zeitpunkt zum vorläufigen Abbruch der Beziehung zwischen dem jungen Studenten und der Schriftstellerin und Professorengattin – setzen, wie die Gemütsvorstellung gegenüber der Großmutter, emotionelle Zustände in allegorische Bilder um, die gegenüber dem Adressaten nicht erklärt werden. Savigny wußte nur von der Liebe Brentanos, der nicht erst zu dieser Zeit ebenfalls ein starkes Gefühl für Minna Reichenbach hegte[2]. Wie im Brief an die Großmutter emphatisierte die metaphorische Rede die »Leere« und die Zerstörung, wo einst Leben und Schönheit waren. Dabei wird diese Vergangenheit eines Gefühls als esoterischer *und* sakraler Bezirk vergegenständlicht und hierdurch psychologischer Unmittelbarkeit entzogen: »Ich habe einen Weg gekannt«, »Tempel«, »Heiligkeit meines Dienstes«. Die verlorene Geliebte erscheint beim Fortgang der Rede im Zentrum der sakralen Stilisierung:

»Aber mir blieb wenig, denn das meiste habe ich schon der weinenden Priesterin hingegeben. Ich habe neben ihr an den Ruinen gesessen und ihr schüchtern die Blumen aus meinem Herzen gepflückt und sie gefragt: wird dir besser? Aber sie lächelte wie der Wahnsinn, rupfte die Blätter aus und zählte: ›Ich liebe dich, ich liebe dich nicht‹, sie blies in die zartesten und zählte an bleibenden Blättchen, wie wenige Jahre sie noch leben könne. So zerriß sie all meine Blumen und sagte, da ich keine mehr hatte, mit einer schönen Unwissenheit: behalte alles für dich, ich zerstöre dir alles; was mich berührt, stirbt.«[3]

1 Schellberg/Fuchs (Hrsg.), a. a. O., S. 146.

2 Vgl. hierzu Brentanos Brief vom November 1800 an Julie Reichenbach, die Schwester Minnas – ebd., S. 159 ff.

3 Ebd., S. 146.

Brentano beschreibt in diesen Sätzen das angebliche Verhalten der Mereau ihm gegenüber im literarischen Tableau als die gemischte Grausamkeit der *dame sans merci* und einer wahnsinnigen »Ophelia«. Demütigend und vernichtend empfundene letzte Stunden werden nicht in ihren psychologischen und argumentativen Elementen erfaßt und wiedergegeben, sondern das objektive Drama zwischen dem leidenschaftlichen Zweiundzwanzigjährigen und der dreißigjährigen Frau ist stilisiert zur Szene einer bösen Kunst-Ballade, in welcher das für Brentanos Werk charakteristische Motiv des masochistisch empfundenen »Schmerzes« zentral wird, die manieristische Tradition (»Blumen aus meinem Herzen gepflückt«) dabei mit Effekt benutzend. Charakteristisch für die Stilisierung ist die Metapher der »Ruine«, die auch Kleist benutzte, um eine zerstörte Vergangenheit zu kennzeichnen. Die Conclusio der Klage lautet:

»Nun habe ich nichts mehr und bin elend und aus Güte verstoßen und liebe mein Elend und schaudere vor dem, was mir das Höchste ist. Ich habe eine Hoffnung, es ist auf den unglücklichen Bruder der Poesie, auf den Wahnsinn. Die Poesie kann mir mit all ihren Reizen nie geben, was ich gelebt habe, ihre Liebe ist mir kein Ersatz. So wird es vielleicht die Freundschaft werden, der Bruder; der ist unendlich, er tritt zwischen die Welt und uns und geht erst bei den Göttern von unsrer Seite.«[1]

Die Bedeutung der »Wahnsinns«-Metapher ist schon früher hervorgehoben worden.[2] Bei der Frage nach der Ästhetisierung psychischer Zustände ist wichtig zu sehen, wie schließlich das dialektische Pathos des Tragödienhelden eintritt, wenn die Klagerede am Ende zwar kompliziert, aber relativ begrifflich faßbar wird: offenbar sucht sich der Sprechende, nachdem er die »Poesie« (das ist Sophie Mereau) verloren hat, einen anderen hohen Zustand (Wahnsinn), der dem ersten an Erhabenheit des Selbstgenusses gleichkommt, wenn nicht überlegen ist. So wird das bekannte, von allen Menschen beanspruchte Gefühl der Liebe selbst schon in ein extravagantes Schicksal übersetzt und dieses schließlich noch einmal überboten durch den heterogenen Zustand schlechthin. Unter den zahlreichen Briefen dieses Zeitraumes an Savigny, in denen Brentano um das Verständnis des fremden Freundes wirbt und seine

1 Ebd., S. 146f.
2 Vgl. S. 110f. dieses Buchs.

eigene Isoliertheit auflösen will, findet sich kein anderer, der die symbolisch-allegorische Verfremdung enthält, sieht man von Wendungen ab wie: »Es gibt sich kein Wesen mehr recht mit mir ab, ich liege zwischen dem Unendlichen und dem Endlichen, wie Ehrenbreitstein, die gesprengte Festung vor meinem Fenster, zwischen Frank(reich) und Deutsch(land). Alle Tore meiner Seele stehn offen, die Dächer meines Gemüt sind eingestürzt, die Gewölbe zersprengt.« (1. [?] Juli 1802)[1]

Das gleiche gilt für die intimen, vertrauensvollen Briefe an andere Adressaten, namentlich die bald sterbende Schwester Sophie, der er rückhaltlos von seinen Schmerzen um die Mereau berichtet[2]. Das gilt wie für die Briefe an Bettine auch für die an Achim von Arnim. In der Korrespondenz mit beiden ist das Dialogprinzip relativ harmonisch realisiert. An Sophie gerichtet ist jedoch eine Erläuterung seines ästhetischen Selbstverhältnisses, das Gefühl in poetische Bilder umzusetzen:

»Die Nacht war noch nicht aus, da ich das Letzte schrieb, doch konnte ich nicht weiter schreiben, es harrten süße Träume meiner Sinne, und sieh, wem nie die Welt, wem nur der Traum das Süße in dem Leben bietet, der liebt das leichte Bild, das wie die Poesie, die keinen Druck erfuhr, sich still zu uns gesellt und leicht und freundlich uns der Sitte Schleier hebt. Wir küssen und in inniger Umarmung gießt sich die Göttlichkeit im Schatten um die Sinne, die Göttlichkeit, die wie Pompeji itzt verschüttet ist und einzeln in der Kunst sich träg zu Tage wälzt.« (Ende Februar 1800)[3]

Brentano erklärt die ästhetische Verfremdung ins »Bild« aus dem Leiden an der Realität. Die antikische Selbstheroisierung, wie sie in klassizistischen Werken ohne Realitätskonflikt auffällt, ist nunmehr aus der Entfremdung von der Realität gewonnen. Im dem Brief beigefügten Gedicht tauchen Metaphern auf, die wenige Monate später die Klagerede im Brief an Savigny kennzeichnen: »Der Gottheit hoher Tempel ist zerstöret,/es ründen an der heil'gen Kuppel sich die Töne/nicht mehr in schöne Worte des Gebetes . . ./Zertrümmert ist das herrliche Gebäude/und mit dem Echo ist das Wort gestorben.«[4]

1 Schellberg/Fuchs (Hrsg.), a. a. O., S. 265.

2 Vgl. Brief vom 28. August 1799 (ebd., S. 121 ff.), September/Oktober 1799 (ebd., S. 125), Ende Februar 1800 (ebd., S. 130 ff.) und März 1800 (ebd., S. 135 ff.).

3 Ebd., S. 133.

4 Ebd., S. 133 f.

Vergleicht man die beiden ästhetisch verfremdeten Darstellungen der Klage, den Brief an die Großmutter und an Savigny, mit den nicht verfremdeten Krisenbriefen an Sophie und Savigny, dann stellen sich erstere dar als Dokumente des nicht mehr kommunizierenden Ichs, als einsame Evokationen, nachdem der so sehr gesuchte Dialog zum Ende gescheitert ist und der Briefschreiber nur noch seinen »Traum« besitzt. Diese Substituierung der Wirklichkeit durch das Traumbild darf nicht als poetisch versöhnt, sondern muß als Verlust der sozialen, kommunikativen »Ich«-Konzeption gesehen werden, um die Brentano gerade in Briefen an Savigny[1] und an den Anthropologen August Stephan Winkelmann in den Jahren 1800/1801 kämpfte bis hin zur Verleugnung seiner poetischen Existenz:

»Ich glaube die Anlage zu fühlen, daß ich ein gutmütiger gemeiner Mensch werden kann. Auch wollen wir überlegen, ob ich die Poesie nicht unterlassen soll. Wir wollen es recht ernsthaft überlegen, es wäre vielleicht doch noch möglich, daß ich eine Wissenschaft auswendig lernte, um einen Bissen Brot ohne Ruhm und Schande zu erhalten. Sie können sicher mich zu allem bestimmen und es ist mir oft mein einziges Ideal, Ihr Gemüt zu studieren und zu werden wie Sie. Wenn Sie wüßten, was Sie sind, lieber Savigny, Sie würden sehen, daß Sie mir allein noch etwas sind, daß in Ihnen noch das einzige Motiv liegt, das mich bewegt«[2].

Brentano betont die Vermischung mit dem Du, die fraternale Produktion[3] als ein utopisches Projekt und wendet dieses Prinzip auf den Brief als Gattung an:

»Ich schreibe so ungern Briefe, weil man nichts aussprechen kann, weil kein Mensch allein etwas lebendig machen kann. Das Drama und der Roman sind daher das Höchste der belebenden Poesie. Nur im Gespräch durch Mißverstand, Widerrede, Unmut, Vereinigung, durch Empfangen und Zeugen, durch den beweglichen Schmerz, der sich über die Brücke der doppelt ergossenen Lust retiriert, wird etwas Gesagtes gesagt, zwei sind nötig zu aller Wahrheit, nur durch zwei wird das Wort Fleisch.«[4]

Brentano hat das frühromantische Projekt des Dialogs, des »Zu-

1 Vgl. Brief vom 1. Juli 1801, ebd., S. 208 ff.
2 Ebd., S. 203.
3 Hierzu: Kastinger Riley, a. a. O., S. 20, S. 69.
4 Brief an Savigny vom 8. September 1801, in: Schellberg/Fuchs (Hrsg.), a. a. O., S. 229.

sammenphilosophierens« und der Liebe nicht als kulturrevolutionären Auftrag, sondern als mystisch-erotische Offenbarung gesucht. Daß er dabei scheiterte, belegt der Hinweis des obsessiven Briefschreibers, »ungern« Briefe zu schreiben. Es erklärt sich nun, daß der Brief, der nur seiner Mitteilungsfunktion genügt, im Sinne Brentanos »nichts aussprechen kann«. So wäre der ästhetisch verfremdete Brief als der seltene Versuch, etwas »auszusprechen« zu werten. Daß dies aber nur auf Kosten der fraternalen Produktion möglich war, also ein paradoxales Verfahren darstellte, hat Brentano nicht mehr reflektiert. Mit dem Erscheinen Achim von Arnims war – abgesehen von der erneuerten Beziehung zu Sophie Mereau – die schmerzvolle Entfremdungserfahrung gegenüber der Welt, die in Savigny so brillant repräsentiert war, aufgewogen. Nunmehr ist Savignys ökonomisch-wissenschaftlicher Geist relativierbar und kein Vorbild mehr. Er ist der »abstrahierend ordnende Mensch«, einer, »der durch Schlüsse unterscheidet und verbindet, der nicht erschaffen kann, der nur zusammenstellt, der nicht dichtet, der nur begreift, der nicht hervorbringt, der nur erzieht«[1]. Daß Brentano den Geist von Savignys Wissenschaft schon früh in Frage stellen konnte, belegte der Brief vom 29. Oktober 1800. Aber die Ausstellung seiner eigenen, das kognitive Ich transzendierenden Pflanzenexistenz blieb immer auch der Gestus des Isolierten, Asozialen.

Wenn die ästhetische Verfremdung der Mitteilung und der Ich-Aussage zum Prinzip einer ganzen Korrespondenz mit einem Partner geworden ist, dann in Brentanos Briefen an Sophie Mereau in den Jahren zwischen 1791 und 1804. Hier tritt Diskontinuitätsbewußtsein, Krisensymptom und metaphorische Erhöhung zusammen. Vor allem scheint hier Brentanos paradoxaler Wunsch, die mystisch-erotische Offenbarung in der Zweiheit zu erlangen, realisiert, denn gleichzeitig ergibt sich aus der ästhetischen Verfremdung der absolut gewordene Monolog. Inwiefern Sophie Mereau die monologisch-ästhetische Rede schmerzte, beweist ihr schon zitierter Brief vom November 1801, der den Vorwurf enthielt: »Rausch«, »mystisch, fliegend aber nicht beflügelt, geistig, aber nicht begeistert«, Attribute, denen sie »liebe, menschliche, natürliche Züge« als Opposition entgegensetzt: sie beklagte das Defizit an Dialog.

Die ästhetische Verfremdung in Brentanos Briefen an die Mereau

1 Brief an Cunigunde Brentano vom Februar/März 1803, ebd., S. 293.

zeigt verschiedene metaphorische Ausformungen: die des symbolisch-allegorischen, des religiösen oder naturmythischen Bildes einerseits und die der ironisch-narzißtischen Rede andererseits. Früh setzt dieses symbolisch-allegorische Bild ein, das im Brief an die Großmutter und an Savigny auffiel, und verbindet sich mit dem religösen Motiv der Muttergottes-Minne:

»Dein Lächeln sieht aus wie die weiße Rose im Totenkranz, und Deine Träne wie die im wütenden Hochzeittanze herabfallende zertretne Perle des Brautkranzes. Ich habe sonderbar an Dich gedacht auf meinem Sofa, meine Zither klimperte recht freundlich drein, und ich war so traurig. Es war mir als ging ich mit meiner Schwester in einem Garten, der mir gehörte, und sei ein ruhiger ansässiger Mann, in einem Busche stand Dein Bild von Marmor, und ich weinte, es war Dein Denkmal, Du warst Gott sei Dank tot, und ich glaubte drum wieder an einen Himmel, denn du hattest nicht mit mir Dich vereinigen können, weil Du zu schwach warst, ich kniete vor das Bild nieder und weinte heftig.«[1]

Die psychoanalytische Auskunft, die der Wunsch nach der toten Geliebten gibt[2], bestätigt die Symboldimension von Brentanos Rede an die Mereau: sowohl ihre regressive Qualität als auch ihre poetologische Analogie zu dem im *Godwi* verwendeten Motiv des »Frauenbildes von Marmorstein« begründen die Transformation der Du-Beziehung in ein poetisches Symbol. Alle Metaphern der Rede arbeiten an dieser Transformation. Das Lächeln als »weiße Rose im Totenkranz«, die Träne als »herabfallende zertretne Perle des Brautkranzes« stilisieren die Adressatin nach literarischen Motiven, in diesem Falle sowohl nach anverwandelten Balladen und Volksliedmotiven als auch nach dem Sinnbild der Blume, das in Brentanos frühen Gedichten auftaucht[3]. Brentano versorgt sich aus dem bereitliegenden poetischen Arsenal, um das Du oder das Ich zu stilisieren, und dabei wird die Metaphorik vertauschbar: das Unter-Tränen-Lächeln wird in einem späteren Brief auch auf die eigene Poesie bezogen[4]. Dem Vorwurf Sophies, seine Briefe gäben

1 Amelung (Hrsg.), a. a. O., S. 45f.

2 Vgl. Janz, a. a. O., S. 32.

3 Das Motiv der weinenden Braut taucht in verschiedenen Versen der Abteilung *Brautgesang* auf. Das Blumen-Sinnbild findet sich in den Gedichten *Sendung, Auferstehung und Metamorphose,* das Motiv des Totenkranzes in *Der Tod und das Mädchen im Blumengarten (Des Knaben Wunderhorn).*

4 Brief vom Dezember 1801, Amelung (Hrsg.), a. a. O., S. 63.

einen Roman[1], geht Brentano nicht nach, sondern bekräftigt »diese Lust zu schreiben, an Sie zu schreiben«[2]. Für ihn entsteht nicht so sehr das Problem sprachlicher »Wahrheit« im Brief, wie für die Mereau, sondern das Problem des Ausdrucks von Gefühlen, der sich verselbständigt. So reflektiert er nicht, daß es Standardmetaphern seines erotischen Grausamkeitsmotivs (»Schmerzen«, »Sie haben mir oft mitten in der Lust ein bischen ins Herz gestochen« – Brief vom Februar 1803) sind, die er in seinen leidenschaftlichen Briefreden ebenso verwendet wie in seiner Poesie[3]. Es handelt sich auch dort, wo scheinbar die direkte Rede von authentischen Gemütszuständen ist, immer um eine ästhetische Stilisierung, d. h. Verdinglichung, die einen Zustand monumentalisiert:

»Über all dieser Trauer erhebt sich ein Moment meines Lebens, der mich ewig mit einem wehmütigen Entzücken erfüllt, er hat mir den Himmel erschlossen und mich zu einem unendlichen Streit des Freien und meiner eignen Gefangenschaft in mir verzaubert. Dieser Moment ist aus Ihrem Leben, und sie nennen ihn den verlorensten, soll mich das nicht ewig schmerzen, und ich verdiene diesen Schmerz nicht, der mich in einem lieblosen Leben ewig wachhalten will. Ich bin so ruhig, als ich leide und liebe, wenn Ruhe Tod ist, so leide und liebe ich auch über dem Grab, und es ist dann auch keine Ruhe im Tod.« (Brief vom 1. Januar 1802)[4]

Aussagen über den emotionellen Zustand gehorchen einer rhetorischen Geometrie, in der an die Stelle einer Mitteilung der theatralische Gestus tritt. Begriffe wie »Trauer«, »Moment meines Lebens«, »unendlicher Streit«, »Schmerz«, »Ruhe«, »Grab«, »Tod« sind zwar keine metaphorischen Formen wie »weiße Rose« und »Bild von Marmor«, aber sie funktionieren symbolisch: sie verweisen über ihren spezifischen begrifflichen Inhalt hinaus und bilden in ihrer substantivisch-abstrakten Reihung – ebenso ohne genaue psychologische Beziehbarkeit wie das Symbol – einen esoterischen Stimmungsbezirk. Analoge Wendungen wie »über all dieser Trauer« am Anfang und »über dem Grab« am Ende stellen

1 Brentano bezieht sich dabei offensichtlich auf eine mündliche Äußerung Sophies (ebd., S. 64). Im Brief vom Ende November 1799 schreibt Sophie: »Ein Brief ist mir immer wie ein Roman, – und ich mag lieber zuwenig als zuviel sagen. Das Papier ist ein so ungetreuer Bote, daß es den Blick, den Ton vergißt, und oft sogar einen falschen Sinn überbringt« (ebd., S. 50).

2 Ebd., S. 64.

3 Sowohl das sadistische wie masochistische erotische Bild ist ein Leitmotiv der frühen Lyrik.

4 Ebd., S. 66f.

für den rhetorisch-aufgipfelnden Stil charakteristische Formeln dar. Im Brief vom 1./2. Oktober 1803 ist dieser Stil passagenweise gesteigert: »die Seele des Empfindenden verstummt, ihr hohen Eisgebirge werden meine Stufen, auf denen ich zum Lebensbrunnen steige, ihr unabsehbar tiefen Täler, in deren Schoß sich Meere betten, ihr sollt die Brunnen werden, zu denen rasselnd nieder am Feuerseil der Blitze geht der Lebenseimer«[1]. Diese Metaphern lassen großartige Raumvorstellungen im Sinne der sakral-esoterischen »Tempel«-Metapher assoziieren, die in Wendungen wie »Denkmäler der Rührung«[2], »erbaue meinen Tempel wieder« in verschiedenen Briefen wiederkehren. Diese rhetorische Redeform tritt in allen Briefen an die Mereau auf, die nicht argumentativ sind: ist die symbolisch-verrätselnde Metapher selten, so gilt als Regel doch die Evokation emotionell stark besetzter Wörter, wie im zitierten Beispiel. Es kann dazu auch die Evokation vorgestellter großer Szenen treten, seien sie nun erhaben oder kindlich-rührend: »ich kann kaum auf das Papier sehen, immer schlage ich die Augen so in die Höhe, als säße ich zu Deinen Füßen, und empfinde eine unendliche Seligkeit, aber ich finde Dich nicht Ich will mich auf die Erde setzen, so bin ich Dir näher« (Februar 1803)[3]. Oder:

»Da ich gestern vor Deiner Tür war, da lag der gestirnte Himmel über der Erde, und ich war die Erde und vergaß Dich, ich war glückselig und erinnerte mich eines alten Bundes, den ich oft erneute, und gestern wieder, da ich Deine Liebe zu besitzen glaubte, war ich bei Jena abends auf einen Berg gestiegen und des Nachts dort geblieben, da lernte ich die Sterne kennen, und sie liebten mich, da Du mich verstoßen hattest, blieben sie treu.«[4]

Hier ist die Du-Beziehung sogar expressis verbis umgewandelt zu einer Situation des reinen lyrischen Monologs. Die Entfremdung von jedermann, selbst von der angesprochenen Geliebten, an deren Stelle das Motiv der »Sterne« tritt, ist nicht mehr in der Briefrede, sondern in dem möglichen Entwurf eines lyrischen Gedichts dargestellt, dessen Einsamkeits-Thematik des »Sternen«-Bezugs

1 Ebd., S. 229.
2 Ebd., S. 96.
3 Ebd., S. 97.
4 Ebd., S. 126.

schon Baudelaires Evokation der »Wolken« als seiner einzigen Liebe antizipiert.[1]

Es wird deutlich, daß die psychologische Hinwendung an ein geliebtes Du durchweg überlagert wird durch die Selbstillumination qua metaphorischer Rede: »Es schmerzt mich, wenn ich sehe die roten glühenden Himmelswolken über den schwarzen Wäldern hinschweben.«[2] Das ist nicht der Schmerz, der einer Erfahrung mit dem andern gilt. Es ist auch gar nicht das begriffliche Äquivalent für die Erfahrung »Schmerz«. Es ist ein lyrisches Wort von unendlicher Konnotierbarkeit, das hier erst im Kontext einer Landschaftsvision Bedeutung bekommt, die abermals Brentanos lyrische Bedeutung und Kraft der Antizipation belegt: hier nicht beziehbar auf Baudelaire, sondern auf Trakl. Die Originalität des auf Baudelaire verweisenden Motivs der Einsamkeit und der auf Trakl verweisenden Intensität der Naturbilder in Briefen zu finden, erläutert den ästhetischen Status. Es heißt in diesem Brief weiter:

»Ich aber will mich der Nacht ergeben, wenn sich die Erde einhüllt und alles zurückkehrt in sich selbst, da will auch ich sie suchen in mir, wo sie glänzt und leuchtet wie der Mond und die Sterne. O ihr Träume seid mir günstig und lasset euer fantastisches Spiel, lernet die Kunst und die Liebe, webt mir ein einfaches Bild«.

Wenn Brentano sich den Sternen und der Nacht ergibt, dann sind auch des Novalis programmatische *Hymnen an die Nacht* erinnert, aber die Esoterik des kosmologischen Mythos ist verdrängt von einer Esoterik der Kunstwörter. Sie lösen sowohl die romantische Mythologie als auch die romantische Zweiheit auf. In diesem Brief, geschrieben zur Feier des eigenen fünfundzwanzigsten Geburtstags, wird die Selbstillumination als Auflösung des Du, aber auch des Ichs in der poetischen Rede besonders erkennbar. Brentano hat die Identifikation des Briefs mit dem Kunstwerk, des Ichs mit der Kunst und schließlich seiner Liebe mit einem poetischen Projekt variiert ausgesprochen. Am 5. August 1803:

»O der wunderschöne Brief Betinens, suche die schönsten Stellen Shakespeares und Goethens und immer doch der wunderschöne Brief, o welche Wahrheit, Unschuld und Tiefe, Du weißt nicht, wie mir bei einem solchen Brief wird, es sind meine Worte,

1 Vgl. *L'étranger*, in: Baudelaire, a. a. O., S. 231.
2 8. September 1803, in: Amelung (Hrsg.), a. a. O., S. 175.

meine Gefühle in einem klaren See abgespiegelt, ich schwöre Dir bei Gott, ich bin wie dieser Brief Betinens.«[1]

Er spricht hier nicht nur aus, daß ein Brief der Schwester ihm wichtiger sein kann als ein Brief der Geliebten, sondern daß der Grund hierfür dessen poetische Qualität ist, die er schließlich auf sich selbst bezieht: die Selbsterkenntnis und das Entzücken des Narzissus beim Blick ins Spiegelbild im Wasser. Am 22./23. August 1803 sagt er: »und weil ich der Traum Deiner Augen bin, bin ich ein Sommernachtstraum.«[2] Brentano schreibt nicht, wozu der weniger literarisch begabte, aber »authentisch« Empfindende sich geschmacklos verirren könnte: »Dein Sommernachtstraum«. Indem er aber das stilistisch-geschmacklich einzig Zulässige schreibt, trennt er seine Figur auch ab aus der emotionell-privaten Nähe und transformiert sich selbst zum poetischen Wort oder zum Kunstwerk: »Mein Herz ist voll, so voll aber ich kann nicht reden, ich sehe aus, wie meine Büste« (1. September 1803); und er bezieht den Kunstwerkcharakter auf Sophie Mereau selbst: »Du mein schönstes einziges Werk«. Im Brief vom 9. September 1803 hat er die Transformation des Selbst und des Lebens in jener langen Rede thematisiert, die sein poetisches Projekt formulierte: »daß ich nichts erfinden, nichts ausführen mag, kein andres Gefühl, als die Empfindung in einer leeren, langweiligen Zeit, sich selbst parforce in Gedichte auflösen zu müssen«[3] und »ein Leben hervorbringen, in welchem nur Poesie das Element ist oder vielmehr in dem das Element poetisch ist, und das ist es eigentlich, was ich mit Dir vorhabe«[4]. Brentano spricht hier aus, was viele seiner Briefe darstellen: daß er das Leben der Poesie unterwirft, denn »die Kunst ist lang, das Leben klein« (8. Juni 1803). Er ist sich der provokatorischen Asozialität bewußt, wenn er dieses poetische Prinzip als »dem aufgeklärten Pöbel Wahnsinn oder Fanatismus«[5] charakterisiert und damit nichts weniger als den beginnenden Widerspruch zwischen moderner Literatur und modernem »Diskurs« verkündet.

Der »poetische« Selbstentwurf, der im Brief vom 9. September 1803[6] versucht wird, greift auf den Satz des Briefs vom Februar 1803

1 Ebd., S. 130.
2 Ebd., S. 140.
3 Ebd., S. 178f.
4 Ebd., S. 180.
5 Ebd.
6 Zur Datierungsproblematik: Fortmüller, a. a. O., S. 23, Anm. 59.

zurück: »Es ist eine freie poetische Existenz möglich, die fern von dem Abenteuer ist und fern, von dem häuslichen Tod, ich kenne diese Existenz, ich lebe sie, aber ich bin einsam, und kein Mensch lebt mit dem ich freudig teilen mag, Leib und Leben und Gedanken«[1].

Schon dort wird der Widerspruch deutlich zwischen einer absehbar radikalen Selbstbezogenheit einerseits und dem Versuch andererseits, eben diese durch das Projekt einer poetischen Existenz zusammen mit der Geliebten zu überwinden. Dieses Projekt wird im Brief vom 9. September entfaltet, ohne daß dieser Widerspruch beseitigt werden könnte. Im Gegenteil: Weder erscheint die Beziehung zum Du auf einer empirisch-reflexiven Identität begründbar, noch ist die Beziehung zur Realität anders als ästhetisch geregelt.[2] Diese Verschlossenheit des Ichs als »poetische Existenz« ergibt sich aber nicht bloß aus einem Theorem, das Brentano in diesem Brief entwickelt, sondern aus dem Vollzug der ästhetischen Rede selbst, die dieses Theorem darstellt. Sie wird auch nicht aufgelöst durch die Anrufung eines »heiligen Glaubens an irgend etwas Ewiges«[3], das Brentano mit der »poetischen oder religiösen Realität« identifiziert im Gegensatz zu »allem Historischen«, das vergänglich ist[4]. Diese Anrufung des »Ewigen« dramatisiert die Isolation der »poetischen Existenz«, stattet sie mit einer Autonomie aus, ohne die Entlastung durch eine höhere Kategorie wirklich glaubhaft zu machen. Dieser Autonomie-Anspruch ist nicht mehr, wie in Schillers Ästhetik, begründet in einer geschichtsphilosophischen Anthropologie, sondern in der von dieser radikal abgeschnittenen selbstbezüglichen ästhetischen Empfindung, die allerdings noch nach objektiver Begründung sucht, ohne sie zu finden. Damit zeigt sich ebenfalls, daß das frühromantische Konzept eines geselligen Kunstidealismus, soweit ihn Friedrich Schlegel und Novalis denn formuliert haben – beide haben ihn auch schon verlassen –, die Formel von der »poetischen Existenz« nicht mehr trägt.[5]

In der Angleichung der Kategorie »Poesie« an die der »Religion«

1 Amelung (Hrsg.), a. a. O., S. 97f.

2 Ähnlich Fortmüller (im Anschluß an Wehrli), a. a. O., S. 25.

3 Amelung (Hrsg.), a. a. O., S. 180.

4 Ebd.

5 Dagegen hat Paul Böckmann eine harmonische Vermittlung zwischen Frühromantik und Brentanos Existenz gesehen – ders., *Die romantische Poesie Brentanos und ihre Grundlagen bei Friedrich Schlegel und Tieck. Ein Beitrag zur Entwicklung der Formensprache der deutschen Romantik*, in: *Jb. FDH 1934/35*, a. a. O., S. 113.

wird entgegen Brentanos späterer Wende die »poetische Existenz« selbst pathetisiert: wie die »poetische« Liebe zu Sophie Mereau, so trennt Brentano auch sie von der Welt außerhalb der Existenz: »Ich fühle deutlich in mir, wie ich vielen Dingen und Menschen, vielen Hoffnungen und Wünschen gänzlich abgestorben bin . . . ich fühle die innigste Begierde, mein ganzes Leben in einen Punkt zu treiben«[1].

Wenn Brentano in seinen Briefen an Achim von Arnim das gescheiterte Projekt mit der Mereau zu wiederholen versucht, so wird auch hier die Auflösung des Ichs in eine Phantasie über die Transzendenz in dem anderen deutlich, so im »Traum«-Brief vom Februar 1803, zur gleichen Zeit geschrieben wie im ersten Entwurf der »poetischen Existenz« an Sophie Mereau der früher zitierte Satz: »Ich bin fest überzeugt, daß ich nichts kann als lieben, daß meine Seele nicht in mir wohnt, und nicht in der Natur, sondern in einzelnen Menschen. Wer mich zu mir selbst weist, tötet mich.«[2] Und im gleichen Kontext steht die Verhöhnung des instrumentalen Poesieverständnisses: »Und wenn ich in einsamer Traurigkeit an die Fenster hauchte, daß sie anliefen und mit den Fingern die Namen meiner Geliebten hinein malte, standen sie unten und sprachen, jetzt verarbeitet er das Leben zur Poesie«[3]. Die »poetische Existenz« ist nicht das Ergebnis des Werkentschlusses der »Ich«-Identität. Sie liegt vor dem Werkbegriff: »Sieh, so schön könnte ich Dir beweisen, daß ich kein Dichter bin, sondern nur ein Mittler, der aus dem Vater und dem Geiste ausgeht. Ich kann nicht schaffen, nur heilen und mich opfern kann ich. So laß dann mein Leben gern edlen Schmerzen geweiht sein, ich fühle, daß ich schön erliegen werde. Ich bin kein Dichter, wie wenige, so werde ich doch ein Objekt der Kunst sein, wie wenige. Den Mann muß ich lieben, der mich einmal dichten wird«[4].

Die Identifikation mit der Figur Christi[5], die ebenfalls bei Kleist bemerkt wurde, darf hier nicht als affirmativer religiöser Symbolismus mißverstanden werden. Vielmehr handelt es sich bei dieser

1 Amelung (Hrsg.), a. a. O., S. 181 f.

2 Beutler (Hrsg.), a. a. O., S. 392.

3 Ebd., S. 393.

4 Brief von Weihnachten 1802, ebd., S. 408.

5 Siehe hierzu auch den Brief vom 10. Januar 1803 an Sophie Mereau, in dem Brentano sich »Jesus am Ölberge« vergleicht, »der seine bittern Leiden voraussieht« (Amelung [Hrsg.], a. a. O., S. 83).

Form der »Säkularisation«[1] schon um eine ästhetisch-pathetische Stilisierung der »Ecce-homo«-Geste des modernen Dichters, die im autobiographischen Text des 19. Jahrhunderts (Baudelaire, Nietzsche) wiederholt auftritt und eng verknüpft ist mit einer neuen Aufladung der »Schmerz«-Metapher, die wiederum im Tagebuch Kafkas zentral für die Selbstbeziehung des Dichters wird. Wenn die Korrespondenz mit Arnim selbst im Brief vom Februar 1803 zum Projekt ernannt wird[2], dann doch in der ästhetischen Umbenennung der überlieferten Brieftheorie: »Wie man eigentlich auf solche Briefe antworten soll, weiß ich nicht, ich glaube aber, man muß sie wie eine volle Musik nehmen, die den Zustand des andern ausdrückt, und dann sich selbst auch erklingen lassen.«[3] Der Dialog zwischen zwei »Zuständen«, die der Musik analogisiert werden, hebt die Informations- und Erkenntnisqualität des Briefs, d. h. seine gesellschaftliche Funktion deshalb auf, weil die »Ich«-Identität als poetischer Zustand neu definiert ist.

Was bedeutet also die symbolische, die metaphorisch verfremdete Rede in Brentanos Briefen für das Selbstverhältnis? Sie tritt in fast allen Briefen Brentanos an Sophie Mereau auf, ist also durchweg verknüpft mit den dominierenden Motiven der Einsamkeit, der Diskontinuität und der Naturfrömmigkeit, abgesehen von der leitenden erotischen Thematik. Der einzige wichtige Brief, der die symbolische oder metaphorische Verfremdung nicht enthält, ist die lange polemische Selbstdarstellung vom 10. Januar 1803. Aber wie sich gezeigt hat, stellte sich hier eine andere Form der literarischen Verfremdung ein: Brentano hält im Stil eines sardonischen Monologs eine Rede über den »Witz« und den »Wahnsinn«. Er geht auf die am 12. Dezember 1802 geäußerte Bitte der Mereau, »einfach, wahr und ohne Witz« zu sein, »ehrlich gegen sich und mich«, nicht ein. Vielmehr sucht er eine Steigerung der bis dahin schon geübten Stilisierung: nunmehr nicht in Bildern, sondern in einer Rede, in welcher er sich die Maske des romantischen Komödienhelden in der Nachfolge Hamlets und der Shakespeareschen Narren überzieht. Gab in der Mehrheit der Briefe an die Mereau das lyrische

1 Hierzu: Albrecht Schöne, *Säkularisation als sprachbildende Kraft. Studien zur Dichtung deutscher Pfarrersöhne,* Göttingen 1968. Fortmüller betont zu Recht die häretische Form der Säkularisation – a. a. O., S. 9, Anm. 9.

2 Beutler (Hrsg.), a. a. O., S. 428.

3 Ebd.

Gedicht die Wortwahl, so hier das Drama. Ist es aber eine Maske, kann man von Verhüllung sprechen? Ist es nicht vielmehr die einzige Identität, die er annehmen kann, nämlich im imaginativen Wort zu amalgamieren? Eine Maske im Sinne der Täuschung dagegen sind die Briefe, in denen er sich relativ sachlich gibt, wie gegenüber den Ansprüchen der Gesellschaft, von denen er im frühen Brief an Savigny vom Juli 1800 schreibt. Dann wären die Korrespondenz mit den Schwestern Sophie und Bettine Übergangsformen zur metaphorischen Verfremdung: entweder hält er sich noch an die Verpflichtung zum pädagogisch-verantwortlichen Dialog über den subjektiven Bildungsprozeß, oder er wagt schon die intime Mitteilung über den emotionellen Schmerz. Aber in diesen Dialogformen des Briefes ist für ihn nicht die Frage beantwortet, die er im einzigen metaphorisch verfremdeten Brief an Savigny vom Juli 1800 formuliert, dem Brief, in dem auch die Identitätsproblematik den genauesten Satz fand: »das ist eins meiner größten Unglücke, daß ich alles auf so vielerlei Arten kann, daß ich fast verrückt dabei werden könnte, und zwar auf vielerlei Arten.«[1]

Wenn hier nicht Vielseitigkeit im technischen Sinne, im Sinne alternativer Kapazitäten des *uomo universale* gemeint sein kann, dann ist gemeint die Mobilität des ästhetischen Status der Empfindung und dessen immerwährende Unruhe, der auch die Frage an Savigny galt sowie die Nennung des Gegenmittels: »Wie soll ich kalt werden, wie soll ich ein Element finden, in dem ich mich ruhig in voller Bewußtlosigkeit mit allen Kräften wie in einer homogenen Natur bewege, wie soll ich die ewige Einsamkeit der Welt bevölkern?«[2] Die Antwort auf die Frage, das Gegenmittel, ist nichts anderes als dies poetische »Element«. Wenn die Welt ihm nicht antwortet, wenn er sie als »ewige Einsamkeit« erfährt, dann ist nur noch die imaginative Erfindung einer anderen Welt das Gegenmittel, das ihm Ruhe gibt. Es ist tatsächlich ein Ausgleichsversuch gegenüber der »leeren« Welt. Eine Imagination aber, die nicht einfach ein Begehrtes sich vorstellt, sondern etwas Unbekanntes erfindet.

Daß Brentano den Briefwechsel mit Sophie Mereau so einseitig-monologisch betrieben hat, ist deutlich geworden; in einigen wenigen Briefen an andere Adressaten (Savigny, Runge) verfährt er im

1 Schellberg/Fuchs (Hrsg.), a. a. O., S. 145.
2 Ebd., S. 146.

gleichen Sinne. Anläßlich einer solchen Substitution der Realität ist es geläufig, von einer »Flucht«-Funktion zu sprechen, weil offenbar irgendwo geschrieben steht, daß man sich »realistisch« zu verhalten habe, man sich der Wirklichkeit stellen müsse. Dieses in die wissenschaftliche Literatur eingeschlichene puritanisch-bürgerliche Vorurteil verkennt den Charakter der zur Disposition stehenden »Realitäts«-Auffassung. Offenbar akzeptiert Brentano wie alle romantischen Dichter nach 1800 nicht mehr die geschichtsphilosophische Deutung dieser »Realität« der Generation vor ihm, auch wenn die wissenschaftlich-politische Rede, nicht zuletzt der großen Historiker und bald auch der Literaturhistoriker bis heute an solchen Sinngebungen arbeitete. Brentano hat in seinem berühmt gewordenen Bekenntnisbrief aus dem Jahre 1810 gegenüber dem Maler Philipp Otto Runge über den ästhetisch gewordenen Status seines Selbstgefühls aus bewußtem Abstand reflektiert:

»Mein Selbstgefühl glich der abgelösten Farbendecke eines im Wasser versunkenen Pastellgemähldes, welche noch kurze Zeit oben schwimmt. Ich hätte es vielleicht behutsam wieder auffassen können, aber ich sah lieber so lange lächelnd hinein, bis heftig stürzende Thränen es verwirrten, und der widerliche Gedanke, daß durch das Auffassen solcher schwimmenden Farben marmorirtes Papier gemacht wird, machte, daß ich dem geliebten Bilde noch einen ernsten Scheideblick gönnte, mich dann muthig den Wellen übergebend es an meiner Brust scheitern ließ. Nach dieser Zeit empfand ich stets in mir eine bestimmte Neigung zu gewissen Bildern und Zusammenstellungen, zu einer gewissen Färbung, und ich sehnte mich, ein Gedicht zu lesen, ein Gemählde zu sehen, eine Blume zu riechen, einen Geschmack zu empfinden, deren Eindruck mir die Wunden hätte schließen, den Schmerz der Narben hätte stillen können.«[1]

Das »Selbstgefühl« wird kompliziert und komplex dargestellt: es wird mit einem im Wasser versunkenen Pastellgemälde verglichen, einmal bezogen auf das Absinken, zum anderen auf den ästhetischen Effekt, den dabei die Farben machen. Dieser ästhetische Status, den Brentano erkennt, bedeutet, daß eine autobiographische Identität hier nicht mehr angesprochen wird.[2] Diese entfernt sich vom Ich im Sinne einer Verwandlung zu einem ästhetisch-poetische

1 Feilchenfeldt (Hrsg.), a. a. O., S. 11.
2 Hierzu auch: Janz, a. a. O., S. 16.

Reize ausstrahlenden Objekt. Es wird nicht genau gesagt, warum diese Identitätsverwandlung eingetreten ist. Offenbar aber im Zuge einer früh einsetzenden Entfremdung gegenüber dem eigenen Gefühl, sei es Freude oder Leiden, denn dieses habe sich »mit einer dunkeln grausamen Phantasie« in ihm widergespiegelt[1]. Andererseits war immer »alles, was ich dichten mochte, zu sehr die heiligere Geschichte meines Innern gewesen«[2]. Es wird jetzt verständlich, inwiefern die Rede von Brentanos »Subjektivismus«[3], der von diesem Satz belegt zu werden scheint, nur dann sinnvoll ist, wenn man darunter nicht Ich-Priorität im frühromantischen Sinne oder im umgangssprachlichen »Authentizitäts«-Verständnis begreift, sondern Abweichung von der generellen Ich-Rede und ihre prästabilisierte Färbung durch literarische Empfindung. Will man die Genesis dieses Verwandlungsprozesses von der Ich-Identität zur ästhetischen Identität rekonstruieren, so liegt am Anfang wohl die Empfindung von Trauer als autobiographisches Datum. Daher die »grausame Phantasie«. Diese »Trauer« ist ein solches Selbst- und Weltverhältnis, das keine weiteren normalen Daten zuläßt, sondern alsbald in die literarische Empfindung übergeht. Diese ist, was Novalis »Zustand« nannte.[4] Der Brief hat ebenfalls die Bezogenheit auf den Adressaten und jedes Freundschaftskonzept aufgegeben.[5] Brentano nennt im Brief an Runge schließlich einige literarische Werke, die bei ihm die tiefe ästhetische Empfindung hervorgerufen haben. Neben Gottfried von Straßburg, Boccaccio und Calderon nennt er den zeitgenössischen Außenseiter Hölderlin. Er nennt dessen unter dem Titel »Die Nacht« nur stückweise veröffentlichte Elegie *Brot und Wein* sowie die späte, erst zu Beginn des 20. Jahrhunderts rezipierte Hymne *Patmos*. Brentano spricht dabei vom »wahnsinnig gewordenen« Dichter und beschreibt seinen eigenen Empfindungseindruck, indem er Hölderlins »Empfindung« identifiziert durch die hohe Metaphorik der »Trauer«. Sie ist gekennzeichnet durch die sich nicht mehr vermittelnde, esoterische Sprache. »Niemals ist vielleicht hohe betrachtende Trauer so herrlich ausgesprochen worden. Manch-

1 Feilchenfeldt (Hrsg.), a. a. O., S. 10.
2 Ebd.
3 Vgl. auch Janz' Kritik an der These von Brentanos »Subjektivismus« – a. a. O., S. 38, S. 202, Anm. 32.
4 Vgl. S. 16 dieses Buchs.
5 Hierzu: Fortmüller, a. a. O., S. 62f.; 71.

mal wird dieser Genius dunkel und versinkt in den bittern Brunnen seines Herzen; meistens aber glänzet sein apokalyptischer Stern Wermuth wunderbar rührend über das weite Meer seiner Empfindung.«[1]

1 Feilchenfeldt (Hrsg.), a. a. O., S. 14.

Epilog

Wie Ich-Empfindung sich aus literarischer Empfindung zusammensetzen kann und aus welcher, dafür liefert der Brief an Runge den reflektierten späten Kommentar. Brentano erfand mit der Substituierung des Ichs durch Literatur auch eine Methode, die zur »modernen« geworden ist[1]. Daß er schließlich Hölderlins »Trauer« als Beispiel feiert, ist ein weiterer Hinweis auf die Ursache, warum sich das autobiographische Ich des Dichters zu diesem Zeitpunkt zu einem imaginativen verwandelte: es konnte die »heiligere Geschichte« des »Innern« nicht mehr im Dialog mit den »Ideen« oder den historischen Ereignissen und daher nicht mehr analog zu ihnen halten. Das Ich war kein Teil der Welt. Die »heiligere Geschichte« stand im Widerspruch zu beiden. Beraubt der positiven Inhalte, wird sie im pejorativen Sinne Hegels zum »Gefühl«. Dabei kann sie nicht bleiben, und so wird sie zur ästhetischen Empfindung des »Zustands«: sie ist nicht mehr »ideen«-bezogen wie noch im frühromantischen Brief, sondern literaturbezogen. Der »Schmerz« des Einzelnen ist nicht mehr versöhnbar durch den Bezug auf ein Allgemeines, wie es Hegel, der Kritiker der Romantik, konstatiert. Unversöhnt bleibt der Schmerz, die Trauer, entweder das Krankheitssyndrom des Individuums, oder es kommt zur Ablösung vom Ich im Sinne der Transformation in die imaginative Sprache. Das ist die spezifische Form der generellen Ablösung von der »Idee« und der Geschichte. Die imaginative Sprache aber läßt sich nicht auf eine Autobiographie, nicht einmal auf das Autoren-Ich einfach zurücklesen. Diese Einsicht impliziert nicht die Subjektauflösung, die der französische Strukturalismus und die ihm folgenden westdeutschen linguistischen Analysen von Literatur darstellen. Die genaue Lektüre der »Zustände« Kleists und Brentanos ermittelt vielmehr den ästhetischen Status und den daraus entspringenden neuen Subjektbegriff, der an Rimbauds Formel bewußt wird: »Ich ist ein anderer«. Das »Subjekt« verschwindet nicht im »Text«. Ohne das Subjekt vorauszusetzen, wäre die Lektüre dieser Briefe langweilig. Sie sind als Texte nur interessant, weil wir einen Subjektbegriff a priori unterstellen. Aus dem Wider-

1 Hierzu: Klaus Jeziorkowski, *Literarität und Historismus. Beobachtungen zu ihrer Erscheinungsform im 19. Jahrhundert am Beispiel Gottfried Kellers.* Heidelberg 1979.

spruch unserer Unterstellung und dem diese Erwartung unterlaufenden ästhetischen Effekt der Briefe ergibt sich der Eindruck von einem neuen Subjekt, das kein Epochenbegriff oder Menschenbild mehr als repräsentativ pathetisieren kann. So stellen die Briefe Kleists und Brentanos das Gegenbeispiel zu Walter Benjamins Briefsammlung dar, die dieser unter dem Titel *Deutsche Menschen* 1936 herausgab. Ein Schreiben Karl Friedrich Zelters charakterisierend, schrieb Benjamin:

Es gibt »den Blick auf die Anfänge der Epoche – Goethes Jugend – frei, in welcher das Bürgertum seine großen Positionen bezog; es gibt ihn aber – durch seinen Anlaß, Goethes Tod – auch auf das Ende dieser Epoche frei, da das Bürgertum nur noch die Positionen, nicht mehr den Geist bewahrte, in welchem es diese Positionen erobert hatte. Es war die Epoche, in der das Bürgertum sein geprägtes und gewichtiges Wort in die Waagschale der Geschichte zu legen hatte.«[1]

Die von Benjamin gesammelten Briefe stellen einen objektivhistorischen Zusammenhang von Zeugnissen her, in denen nicht die extreme Sprache des »Empfindens« von »Zuständen«, sondern die Sprache des »Wissens« vorherrscht. Die dort versammelten Briefschreiber wie Goethe, Kant oder Pestalozzi hätten die Briefe Brentanos, Kleists und der Günderrode ähnlich verurteilt, wie das Savigny gegenüber der Günderrode getan hat. Die romantischen Briefe als Dokumente eines Niedergangs zu werten, ist nach dem Gesagten unmöglich. Nur eine einseitig historisch-soziologische Betrachtungsweise, die die ästhetische Verwandlung in ihnen ausblendet, kann ihre katastrophisch-ästhetischen »Zustände« als bloß historische Symptome erklären. Insofern ist auch ein Begriff der »Moderne«, wie ihn die Soziologie seit Max Weber für alle Wertsphären seit Ende des 18. Jahrhunderts anwendet, unscharf.[2] Was in der Selbst-Beziehung Brentanos, der Günderrode und Kleists zum Vorschein kommt, bleibt sicherlich nichts Isoliertes. Es setzt sich bis zu den Tagebüchern Kafkas fort und stellt somit ebenfalls einen Zusammenhang dar, der zu verzeitlichen ist. Aber nicht nach

1 Walter Benjamin, *Kommentare zu Briefen aus dem bürgerlichen Jahrhundert,* in: ders., *Illuminationen. Ausgewählte Schriften.* Frankfurt 1961, S. 282.

2 Zuletzt hat Hauke Brunkhorst in Anlehnung an Habermas die (Früh-)Romantik unter einem Modernitäts-Bestimmungsraster positiv verrechnet – ders., *Romantik und Kulturkritik,* in: *Merkur,* Nr. 436, Juni 1985, S. 484–496.

den Daten einer philosophischen und politischen Theorie der Moderne. Der esoterische Zusammenhang, der zwischen Kleist/Brentanos Briefen und Kafkas Tagebüchern erkennbar ist[1], wäre nach den Daten einer spezifisch »ästhetischen« Moderne darzustellen, die hier beschrieben worden sind: *Imagination* und *Trauer*. Aus ihnen ergibt sich der entsprechende Subjektbegriff. Hier nun ist die Möglichkeit einer doppelten Ableitung zu erwägen: eine *historische* Ableitung wäre irreführend, nämlich so, als ob da zunächst das Subjekt Dichter »Trauer« empfände, aus welcher die »Imagination« entstünde. Bei einer solchen Ableitung stehen die historischen Implikationen dem noch zu findenden Begriff der »ästhetischen Moderne« im Wege: denn die »Trauer« ist nicht einfach beziehbar auf objektive Zustände der jeweiligen Zeitgeschichte. Sie ist deshalb auch nicht »repräsentativ«. Man wird zu erkennen haben, daß die »Trauer«, von der hier die Rede ist, nicht identisch ist mit der Trauer und ihren Gründen, von denen eine offizielle therapeutische Terminologie spricht, und sei sie kulturkritisch noch so sensibilisiert. Wenn dies eintritt, entsteht keine Poesie oder Kunst, sondern Gesinnungsliteratur, die politisch vielleicht zuweilen notwendig ist. Eine psychologische Ableitung ist ebenso irreführend: Die »Trauer« ist, wie wir sahen, nicht einfach rückbeziehbar auf die »Psyche« des Dichters, nämlich so, als ob dieser zunächst die traurige Empfindung habe, die er dann umsetze in das Wort »Trauer«. Die Lektüre der Briefe hat vielmehr gezeigt, daß erst in der Erfindung des Worts sein Sinn erscheint und nicht ein vorher gegebener autobiographischer Sinn abgebildet ist.[2] Wenn Brentano Hölderlins »Trauer« beschreibt, dann meint er, daß es für sie kein Äquivalent in der Realität gibt. Insofern bleibt sie selbstbezogen im »bittern Brunnen seines Herzens«, und insofern wird der »Wahnsinn« zu diesem Zeitpunkt ein Code-Name für den Dichter. Deshalb sind die Begriffe »Imagination«, »Trauer« und ästhetisches »Subjekt« in einem analogischen Verhältnis zu sehen: das ästhetische Subjekt entsteht im Akt der Imagination und vergißt dabei die autobiographisch-historischen Bedingungen. Es transzendiert die Ich-Identität nach den immanenten Gesetzen des

1 Zur unterschiedlichen Selbstbeziehung Kafkas und der Frühromantik vgl. Andreas Kuhlmann, *»Erkenne Dich selbst ... Verkenne Dich! Zerstöre Dich!« Ein Topos Franz Kafkas im Kontext ästhetischer Selbstreflexion seit der Frühromantik*. Bielefelder Magisterarbeit 1986, S. 80.

2 Zum Erscheinungsmodus moderner Literatur vgl. Bohrer, *Plötzlichkeit*, a. a. O., S. 180ff.

literarischen Textes. Aber das Ich geht nicht verloren, sondern ist aufgehoben in der Sprache und seiner »Trauer«. Die »Trauer« ist historisierbar insofern, als sie erst um 1800 auftritt. Aber nicht als Zeichen der *Epoche* und ihres *Bürgertums.* Nur der romantisch-moderne Dichter hat sie als ein neues Wort erfunden, das noch zu verstehen sein wird.

Daß man es bisher nicht verstand, zeigt die philosophische und historische Bestimmung der »Moderne«, sofern sie die seit 1800 aufbrechende entscheidende ästhetische Differenz zwischen Vernunftsubjekt und literarischer Subjektivität nicht berücksichtigt. Das noch so aufgeräumte In-Rechnung-Stellen der Literatur als »expressiver« Sphäre verbirgt nicht, daß man sie dort, wo es ernst wird, in der Theorie[1], als nicht begriffsfähig dem Normeninteresse unterwirft. Insofern markiert die Irritation des Historikers Savigny gegenüber dem diskontinuierlichen Bewußtsein nicht nur die spätidealistische, historisch überholte Kritik an der romantischen Imagination. Vielmehr ist im Verfehlen der ästhetischen Subjektivität durch das philosophisch-historische Interesse das Mißverstehen des romantischen Briefs durch Savigny bis heute perpetuiert.

1 Adornos sich weit vorwagendes Spätwerk *Ästhetische Theorie* und die dort versuchte Neubestimmung des Nicht-Identischen bildet die signifikante Ausnahme, die charakteristischerweise inzwischen der Kritik systematischer Ästhetik (z. B. bei Peter Bürger) verfällt.